文史哲學集成

黃忠慎著

惠周惕《詩說》析評

文史哲出版社印行

國立中央圖書館出版品預行編目資料

惠周惕《詩說》析評 / 黃忠愼著. -- 初版. --
臺北市 : 文史哲, 民８３
面 ; 公分. -- (文史哲學集成 ; 305)
參考書目:面
ISBN 957-547-838-X(平裝)

1. 詩經 - 批評,解釋等

831.18　　82009961

文史哲學集成 ㉚⑤ (305)

惠周惕《詩說》析評

著者：黃忠愼
出版者：文史哲出版社
登記證字號：行政院新聞局局版臺業字五三三七號
發行人：彭正雄
發行所：文史哲出版社
台北市羅斯福路一段七十二巷四號
郵撥〇五一二八八一二彭正雄帳戶
電話：三五一一〇二八
印刷者：文史哲出版社

實價新台幣四五〇元

中華民國八十三年一月初版

ISBN 957-547-838-X

惠周惕《詩說》析評 目錄

第二章　《詩說》說《風》詩析評

第四章　《詩說》說《雅》詩析評……二一一

第一章　開創乾嘉吳派先河的惠周惕

在中國經學史上，清儒惠周惕、惠士奇、惠棟祖孫三代皆有名聲，惠棟尤為知名。（註一）這三人之中，論其在《詩經》學史上的地位，惠士奇首先得排除在外，因為他根本沒有《詩經》方面的著述。（註二）至於惠棟雖有〈毛詩古義〉之作，唯因祇是《九經古義》中的一卷，故在《詩經》學史上，尚不能與惠周惕的《詩說》相抗衡；而《詩說》雖僅三卷，一萬八千餘言，但就憑藉這本小書，竟然就使惠周惕在《詩經》學史上佔有一席之地。（註三）

第一節　惠周惕之生平及著述

一、生平

惠周惕，原名恕，（註四）字元龍，一字研谿，（註五）吳縣人。（註六）其先世居扶風。遠祖元祐，徙居洛陽。靖康末，以文林閣學士扈高宗蹕，如臨安，家湖州。生善，分為四支：曰四七，曰廿一，曰三八，曰小一。三八支後七傳至惠倫，始遷吳縣東諸邨。五傳至惠洪，年至一百五歲，人稱「

百歲翁」。洪生萬方，萬方生有聲，有聲生周惕。（註七）

惠有聲，字樸庵，（註八）以九經教授鄉里，尤精於《詩》。（註九）

周惕少傳家學，又從徐枋、汪琬遊，究心經學，工詩、古文、詞。（註一〇）既壯，阨於貧困，遍遊四方，與當代名士交往，（註一一）秀水朱彝尊亟稱之，自是周惕文名益著。（註一二）

康熙己酉（一六六九），王士禎在淮陰，周惕始往執贄。及士禎爲祭酒，又從游太學。己未（一六七九），舉博學鴻詞，丁父憂，不與試。辛未（一六九一），成進士，選庶吉士。是年之會試，考試官即爲兵部侍郎王士禎，周惕以第六人中第，入翰林。（註一三）

授翰林院庶吉士後，周惕以不練習清書，改外調直隸密雲縣知縣，有善政。（註一四）邑當出關孔道，値清軍北征過境，軍需旁午，致勞瘁而卒於官。（註一五）

清鄭方坤撰《清朝名家詩鈔小傳》，嘗爲此而感慨係之：

> ……値王師北征，軍需旁午，馬瘏僕痡，艱苦萬狀，卒佗傺憂懣以死。昔劉須溪謂士方少時志科舉，辛勤過古人，不知心血之耗。及其得也，或陸沉州縣，或流落邊塞，坐念場屋，何心至此。今觀硯溪之才，與其末路之所以蹭蹬者，追誦前言，可爲雪涕。（註一六）

惠氏祖孫三代，鄉人稱爲老紅豆先生、紅豆先生與小紅豆先生，此中緣由，據江藩《漢學師承記》云：

> 研溪先生由東渚郘遷居郡城東南香溪之北。郡城東禪寺有紅豆一株，相傳白鴿禪師所種，老而枯矣，至是時復生新枝。研溪先生移一枝植階前，生意郁然。僧睿目存繪「紅豆新居圖」，自

題五絕句，又賦〈紅豆詞〉）十首，和者二百餘人。四方名士過吳門者，必停舟訪焉。因自號紅豆主人。所以鄉人稱研溪先生曰老紅豆先生，半農先生曰紅豆先生，松崖先生曰小紅豆先生。（註一七）

雖然惠棟自言「余家四世傳經，咸通古義」，（註一八）但是惠周惕並未公開表示讀書宜唯漢儒之說馬首是瞻，相反地，他還有這樣一段論學的話，讓人不得不佩服他的獨具隻眼：

學有僞，有迂，有曲，有俗，有雜，有博，有醇，有通。賈逵傅繪圖讖，劉歆顛倒五經，是為僞。王夷甫談黃老，房次律說《春秋》，是為迂。公孫希世用事，孔光與俗浮諶，非曲歟？朔皋持論不根，張王淫靡不急，非俗歟？夏侯破碎大道，賈山涉獵為儒，非雜歟？如康成《辭訓》質而繁，穎達《正義》詳而冗，博矣，未醇也。楊雄覃思渾天，張衡候風地動，醇矣，未通也。賈長沙之匡建，劉中壘之忠精，魏元成之剴切帝心，陸敬輿之譏陳時病，其言足以救世，其道足以輔君，斯可謂之通矣。（註一九）

也許我們不必因此就說周惕「蓋所自任如此」，（註二〇）但既然連楊雄、賈逵、鄭玄那樣的漢代大儒，他都不認為是通儒，於此可見他的高標準眼光。不過，從他的《詩說》來看，他確是尊重《詩序》的，對於《毛傳》與《鄭箋》雖然未必深信，唯較諸唐宋以下之新解尟少一提者，仍對照出漢儒的倍受尊重。

二、著述

據徐世昌《清儒學案》記載，惠周惕的著作有《易傳》、《春秋問》、《三禮問》、《詩說》及《研谿詩文集》等書。

在這些作品中，有三本書的書名，後人的說法並不一致。其一，《易傳》一書，嚴文郁編《清儒傳略》作《易傳問》，（註二二）當係衍一「問」字。其二，《三禮問》一書，鄧之城《清詩紀事初編》卷三題作《禮問》，或係遺漏一「三」字，亦未可知。其三，《研谿詩文集》一書，江藩《漢學師承記》，錢林輯、王藻編《文獻徵存錄》、秦瀛《己未詞科錄》所引《蘇州府志》，俱作《研溪詩文集》；阮元《國史文苑傳稿》、秦瀛《己未詞科錄》、朱汝珍《詞林輯略》、吳修《昭代名人尺牘小傳》、唐鑑《清學案小識》，俱作《硯溪詩文集》；張維屏《國朝詩人徵略初編》，則作《研溪詩集》，而李集《鶴徵前錄》卻又作《硯谿詩集》，《清史稿》及《清史列傳・儒林傳下》則皆題作《硯谿詩文集》。

各書之卷數，據《清史列傳・儒林傳下》與支偉成《清代樸學大師列傳・吳派經學大師列傳第三》，當是《易傳》二卷，《詩說》三卷，《春秋問》五卷，《三禮問》六卷。《研谿詩文集》者，如前所云，《清史列傳》作《硯谿詩文集》，未云卷數若干，支偉成甚至連《詩文集》皆未齒及，遑論卷數。

在這種情形之下，鄧之城《清詩紀事初編》卷三的一段話就很值得參考：

惠周惕，《研谿先生全集》十一卷，……其詩曰《北征集》、《東中集》、《崢嶸集》上下、《紅豆集》、《嚶語集》、《謫居集》，凡七卷，文二十六篇爲一卷，《詩說》三卷。詩文無序目，唯《詩說》有田雯、汪琬〈序〉。每卷後有「小門生王薛岐謹錄」。字畫端楷，槧刻精工，惜傳世極稀，未易得其全本。

據此，《研谿詩文集》曾與《詩說》合刊爲《研谿先生全集》十一卷，後二書分刊，前者八卷，後者三卷。

至是，惠氏之著作及卷數當可確定，唯是，《文獻徵存錄》及《清史稿》皆謂《詩說》二卷，台北新文豐出版公司在《叢書集成新編總目》中亦有惠周惕《詩說》二卷，收於《借月山房彙鈔》之記載。（註二二）以上「二卷」皆爲「三卷」之誤，不僅《借月山房彙鈔》所說《詩說》含上中下三卷，《四庫全書》、《指海》、《澤古齋重鈔》、《式古居彙鈔》、《叢書集成初編》、《皇清經解》，以及《璜川吳氏經學叢書》等，亦皆作三卷。

此外，胡樸安在其《詩經學．研究詩經學之書目》中列有《詩說》四卷，云惠周惕撰，《清經解》本，胡氏且云「若未曾過目之書而列入者，則可自信其無焉」。（註二三）不過，《皇清經解》本的《詩說》確確實實是三卷的，既然如此，四卷之說從何而來呢？原來阮元是將惠周惕所寫的三封信函——〈答薛孝穆書〉、〈答吳超士書〉、〈再與吳超士書〉——獨立爲一卷的，於是《皇清經解》卷一九○至一九二是「惠吉士《詩說》」，卷一九三是「惠吉士《詩說．附錄》」，這樣就成了胡氏所謂的

《詩說》四卷了。但究其實，《詩說》本身還是三卷，這跟《潢川吳氏經學叢書》以《詩說》爲三卷、〈附錄〉爲一卷的情況是一樣的。本節前面所言各本《詩說》皆爲三卷，乃不含〈附錄〉而言。不過，要瞭解惠周惕的治學態度及其對《詩說》的自信，〈附錄〉是不宜錯過的，本章於此亦有專門討論。（詳第三節）

很可惜的是，惠氏著述僅《詩說》廣爲流傳，而且也僅有《詩說》著錄於《四庫全書總目提要》，餘書未見，待考。比起惠士奇與惠棟，惠周惕在學術上較罕爲人知，與這一點當然有絕對的關係。（註二四）

第二節　惠周惕在經學史上的地位與意義

從惠周惕之著述來看，除詩文集之外，以經學爲其所專攻，故阮元《國史文苑傳稿》與《清史稿》稱其「邃於經學，爲文章有矩度」。（註二五）當然，若說惠周惕在經學史上要具有舉足輕重的地位，絕非肇因於他的「邃於經學」，而是來自《四庫提要》所說的「惠氏三世以經學著，周惕其靭始者也」。（註二六）

三世以經學著，當然也未必是什麼學術史上的大事，根本不值得大書特書；問題是，不僅惠周惕之子士奇是清代經學名家而已，其孫惠棟更是乾隆學派中「吳派」（或稱「惠派」）之宗師，與「皖派」（或稱「戴派」）的戴震是可以分庭抗禮，各領風騷的。

乾嘉為世所公認的清代經學隆盛之時，自餘杭章太炎以吳、皖二派分乾嘉學風，新會梁任公再加闡發後，（註二七）吳、皖二派已成經學史之正式名詞。吳始惠棟，承其學者有江聲、余蕭客、江藩……等；皖始戴震，承其學者有段玉裁、王念孫、王引之……等。雖然如此之二分法，時賢有認為「無形中掩蓋了乾嘉間學術演進的歷史軌跡」者，（註二八）但不可否認的是，由於惠派學者好博尊聞，崇奉古義之特色，與戴派貴精核創造，立說以徵驗為主之精神，確實大異其趣，故以地望名學誠然不盡科學，用以畫分乾嘉時代之學風則究屬稱便。

惠棟治經大抵上宗漢詁，嚴守漢儒家法，他「承祖父之遺業，家中又多藏書，自幼日夜誦讀，自經史諸子百家及釋道無不精研，遂成一代之大經學家」。（註二九）其《九經古義》掇拾漢儒專門訓詁之學，以考見古義，〈自序〉云：

> 漢人通經有家法，故有五經師。訓詁之學，皆師所口授，其後乃著竹帛，所以漢經師之說，立於學官，與經並行。五經出於屋壁，多古字古言，非經師不能辨。經之義存乎訓，識字審音乃知其義，是故古訓不可改也，經師不可廢也。余家四世傳經，咸通古義，守專室，申稿簡，日有省也，月有得也，歲有記也。……因述家學，作《九經古義》一書。（註三〇）

惠棟解經之所以推尊漢儒由斯可知，蓋漢代經師頗重師法家法，（註三一）古訓也因而賴之以傳，而惠棟本人也是家學淵源，其自謂「余家四世傳經，咸通古義」，又謂「因述家學，作《九經古義》」，不啻透露了一個訊息，即惠棟之先人解經早已以漢儒之說爲可貴，質言之，惠棟的父祖所通的「古義」乃是以漢儒之說爲主的古義。惠棟幼秉庭訓，在耳濡目染、潛移默化之下，不但承繼此一家學，亦且後出轉精，更進而加之發揚光大，終於創造出獨樹一幟的樸學吳派，這可以說是清代經學史上的一件大事，評定惠周惕的經學成果以及他在經學史上的地位與貢獻，首先當從此一線索加以考量，否則很可能以他的著述分量不足而忽視了他的存在。

當然如要硬往上推，則自顧炎武攻擊晚明之空疏，而以「經學即理學」之言爲號召，清代學風自此即已趨樸實。清初之閻若璩、胡渭、毛奇齡、萬斯大、王夫之諸人無不以平生之全力致力於經，其成績已略近乾嘉學派之考證精神，（註三二）易言之，惠棟之崛起於乾嘉當時原本有其時代背景，如此說來，是否惠周惕之影響及吳派之治學風氣又不容過於高估？此實不然，蓋前述諸大儒感於時勢之激刺，慨然有經濟之思，喜談治典故要，實不盡與乾嘉學者「爲學問而治學問」之旨趣相同，顧、黃、王、顏等梁任公所最尊崇之大師，不能與乾嘉學者相提並論者自不待言，即乾嘉儒生所津津樂道之閻、胡等人，間亦雜揉前人之論，而別擇未嚴，清代經學之特色委實尚未之見。（註三三）

惠周惕之情況則與之大不相同，他將其「古學」傳授予其子士奇，（註三四）對他器重有加，甚至於連士奇之名都有其來歷。（註三五）後來士奇果然不負父望，學問之淵博勝過乃父，於此，錢大昕曾有一段話，足見惠士奇之博聞強記：

……奮志讀書，晨夕不輟，遂博通六藝，九經經文、《國語》、《戰國策》、《楚詞》、《史記》、《漢書》、《三國志》皆能闇誦。嘗與名流會，坐中有客前請曰：「聞君熟於《史》、《漢》，試爲誦〈封禪書〉。」先生朗誦終篇，不失一字，合坐皆歎服。（註三六）

徐世昌在《清儒學案．研谿學案》卷首中說「惠氏之學，以博聞彊記爲初基」，從惠士奇的身上可以得到十足的印證。

惠棟爲惠士奇之次子，自幼篤志向學，家有藏書，日夜講誦，時人已讚譽他「博通經史，學有淵源」，（註三七）甚至於，我們可以確定連他的尊尚漢儒古義，也是得自於惠氏家傳的，惠士奇曾說：

> 《禮經》出於屋壁，多古字古音，經之義存乎訓，識字審音，乃知其義，故古訓不可改也。康成注經，皆從古讀。蓋字有音義相近而譌者，故讀從之。後世不學，遂謂康成好改字，豈其然乎！康成三《禮》、何休《公羊》，多引漢法，以其去古未遠，故借以爲說。賈公彥於鄭《注》，如「飛茅」、「扶蘇」、「薄借綦」之類，皆不能疏，所讀之字，亦不能疏，輒曰：『從俗讀。』，甚違「不知蓋闕」之義。夫漢遠於周，而唐又遠於漢，宜其說之不能盡通也，況宋以後乎！周秦諸子，其文雖不盡雅馴，然皆可引爲《禮經》之證，以其近古也。（註三八）

有了惠士奇這一段話，再加上前引惠棟自述其家「四世傳經，咸通古義」之語，可見蕭一山先生所謂「棟學有淵源，而得力於家學者尤多」，（註三九）洵然不假。

假設吳派之治學方法與成就廣受肯定，惠周惕在經學史上的地位自然也就可以順水推舟地稍微提高一些。相反地，如果吳派一脈，包含「王鳴盛、錢大昕、汪中、劉台拱、江藩等皆汲其流」者，（

註四〇）受到經學史家的質疑，乃至紛紛提出了嚴厲的批判，如此則惠周惕不僅未能沾上後代子孫的光，恐怕連帶也要受到負面的影響。評定惠周惕的經學成果以及他在經學史上的地位與意義，這是第二條必須加以考量的線索。

前面所云第一條必須考量的線索是比較容易掌握的，吳派大師惠棟高標漢學，旗幟鮮明，其再傳弟子江藩著《漢學師承記》、《宋學淵源記》，嚴漢宋之分，爭端愈烈。這豈非經學史上驚天動地的一件大事？任何人，即便是「摒棄漢學，以爲破碎害道」的人，（註四一）都無法漠視吳派客觀的存在，亦即後人儘可對此派之學風嗤之以鼻，乃至口誅筆伐，卻也不能不承認惠派這一系統在當日聲勢浩大、名家輩出的既定事實。也就因爲如此，基本上，惠周惕在經學史上的地位就不應該太低，說得更確切一些，僅就開創吳派先河的這層意義來看，惠周惕就不宜在經學史上倍受冷落。

若謂既然惠棟自云「余家四世傳經，咸通古義」，則《四庫提要》謂「惠氏三世傳經，周惕其刱始者也」，是不是於報本反始上來講稍有疏漏？關於這一點，徐世昌的解釋足以幫助吾人解開這一層迷惑：

> 近代言漢學者，必以東吳惠氏爲首，樸庵未彰，以著作傳者，先生（按指惠周惕）實開其先也。（註四二）

惠周惕的父親惠有聲（樸庵）因爲「以九經教授鄉里，尤精於《詩》」，惠棟自述其家學淵源，於理於情就不能不以樸庵先生爲首，但又因樸庵先生未聞有何著作，《四庫提要》也只好據此而說「惠氏三世傳經，周惕其刱始者也」了。假若「以九經教授鄉里」的惠有聲能夠有一些著作問世，情況當然就不一樣，若然我們祇能說惠周惕承先啓後，醞釀吳派的誕生而已。但當日的情況確是「樸庵未彰，以著作傳者，先生實開其先」的，所以經學史的著者們可以不談惠有聲，卻不允許不提到惠周惕。

考量評定惠周惕在經學史上的地位與意義的第二條線索，就比較複雜一些，處理這個問題需要費一點周章，因爲，自惠棟嚴畫漢宋之界，其弟子江聲、余蕭客承之，漢學之壁壘由之森嚴；戴震繼起，治經分條析理，「上溯古義」，（註四三）其弟子段玉裁、王念孫繼之，益精核無倫，考證之精神因而確立；吳皖中分乾嘉學派，治學方式同中有異，（註四四）而亦各具特色，各擅勝場，但也都逃不掉宋學家的嚴厲詆斥，方東樹《漢學商兌》駁難惠學、撻伐皖派，閻、毛諸人皆難倖免，黃震、萬斯同、顧亭林並遭池魚之殃。（註四五）平心而論，方氏一味揚宋抑漢，門戶之見根深蒂固，其抑揚適分實在所難免，但皮錫瑞評方氏「純以私意，肆其謾罵」、「名爲揚宋抑漢，實則歸心禪學，與其所著《書林揚觶》，皆陽儒陰釋，不可爲訓」，（註四六）胡適之以爲方書全屬盲目之成見，（註四七）類此批判卻又太過；梁任公謂方書「爲宋學辯護處，固多迂舊，其針砭漢學家處，卻爲切中其病」。（註四八）今人胡楚生謂「以方氏所論清代漢學家訓詁與古經義理之關係而言，方氏雖未能自根本上推翻錢、戴、閻、阮諸人之說，然而，方氏所論種種，言語駿利，頗能對於漢學家之缺失與流弊處，痛施針砭，而發人深省……」，（註四九）二氏評論《漢學商兌》得失互見，當爲諦評。

但是現在最棘手的問題不在漢宋之爭，因爲乾嘉以後，漢宋兩派壁壘分明，勢如水火，二派之攻其異端亦屬天經地義，不足爲怪。問題是，後人不滿意於漢學家之治學態度與路數者，似有趨多趨烈之勢，而他們先天上並不含門戶之見。吾人試讀朱希祖、夏炯、辜鴻銘諸家嚴厲抨擊漢學家之說，（註五〇）能不觸目驚心者幾希！至如左宗棠、孫鼎臣之「天下不亂於髮賊，而亂於漢學」之說，（註五一）又豈能不令人撟舌不下？不過並非所有批評漢學家者皆筆帶殺伐之氣，如柳詒徵《中國文化史》云：

> 漢學家所考證者，局部之考證，于唐以下之書率不屑讀，尤鄙夷宋人，好事詆斥，此皆其所短也。世尊乾嘉諸儒者，以其漢儒之家法治經也。……清儒治經，實皆考史，或輯一代之學說，或明一師之家法，于經義亦未有大發明，特區分畛域，可以使學者知此時代此經師之學若此耳，（註五二）

太偏重漢儒古義，此係漢家學標幟，而器量不廣，亦正其失。唯是，就算乾嘉學者於經義未有大發明，（何況未必如此）其「區分畛域，可以使學者知此時代此經師之學若此」，亦正可謂漢學家在經學史上的一大貢獻。

蕭一山《清代通史》亦不滿意惠氏之學，其說且近乎一面倒：

> 惠氏以深信漢人太過，其說常迂拘不可通。王引之評之云：「惠定于先生考古雖勤，而識不高，心不細，見異今者則從之，大都不論是非。」（《焦氏叢書》卷首，〈王伯中手札〉）可爲惠氏之定論。雖然，惠氏於乾嘉開始時期，堅固壁壘，銳意復古，使漢學成爲嚴整之學派，於學風

之開拓轉變，亦大有力焉。（註五三）

蕭一山之所以引王氏之說以非議惠學，來自於他一向捧戴抑惠，其《清代通史》一書，於後人詆排惠學者，一一搜羅照引；於後人之恭維戴學者，亦極力尋檢引錄；（註五四）於惠氏未見推尊，於戴震則頻稱「大師」，甚且指出：

> 清代漢學之構成壁壘，始於元和惠氏之提倡尊古；然清學之優點，初不在是，其開闢研究之方法爲一代倡者，則大師戴震也。（註五五）

其惠戴優劣之裁定昭然若揭，而其謂惠式大有力於學風之開拓轉變，係來自梁任公之說，而梁氏之言是這樣的：

> 惠派治學方法，可以八字蔽之，曰：「凡古皆眞，凡漢皆好。」……此派在清代學術界，功罪參半。篤守家法，令所謂「漢學」者壁壘森固，旗幟鮮明，此其功也。膠固盲從、褊狹、好排斥異己，以致啓蒙時代之懷疑的精神，批評的態度，幾夭閼焉，此其罪也。（註五六）

梁氏不說惠派「功過參半」，而說「功罪參半」，由其遣詞用字來看，其功者小，其罪者大，用「參半」兩字，算是給足了惠氏的面子。

坦白說，戴震「爲清代中葉著名的學者，考據及義理，皆所擅長，而且都有極卓越的成績表現，求之古今人物，實不多見。然在東原論學，實以義理爲第一要義」，（註五七）其與惠棟的治學路數實大不相同，強分二人高下，與「李杜優劣論」一樣是沒有意義的。（註五八）

另一個問題也必須予以澄清，即惠派的治學態度並不是如梁任公所謂「只問漢不漢」（註五九）那麼盲從、那麼褊狹、那麼故步自封。余蕭客《古經解鉤沉》說：

漢、晉古注。……其幸者傳不傳參半，其不幸者傳其一不傳其二。隋、唐三志注者百數十家，今存者十家，爲書十有三。然則其一得傳已非不幸。講疏、義疏盛於六朝，今則唐唯四人得傳，賈、孔爲盛。然公彥三《禮疏》中之《禮記》、穎達《周易疏》外之玄談，已不復見。……當時得失，未可強同。遺事餘文，零落可憫。暇日因讀注疏，摘其所引，并李鼎祚《周易集解》二十七家舊說，益以史傳、稗官、百家雜注及《太平御覽》、《冊府元龜》諸巨編所載，凡涉經義，具有成書，今所不傳，盡《玉海》而止，罔不畢取。仍注所出，其不注者，《周易》則出李鼎祚《集解》，《尚書》以下，即出本經注疏，遠自周室，迄于唐代，凡得三十卷，其間多寡，亦微有準繩，辭條豐蔚，則掇其精英，一二僅存，則隨條輒錄，名曰《古經解鉤沈》。（註六〇）

余蕭客爲惠棟高足，惠棟教他要務其遠者大者，以探討唐人以前之說爲可貴，（註六一）所以他的《古經解鉤沉》不僅要存漢注之古，也要存晉唐注疏之古。就算漢注古於晉唐，較獲惠派學者青睞，然漢注又往往不只一家，面對不同的漢人古注，惠派學者不從中有所抉擇，於人於己又要如何交待？如果說惠棟獨宗漢學，他的詳論古代明堂制度的態度就很耐人尋味了：

明堂爲天子太廟。……三代以前，其法大備，詳於《周禮》之《冬官》。《冬官》亡而明堂之法遂不可考，略見於《六經》而不得聞其詳。說經者異同間出，惟前漢之戴德、戴聖、韓嬰、孔牢、馬宮、劉歆，後漢之賈逵、許愼、服虔、盧植、穎容、蔡邕、高誘諸儒，猶能識其制度，惜爲孔安國、鄭康成、王肅、袁準四人所亂。安國以禘止爲審諦昭穆，故漢四百季無禘禮。康成以文王廟如明堂，謂國外別有明堂。王肅又以禘嚳爲后稷之所自出，非配天之祭。及袁準作《正論》，謂明堂、大廟、大學各有所爲，排詆先儒，并及《六經》。于是明堂之法，後人無有述而明之者矣。（註六二）

孔安國、鄭康成皆爲漢代大儒，卻遭惠棟指名道姓地抨擊，有如今人岑溢成所說的，「如果惠派眞的是『不問「眞不眞」，惟問「漢不漢」』，那麼一派宗師的惠棟這種作法就變得不可思議了」。（註六三）抑有進者，對於惠棟這位「先師」有關明堂古制的說法，江聲、余蕭客、江藩等惠派子弟兵，紛紛提出了不同的意見，（註六四）這樣說來，惠派學者固然重視家法，於師說可疑之處，也絕不會一味盲從，而事實也確是如此的，否則吳派學者自惠棟以降，豈非每下愈況，一代不如一代了？今也則不然，惠派嫡系江聲、余蕭客各有各的造詣，服膺惠氏而精神略與相近的王鳴盛、錢大昕，也都在經學史上大放異彩，痛詆惠派的學者們對於這些總不能也視若無睹吧！

循著開創吳派先河及吳派治學方向自成一格的兩條線索加以觀察，我們可以要求，惠周惕在經學史上所扮演的角色應該多獲得一些掌聲。不過，我們也必須承認，畢竟惠周惕流傳至今的經學著述唯有《詩說》三卷，外加〈附錄〉一卷，《易傳》、《春秋問》、《三禮問》終究因失傳而無由判定其成績，因此，他在經學史上的地位也就不宜哄抬得太高，但是他在經學史上具有開創一派之功的這一

層意義，卻絕對是不容抹煞的。（註六五）

第三節　《詩說》之內容及其生前所獲得的評價

惠周惕的《詩說》僅有三卷，一萬八千餘言，另〈附錄〉一卷，二千餘言；以其篇幅之短小，若非作者自有身價，在清代經學名家輩出，著作車載斗量之中，很容易爲人所忽略。是書採條列式之寫作方法，卷上爲《詩經》學若干問題之論述，共八條；卷中主要是《國風》詩篇的解說，亦有數條針對《詩經》學提出作者個人的意見，一共是三十七條；卷下是《雅》《頌》諸詩的說明，一共也是三十七條，其中，《商頌》未有片言隻字的討論。

由於篇幅有限，《詩說》當然不可能將所有詩篇都作爲討論的對象。事實上，不唯僅有少數詩篇得以獲得《詩說》的青睞，其說解也無法採逐字逐句的方式。有時，惠氏祇針對詩中的某一字或某一句立論，所謂立論可以指旁徵博引的論述，也可以僅是單純地抒發感慨；可以是字斟句酌詳加推敲，也可以僅是信手拈來的隨筆。有時，惠氏針對篇旨或章旨大作文章，而所謂大作文章者，又往往祇是對於《詩序》的護翼。有時，惠氏也會對先儒之說提出批判，從其措辭觀之，朱子《詩集傳》最不能爲惠氏所認同。

《詩說・附錄》之內容是三封惠氏所寫的書信，〈答薛孝穆書〉、〈答吳超士書〉和〈再與吳超士書〉。

從〈答薛孝穆書〉的內容來看，薛氏曾去函惠氏，稱美《詩說》，亦有一些辨正，惠氏在回函中表示，其「立說之旨，惟是以經解經」，而對方「來書似與經有相戾者」，因此，薛氏的意見，惠氏不能全部接受。

薛氏如何稱許《詩說》，吾人不得而知，而其給惠氏的意見可大別分爲三，其一，「艷妻」、「鳶飛」二條可刪；其二，論〈桃夭〉、〈摽有梅〉之取興，與論〈生民〉之姜嫄可商；其三，惠氏論歸寧之非禮，薛氏疑而未決。

惠氏對於對方的讚美，回以「欲摘其瑕者，必先指其瑜，此足下委曲開誘之盛心也」，對於上述三點意見則表示，「艷妻」、「鳶飛」二條，「其說無大關係，從足下刪之可也」；至於論〈桃夭〉與〈標有梅〉之比興，則「固有所本」，而論〈生民〉之姜嫄，則是在闢鄭說之妄；論歸寧非禮一條，惠氏尤自許爲創見，並謂「據孔子《春秋》，以駁左氏、趙氏，不爲無據」。

今按「鳶飛」一條即《詩說》卷下第二十三條，今仍存而未刪。另卷下第九條論《小雅・十月之交》，言及皇父世爲卿士，曾與司徒、艷妻之輩，禍亂幽王，以致亡國，「艷妻」一條未諳是否指此而言？若是則惠氏所謂可刪者，實皆未刪。再由惠氏對於其餘商詰均拒不退讓，且在信末中說「僕聞古人立說，彼此不妨異同，然其要歸，必折衷于六藝，未聞率臆任心，無所證據；如前者云云也。足下規僕，僕藉是以規足下，蓋友朋之道應爾，非僕之不能商論下氣也，幸思之」來看，惠氏對於薛氏的意見，幾乎都是不能接受的。

〈答吳超士書〉所辨者爲《詩說》卷下第二條，「周家防禦之失，一壞于穆王，再壞于宣王」之論。從信之內容，吾人得知，先是惠氏送《詩說》給吳氏，請其指抉疎謬，吳氏回函但言「顧寧人先生《日知錄》有辨朔方非晉陽，韓城非同州，極精當」，惠氏頗爲不悅，故在〈答吳超士書〉上說：「昨請正者僕之書，今稱說者顧之語，無乃所對非所問邪？揣足下意，或以僕論宣王一條，與顧不相合邪？」並強調其論「穆王之北伐也，遷戎于太原，則朔方之險不足恃矣；宣王之北伐也，僅至太原，不修城隍，不設戎兵，其計固已疎矣」云云，乃以〈六月〉、〈采薇〉二詩參互爲說。信末又謂太原非晉陽，不辨而知，其論未嘗與顧說牴牾，「不知足下何以云爾也！至《大雅》韓城云云，王肅、酈道元、王應麟輩考之辨之詳矣，豈足下俱未之見，而詫顧說爲新奇邪？抑《日知錄》更有所考邪？僕不知足下何以云爾也！」可知對於「周家防禦之失」之論，惠氏是堅持己見的。

其實，《詩說》卷下第二條根本弄錯了〈采薇〉、〈出車〉、〈杕杜〉三詩的時代，（說詳本書第四章）吳氏竟然未能抓住此一疏漏，徒知在地名上打轉，顧其小而失其大，對於惠氏的要求指抉疏謬，當然不能有何幫助。

〈再與吳超士書〉是對於《日知錄》「論太原」一條的質疑。在前面的〈答吳超士書〉中，惠氏已坦承「此間無《日知錄》及廿一史可考」，又問「抑《日知錄》更有所考邪？」其後吳超士二度去函惠氏，以顧氏所論相詰，惠氏於是在〈再與吳超士書〉中表示，對於《日知錄》所云「太原者，平涼也，後魏所立原州是也」，終不能無疑，蓋《郡縣志》言原州平涼縣本漢涇陽縣，若顧所謂太原即漢所謂涇陽，則據〈地理志〉與《大雅》所謂「逝彼百泉」觀之，涇陽乃周畿輔近地，似非戎所錯居，而史何以言穆王遷戎于太原？戎既居太原，則關人窺邊當由涇陽而深入，《詩》何以言「侵鎬及方，至于涇陽」？在信末，惠氏且言：「夫地不親歷，而臆斷其遠近，昔人所以多誤，而僕復云然，是又蹈昔人之誤者也。然不敢畜其疑，願以足下共證之，愼無謂僕跳盪好戰，而閉壘增壁，堅臥不出也。」《詩說・附錄》就在惠氏這挑戰性極強的幾句話中結束。

從以上的三封回函來看，惠周惕對於《詩說》無疑是深具信心的。今天在惠氏的其餘經學著作未見的情況之下，吾人藉由《詩說》的析評，來論定惠氏的經學成績與其在《詩經》學史上所佔的分量，應不失爲一可行之途徑。

在對《詩說》進行詳盡的剖析之前，讓我們先來看看，在此之前《詩說》究竟獲得了什麼樣的評價。

汪琬曾爲惠周惕《詩說》作〈序〉，云：

吾門惠子元龍，好爲淵博之學。其於諸經也，潛思遠引，左右采獲，久之而怳若有悟，間出己意，爲之疏通證明，無不悉有依據，非如惠門之家，守其師說而不變者也。其所著《詩說》先成，多所發明，雖未知於孔子删《詩》之意，果合與否，然博而不蕪，質而不俚，善辨而不詭於正，亦可謂毛鄭之功臣，夾漈、紫陽之諍子矣。

除了汪琬之外，田雯亦爲《詩說》撰一〈序〉文：

> ……學者厭常喜新，屏去一切訓詁，而鑿空臆造，雖悖於經、畔於道，弗顧也。嗚呼！《詩》學之廢久矣。惠子元龍嘗讀《詩》而病之，因著《詩說》三卷，其旨本於《小序》，其論采於六經，旁搜博取，疏通證據，雖一字一句，必求所自，而考其義類，晰其是非，蓋有漢儒之博而非附會，有宋儒之醇而非膠執，庶幾得詩人之意，而爲孔子所深許者歟？（註六六）

汪、田二氏於《詩說》極盡恭維之能事，此本爲他人之書作〈序〉之慣例，不足爲奇，而惠氏之師汪琬謂《詩說》「可謂毛鄭之功臣，夾漈、紫陽之諍子」，此說亦僅對一半，蓋惠氏雖對宋儒頗爲不滿，於毛鄭之說亦能直指其失，只是措辭較爲委婉而已，如卷中第二條說〈葛覃〉，二次強調《毛傳》之誤，第三十二條以《鄭箋》謂〈無衣〉責康公之詩非是，〈附錄〉中的〈答薛孝穆書〉且說論〈生民〉之姜嫄，乃在「闢鄭說之妄」，此則連對漢儒之批評也不求溫柔敦厚了。

在前面吾人曾言及，王士禎在淮陰時，惠周惕曾前往執贄，後士禎爲祭酒，惠氏又從游太學，而且在惠氏成進士那一年的會試，主考官恰好也是王士禎，王、惠二人的關係也是十分密切的。對於《詩說》，王士禎的評價是：

> 吳郡門人惠周惕《詩說》，言博而辨，不主故常，可備說《詩》一家之言。（註六七）

既然二人淵源甚深，則王氏之稱揚《詩說》也是人之常情，而其謂「可備說《詩》一家之言」，絕不能說是胡亂吹噓。

《清朝名家詩鈔小傳》的作者鄭方坤，恭維惠周惕「通經積學，治古文有名於時」，又謂：

其說《詩》尤解人頤，著書三卷，博而不蕪，辨而不詭於正，可謂毛鄭之功臣，而夾漈、紫陽之諍子矣。蓋其學問根柢于一時輩流中，與同郡嚴思菴相驂駕，故能原原本本，卓然成一家之言。（註六八）

前人介紹惠周惕其人其書，每引鄭氏之言，（註六九）但比較汪琬與鄭氏之說，可知鄭說承自汪說，唯是增加「尤解人頤」、「原原本本」等無關痛癢之評語而已。

在清儒錢林所輯的《文獻徵存錄》這本書裡，對於惠氏《詩說》有較爲詳盡的批評：

周惕通《毛詩》，以二《南》皆房中樂，非〈關雎〉至〈芣苢〉八篇述后妃身事，屬后妃，〈鵲巢〉、〈采蘩〉屬夫人。《雅》以音別大小，不關政事。正《雅》、變《雅》，美刺錯陳；謂正詩錄善事爲正《雅》，〈民勞〉、〈六月〉之後爲變《雅》，其說無所取。天子、諸侯皆得有《頌》，魯有《頌》，非僭。士正稱其言博而辨，可備一家之言。國朝初，善說《詩》者，先有吳江陳啓源，著《毛詩稽古篇》，爲唐以前專門之學，又與同縣朱鶴齡審正《詩通義》，故《詩通義》頗采啓源說也。周惕卒於官，其撰《詩說》凡二卷……，惠氏自周惕以善說經聞，其後世世以古學顯矣。（註七〇）

這裡所謂「較爲詳盡的批評」，是說所用的字數較汪琬、王士禎之人爲多，然其內容頗多空泛，僅抽取《詩說》卷上部分《詩》學觀點，不作任何評論，又引王士禎「言博而辨」之語，並謂周惕「以善說經聞」，如此而已。

在前人對於《詩說》的批評中，最具體、最公正的當非《四庫提要》莫屬：

《詩說》三卷，國朝惠周惕撰。……惠氏三世以經學著，周惕其剏始者也。是書於《毛傳》、《鄭箋》、《朱傳》，無所專主，多自以己意考證。其大旨謂大小《雅》以音別，不以政別；謂正《雅》、變《雅》，美刺錯陳，不必分〈六月〉以上爲正，〈六月〉以下爲變，〈文王〉以下爲正，〈民勞〉以下爲變；謂二《南》二十六篇，（忠慎按：二《南》一共僅二十五篇），皆疑爲房中之樂，不必泥其所指何人；謂《周》、《召》之分，《鄭箋》誤以爲文王；謂天子、諸侯均得有《頌》，《魯頌》非僭；其言皆有依據。（註七一）

《四庫提要》評介一本書籍，通常是不會一面倒的，對於惠氏的《詩說》也不例外：

至謂《頌》兼美刺，義通於誦，則其說未安。考鄭康成注《儀禮》「正歌備」句，曰：「正歌者，升歌及笙各三終，閒歌三終，合樂三終，爲一備。」核以經文，無歌後更誦及一歌一誦之節。其《周禮．瞽矇職》曰：「諷誦詩。」《鄭注》謂「闇讀之不依永也」，則歌、誦是兩事，知頌、誦亦爲兩事，周惕合之，非矣。又謂證以《國策》，《禮》無歸甯之文，訓「歸甯父母」爲「無父母遺罹」之義。考歸甯文見《左傳》，於《禮經》必有所承，何休注《公羊傳》，稱「諸侯夫人尊重，既嫁，非有大故不得反，惟士大夫妻雖無事，歲一歸甯」，此文當必有所受。〈曲禮〉曰：「女子許嫁，纓；非有大故，不入其門。姑姊妹女子，已嫁而反，兄弟弗與同席而坐，弗與同器而食。」其文承上許嫁而言，則已嫁而反，是即歸寧之明證，不得曰《禮》無文矣。

《提要》的作者認爲《詩說》有二缺失。其一，以「頌」通於「誦」，其說未安。其二，以《禮》無歸寧之文，並不合事實。

在提出「其言皆有依據」及「其說未安」的正反兩面的評價之後，《四庫提要》接著又說：

然其餘類，皆引據確實，樹義深切，與枵腹說經，徒以臆見決是非者，固有殊焉。

「大小《雅》以音別」、「正《雅》、變《雅》，美刺錯陳」、「二《南》爲房中之樂。不必泥其所指何人」、「《周》、《召》之分，《鄭箋》誤以爲文王」、「天子、諸侯均得有《頌》」，這些都得到《提要》的掌聲，不妥的意見僅有兩個，其餘內容則用「引據確實，樹義深切」來形容。如此看來，《四庫提要》是肯定《詩說》的成績的。

阮元在《國史文苑傳稿》中，對於惠周惕其人的評語是「邃於經學，爲文章有槼度」，對於《詩說》的評語則完全與《四庫提要》相同。《提要》誤二《南》二十五篇爲二十六篇，阮元沿承其失，而《提要》謂《詩說》三卷，此本不誤，阮元則誤以爲二卷。（註七二）

《清史稿》對於惠周惕其人其書，大約是抄自阮元之文，唯在「其言並有依據」之下，增添「清二百餘年談漢儒之學者，必以東吳惠氏爲首」之句而已。（註七三）所增添之句係出自秦瀛所編的《己未詞科錄》。

支偉成在《清代樸學大師列傳》中，謂惠周惕「說《詩》尤解人頤，博而不蕪，辨而不詭於正」，又以惠氏所主張「二《雅》以音別」等《四庫提要》所舉之例，謂「其言率有依據」，（註七四）不但全無自己意見，連評語都照抄前人之文。

至於近人所撰《中國經學史》之宏著，評論及《詩說》的唯有日本人本田成之之作，其說可謂前引《文獻徵存錄》的翻版，只是在「正《雅》、變《雅》，美刺錯陳」之下，加上一句「是頗有趣的說法」，並強調周惕繼陳（啓源）、朱（鶴齡）而起，也同樣修唐以前的古學，很有盛名。（註七五）《中國經學史》之著作略過《詩說》，平心而論，只能說限於篇幅，無法顧及，然而，《詩經》學史的著作對於《詩說》未能有深刻的批評，則爲吾人引以爲憾的一件事。徐英介紹《詩經》之「清學」，於《詩說》僅謂「於《毛傳》《鄭箋》《朱傳》無所專主，而多以己意考證，」（註七六）這只是抄用《四庫提要》之說；周浩治著《清代詩經學》、林葉連著《中國歷代詩經學》，於惠氏《詩說》一書，亦皆僅有簡略之按語。（註七七）當然，前人對於《詩說》素未作過專精之研究，後人撰寫學術史，資料連帶受到侷限，這是勢所必然，也是無可厚非之事。

既然大家對於惠周惕的《詩經》學，都僅能作浮光掠影式的掃描，本編自須另闢蹊徑，以下各章即是針對《詩說》全部內容，所作的鉅細靡遺的分析與批評。由此，惠周惕《詩說》的特色及得失，吾人即可徹底地瞭解，當然，前人對於《詩說》的一些意見是否中肯，也將隨之分曉。

【附註】

註一：馬宗霍《中國經學史》：「……治經碻守漢師家法，不入元明人讕言者，實始於乾隆時。分堋樹幟，則有東吳、皖南兩派。吳學惠棟主之，皖學戴震主之。惠氏三世傳經，棟上承其祖周惕、父士奇之學……。錢大昕謂惠氏世守古學，而先生（惠棟）所得尤深，擬諸漢儒，當在何邵公、服子愼之間，馬融、趙岐輩不能及也。」（頁一四五。台灣商務印書館印行）

註二：據江藩《漢學師承記》，惠士奇在經學方面的著作有《易說》六卷、《禮說》十四卷、《春秋說》一五卷。

註三：關於清儒及近人對於《詩說》的好評，請參閱本章第三節。

註四：見唐鑑《清學案小識》，頁四一二，錢林輯、王藻編《文獻徵存錄》卷五，支偉成《清代樸學大師列傳·吳派經學大師列傳第三》，李集《鶴徵前錄》（《昭代叢書·壬集》卷二三），吳修《昭代名人尺牘小傳》卷一四，以及《清史列傳》卷六八。本節所述惠周惕之生平及著述，除江藩《漢學師承記》採用華正書局出版附周予同《注》本，唐鑑《清學案小識》採用商務印書館排印本，《清史稿》採用洪氏出版社點校本，《清儒學案》採用世界書局排印本，以及使用商務印書館一九九〇年六月所出版的《清儒傳略》之外，其餘各書均採用台北明文書局印行，周駿富先生所輯的《清代傳記叢刊》本，不再一一註明。另凡利用《清代傳記叢刊》者，註解中之排列次序以明文書局之編號先後爲準。

註五：此據徐世昌《清儒學案·研谿學案》。另有作「一字研溪」者，如江藩《漢學師承記》。亦有作「號研溪」者，如鄧之城《清詩紀事初編》卷三。亦有作「號研溪」者，如支偉成《清代樸學大師列傳．吳派經學大師列傳第三》、朱汝珍《詞林輯略》卷二、張維屏《國朝詩人徵略初編》卷一六。亦有作「號硯溪」者，如秦瀛《己未詞科錄》卷四。

註　六：《漢學師承記》周予同《注》：「吳縣，清時與元和、長洲同爲同蘇州府治，即江蘇省會。今并元和、長洲二縣及太湖、靖湖二廳入吳縣。」又今人恆曰「元和惠棟」者，據《漢學師承記》記載，惠棟「字定宇，一字松崖。初爲吳江學生員，復改歸元和籍」，周予同《注》：「吳江，縣名；明清屬江蘇蘇州府。」「元和，縣名；清代與長洲、吳縣二縣並爲江蘇蘇州府治；民國後，并入吳縣。」（見《漢學師承記》，華正版，頁七四、九五、九六）。

註　七：此據江藩《漢學師承記》，錢儀吉纂錄的《碑傳集》卷四六也鈔用了江氏之說。

註　八：《漢學師承記》與《清儒學案》都作「有聲，字樸庵」，但《己未詞科錄》引《蘇州府志》則作「有聲，字律和」。

註　九：此據《漢學師承記》與《清儒學案》，不過，《清史稿》卷四八一、《清史列傳》卷六八均只言惠有聲「以九經教授鄉里」，並未強調「尤精於《詩》」。

註一〇：此據《漢學師承記》，《清史稿》作「周惕少從枋遊，又曾受業于汪琬」。《漢學師承記》又說惠有聲「與同里徐枋友善」，周予同《注》：「徐枋，字昭法，號俟齋，自號泰餘山人，明末長洲人。崇禎間舉人。工書畫。明亡，以父殉難，隱居不出，守約固窮，四十年如一日。與沈壽民、巢鳴盛稱爲海內三遺民。著有《居易堂集》、《俟齋集》。《清史列傳》無傳，可參考錢儀吉《碑傳集》卷百二十六。」（華正版，頁七四──七五）至於汪琬則《清史列傳》卷七〇有所介紹，其《堯峰文鈔》卷四有〈詩問十二則〉，所採條列式之行文方式或許也影響了惠周惕的《詩說》。

註一一：此據《漢學師承記》與《清儒學案》。惠周惕交游之對象，《清儒學案》特為指出者有毛奇齡、朱彝尊、閻若璩與胡渭四位。

註一二：此據《漢學師承記》；《清史稿》、《清儒學案》等書都未強調這一點。

註一三：此據《己未詞科錄》引王士禎《居易錄》、《文獻徵存錄》卷五。其他各家之傳記資料言及此，則未見如此詳細，甚有弄錯年代的，如康熙己未即十八年，《清史稿》及《清儒學案》無誤，《清史列傳》作康熙十七年，則為不該有的疏失。

註一四：各家傳記資料大致相同，「清書」兩字採《清詩記事初稿》之用詞，餘各家用「國書」。「有善政」三字，採《蘇州府志》及《清史稿》之說。

註一五：此據《清代樸學大師列傳‧吳派經學大師列傳第三》。

註一六：詳鄭方坤《清朝名家詩鈔小傳》卷五；李桓《國朝耆獻類徵初編》卷二一四將此段文字完全納入。

註一七：這一段話是在江藩敘述惠士奇人稱「紅豆先生」時補記的。另張維屏《國朝詩人徵略初編》卷一六引《文學錄》，謂「研溪家有紅豆書屋」；「紅豆新居圖」，《清代樸學大師列傳》作「紅豆圖」。

註一八：引文見惠棟《毛詩古義‧述首》，《皇清經解》卷三五九。

註一九：見支偉成《清代樸學大師列傳．吳派經學大師列傳》、李桓《國朝耆獻類徵初編》卷二二四引朱綬《傳經圖．序》。

註二〇：引文爲朱綬與支偉成語。

註二一：見《清儒傳略》，頁二三八。台灣商務印書館印行。

註二二：此一總目含「書名索引」與「作者索引」，「書名索引」裡的《詩說》二卷，在該總目頁一五二中。

註二三：引文在胡樸安《詩經學》頁一五八中。台灣商務印書館印行。

註二四：評論學者在學術史上的地位，自然得先衡量其學術論著之質與量，這一方面的成績，毫無疑問的，惠周惕不如惠士奇，惠士奇又不如惠棟。據嚴文郁先生所編的《清儒傳略》，惠士奇的著作有《易說》六卷、《禮說》十四卷、《春秋說》十五卷、《交食舉隅》二卷、《琴笛理數考》四卷、《紅豆齋小草集》一卷、《詠史樂府》一卷、《大學說》一卷、《紅豆齋筆記》二卷、《紅豆齋時術錄》一卷、《紅豆齋詩文集》十二卷、《南中集》一卷、《採蕁集》一卷，以及未言卷數的《歸耕集》、《人海集》等十餘種。按嚴氏於《詠史樂府》下衍一「集」字，《歸耕集》下衍一「人」字，今刪。又據《文獻徵存錄》卷五，《時術錄》當有四卷，《歸耕集》與《人海集》分別是一卷與四卷。以上著作流傳至今者有三種，皆爲學術論著，《易說》、《禮說》與《春秋說》，《皇清經解》與《四庫全書》均有收刻。至於吳派開山惠棟的著作就更可觀了，《清儒傳略》著錄的有《周易述》二十三卷（一作二十五卷）、《易大誼》一卷、《易大義》一卷、《明堂大道錄》八卷、《周易注》（增補）、《禘說》二卷、《易漢學》八卷、

《易微言》（未言卷數）、《易例》二卷、《周易本義辨證》五卷、《古文尙書考》二卷、《春秋左傳補注》六卷、《九經古義》十六卷、《後漢書補注》二十四卷、《惠氏讀說文記》十五卷、《山海經訓纂》十八卷、《漁洋山人精華錄訓纂》十卷、《太上感應篇引經注》二卷、《太上感應篇集傳》四卷、《九曜齋筆記》二卷、《松崖筆記》三卷、《松崖文鈔》二卷、《屈原賦注》（未言卷數）、《諸史會最》（未成書）、《竹南漫錄》（未成錄）、《新本鄭氏周易》三卷（增補）、《續漢志補注》一卷、《漢事會最人物志》三卷（輯）、《漁洋山人自撰年譜》（注補）等書，可謂著作等身。按嚴氏原文謂《九經古義》二十二卷，大誤，蓋是書所解原本十經，其《左傳》六卷，後更名曰《補注》，刊版別行，故惟存其九，得十六卷，《皇清經解》收刻於卷三五八至三七四。《漁洋山人精華錄訓纂》一書，嚴氏於書名下衍一「補」字，今刪。又嚴氏謂此書十卷，係據《四庫全書總目提要》，江藩《漢學師承記》則云二十四卷，與《四庫》卷帙不同。又《九曜齋筆記》一書，「筆」字嚴氏誤爲「集」字，今改。惠棟之書大多流傳至今，未見者如《山海經訓纂》、《諸史會最》、《竹南漫鈔》等，爲數甚少，亦即論著述之質與量，惠棟在其祖孫三代中是最突出的。

註二五：根據台北明文書局《清代傳記叢刊》所見惠周惕之生平資料，「邃於經學」、「通經積學」、「攻經學」、「究心經學」……，是諸家給周惕的一致評語，《國朝耆獻類徵初編》卷二三四引朱綬《傳經圖・序》、《清代樸學大師列傳》甚且說周惕「幼即開敏，通九經章句」。

註二六：見《四庫全書總目提要》卷十六，《經部・詩類二》，〈詩說三卷〉條。

註二七：參閱章太炎《檢論．清儒》，梁任公《中國近三百年學術史》十三，〈清代學者整理舊學之總成績——經學、小學及音韻學〉。

註二八：說詳陳祖武〈乾嘉學派吳皖分野說商榷〉，中央研究院中國文哲研究所籌備處主辦「清代經學國際研討會」抽印本，一九九二年十二月印行。

註二九：引文見陳致平《中華通史》第六章，〈清代的學術思想與文藝〉，頁一六八。黎明文化事業公司印行。

註三〇：見惠棟《九經古義．述首》，《皇清經解》卷三五九。

註三一：大致上來說，前漢說經頗重師法，後漢說經演變爲重視家法。參閱李威熊《中國經學發展史論》上冊，頁一五八。文史哲出版社印行。

註三二：參閱蕭一山《清代通史》第十章，〈漢學隆盛時期之先聲〉，頁五八七。台灣商務印書館印行。

註三三：參閱梁任公《中國近三百年學術史》五、六、六、七、十各章，及蕭一山《清代通史》，頁五八七。

註三四：參閱本田成之《中國經學史》，頁二六九。廣文書局印行。

註三五：江藩《漢學師承記》：「士奇，字天牧，晚年自號半農人。研溪先生夢東里楊文貞公來謁，已而生先生，遂以文貞之名名之。」按楊文貞公爲明初名臣楊士奇之謚。

註三六：見錢大昕《潛研堂集．惠先生傳》，錢儀吉《碑傳錄》卷四六亦引錄本文。

註三七：江藩《漢學師承記》：「乾隆十五年，詔舉經明行修之士，兩江總督文端公尹繼善、文襄公黃廷桂交章論薦，有『博通經史，學有淵源』之語。」

註三八：此段文字出自惠士奇《禮說》，《漢學師承記》亦有引錄。文中所謂《禮經》係指《周禮》，非爲《儀禮》。

註三九：同註三二，頁六二〇。

註四〇：引文爲梁任公《清代學術概論》語。

註四一：引文爲曾國藩〈聖哲畫像記〉語。

註四二：徐世昌寫〈研谿學案．惠先生周惕〉，註明「參《史傳》、江藩《漢學師承記》、江藩〈惠吉士記〉、鄭方坤撰《小傳》」，但這些作品都未見如此說明，足見是徐氏個人意見。

註四三：章太炎〈清儒〉謂戴震「分析條理，㑹嚴密瑮，上溯古義，而斷以己之律令」。

註四四：梁任公於《中國近三百年學術史》中說：「清代經學，至惠定宇、戴東原而大成，前此只能算啓蒙時代。」這惠、戴二派風靡不止一時，當時號稱「漢學」，「上溯古義」可謂其同；前者較守漢儒家法，門戶森嚴，崇尙鴻博，繁稱旁證，後者亦宗漢儒，但並不墨守漢人學說，而重客觀及實證，更從文字、音韻上，開闢治經的新途徑，可謂其異。

註四五：《漢學商兌》的文字頗爲辛辣，其〈序例〉就已然猛烈砲轟所謂的漢學家：「若黃震、萬斯同、顧亭林輩，自是目擊時蔽，意有所激，創爲救病之論；而析義未精，言之失當。楊愼、焦竑、毛奇齡輩則出于淺肆矜名，深妒《宋史》創立《道學傳》，若加乎《儒林》之上，緣隙奮筆，忿設詖辭；若夫好學而愚，智不足以識眞如。東吳惠氏、武進臧氏，則爲闇于是非。自是以來，漢學大盛，新編林立，聲氣扇和，專與宋儒爲水火。而其人類皆以鴻名博學爲士林所重，馳騁筆舌，弗穿百家，遂使數十年閒承學之士，耳目心思爲之大障。歷觀諸家之書，所以標宗旨，峻門戶，上援通賢，下訾流俗，衆口一舌，不出訓詁小學名物制度，棄本貴末，違戾詆誣於聖人躬行求仁修齊治平之教，一切抹摋。名爲治經，實足亂經；名爲衛道，實則畔道。」

註四六：詳皮錫瑞《經學歷史》，頁三一三——三一四。河洛圖書出版社印行。

註四七：見胡適《戴東原的哲學》，頁一七四、一七六。台灣商務印書館印行。

註四八：見梁任公《清代學術概論》十九，《梁啓超學術論叢》第一冊，頁六五八。南嶽出版社印行。

註四九：詳胡楚生〈方東樹《漢學商兌》書后——試論「訓詁明而義理明」之問題〉，收於胡著《清代學術史研究》，頁二四九——二五九。台灣學生書局印行。

註五〇：朱希祖以清廷喪師失地，終遂覆亡，歸咎於漢學家「專治古學，不問時事」；夏炯點名批判戴、盧、江、錢、段以及高郵王氏父子諸君，謂是輩「蕪鄙瑣碎，坐井觀天而已」；辜鴻銘以爲顧、錢以來，務出新奇，「其爲無用，百倍宋儒」；以上各家之說見蕭一山《清代通史》，頁五九三——五九五。

註五一：左、孫之說分見《吾學錄·序》、《畚塘芻論》，蕭一山《清代通史》以此二家之說，與前述朱、夏、辜諸君之說，再加上曾國藩、梁任公、孟森……之說，作爲評述乾嘉學術之特色及其影響的主要依據。

註五二：詳柳詒徵《中國文化史》下冊，頁一一九，〈考證學派〉。正中書局印行。

註五三：同註三二，頁六一三。

註五四：將蕭一山《清代通史》第十章〈漢學隆盛時期之先聲〉、第十一章至十三章〈乾嘉時代之重要學者〉讀過一遍，即知其捧戴抑惠立場之鮮明。

註五五：同註三二，頁六二八。

註五六：梁任公這段出自《清代學術概論》的話，蕭一山《清代通史》頁六一四加以援引，並謂「觀此，則惠氏之學，可以概見，而梁氏之言，亦可謂深中肯綮矣」。

註五七：引文見鮑國順〈戴震與孟荀思想的關係探究〉，國立中山大學編印《第一屆清代學術研討會論文集》，頁一二三。

註五八：嚴羽《滄浪詩話》曾說：「李、杜二公，正不當優劣。太白有一二妙處，子美不能道；子美有一二妙處，太白不能作。子美不能為太白之飄逸，太白不能為子美之沈鬱。」惠、戴二公之較量亦應作如是觀，既然各擅勝場，各自成派，強分優劣，殊無必要，況且章太炎也曾有過「戴震……不甚卓異。就惠、戴本身學問論，戴不如惠」的意見，（見章著《國學概論》第二章，〈經學之派別〉，頁四三。河洛圖書出版社印行）這和梁任公《清代學術概論》所說的「戴學之精深，實過於惠」，大不相同。再者，梁氏又謂「惠派可名之曰漢學，戴派則確為清學而非漢學」，但遭方東樹《漢學商兌》抨擊得最厲害的卻是戴震，而非惠棟。

註五九：梁任公《清代學術概論》：「清代學術，論者多稱『漢學』。其此前此顧、黃、王、顏諸家所治，並非『漢學』。後此戴、段、二王諸家所治，亦並非『漢學』。其『純粹的漢學』，則惠氏一派，洵足以當之矣。夫不問『眞不眞』，惟問『漢不漢』。」（《梁啓超學術論叢》，頁六三二）。

註六〇：詳《古經解鉤沉・序錄・前序》，頁一至二。廣文書局印行。

註六一：參閱《漢學師承記・余古農先生》。

註六二：詳惠棟《明堂大道錄》卷一，〈明堂統論〉。

註六三：見岑溢成《詩補傳與戴震解經方法》，頁五八。文津出版社印行。

註六四：同註六三，頁五八至六〇。岑溢成對此的結論是「可見惠學者相互之間，面對學術上的是非眞假時，同樣是以『眞不眞』爲標準的」。吾人於此再進一言，惠棟釋「箕子明夷」之義，揚孟喜說而抑施讎、梁邱賀說，因云「謬傳流傳，肇於西漢」，（《周易述》卷五）此正惠氏面對漢儒不同之說知所抉擇的明證，而梁任公《清代學術概論》反用以批評惠派「然則所謂『凡漢皆好』之旗幟，亦終見其不貫徹而已」，實在令人遺憾。岑溢成在《詩補傳與戴震解經方法》中，又以江藩《經學入門》歷舉漢儒經注之弊病，以證「梁啓超對惠派的概括，顯然是情過其實了」。他並說：「由於惠派標舉漢學的言論語氣強烈，反而使人忽略了他們實際的表現，以致形成許多經學史上衆口一詞，都與事實不完全一致的論斷。」（詳頁六〇至六二）這是當今少數能認清惠派眞正面目的客觀評論。

註六五：關於這一層意義，同樣發生在江永身上，周予同〈章學誠「六經與史說」初探〉說：「一般說來，乾嘉『漢學』可分起源吳中（今江蘇蘇州）惠周惕而成於惠棟的『吳派』，和起源於江永而成於皖南戴震的『皖派』兩大支。……」（《周予同經學史論者選集》，頁七二一。上海人民出版社印行）。

註六六：見《借月山房彙鈔》本《詩說》卷前〈序〉文。

註六七：見秦瀛《己未詞科錄》卷四引王禎《居易錄》語。

註六八：見鄭方坤《清朝名家詩鈔小傳》卷三，〈硯溪詩鈔小傳〉。

註六九：如秦瀛《己未詞科錄》、李桓《國朝耆獻類徵初編》，以及徐世昌纂、今人周駿富編之《清儒學案小傳》……，皆引鄭氏評《詩說》語。

註七〇：見錢林輯、王藻編《文獻徵存錄》卷五。

註七一：見《四庫全書總目提要》卷十六，《經部．詩類二》，〈詩說三卷〉條。其後所引文字在同條中。

註七二：詳阮元《國史文苑傳稿．惠周惕傳》。

註七三：詳《清史稿》卷四八一。

註七四：詳支偉成《清代樸學大師列傳．吳派經學大師列傳第二》。

註七五：詳本田成之《中國經學史》，頁二六九。廣文書局印行。

註七六：見徐英《詩經學纂要》，頁一九八，〈清學第二十二〉。廣文書局印行。徐氏之介紹清代《詩經》學著述，僅爲《纂要》中之一章，其評語之簡略實爲意料中事。

註七七：周浩治《清代詩經學》，頁八引《四庫提要》語介紹《詩說》，頁三八——四四抄錄《詩說》幾條原文，並附上寥寥數語以爲按語；林葉連《中國歷代詩經學》，第九章〈清朝詩經學〉，節引《四庫提要》及汪、田二氏之〈序〉文，以介紹《詩說》，又節錄《詩說》卷上五條有關《詩經》學的重要觀點，除第一條無按語之外，餘四條附上簡略的按語。前者爲周氏之碩士論文，未出版；後者爲林氏之博士論文，學生書局出版。

第二章《詩說》中關於《詩經》學若干觀點之考察

惠周惕《詩說》卷上是《詩經》學的八條箚記，其中六、七兩條皆泛論二《南》，討論時可以合爲一條；《四庫提要》與《清史稿》謂《詩說》「其言並有依據」，所舉之例都在本卷中。《詩說》後面兩卷重點在詩篇的解說，不過卷中間亦述及《詩經》學的一些問題。我在〈惠周惕《詩經》學基本問題論述之檢討〉一文中，（註一）將惠氏對於《詩經》學若干問題的說明，依其在書中出現之順序，逐一加以檢討，現在則打破原書建制，依內容性質將各條重新排列，並予以愼重之疏通辨析。

第一節 《風》《雅》《頌》以音別

《周禮．春官．大師》說：「大師教六詩：曰風，曰賦，曰比，曰興，曰雅，曰頌。」《毛詩序》（以下簡稱《詩序》或《序》）把這「六詩」叫做「六義」。其中，風、雅、頌是《詩》的體制，賦、比、興是《詩》的表現手法。（註二）《雅》一向又有大、小之分，其大小之區分標準，依《詩序》

作者的意見，是緣由「政有小大」，惠氏的《詩說》是不接受這樣的區分標準的，他認為「《雅》有小大，義不存乎小大」：

《風》《雅》《頌》以音別也，《雅》有小大，義不乎小大也。自《序》之言曰：「雅者，王政所由廢興，政有小大，故《詩》有《小雅》有《大雅》。」小大《雅》之名立，而辨難之端起矣。難之者曰：「〈常武〉、〈六月〉，同一征伐也；〈卷阿〉、〈鹿鳴〉，同一求賢也，大小何以分邪？解之者曰：「〈常武〉，王自親征，〈六月〉不過命將，軍容不同故也。〈卷阿〉為成王，〈鹿鳴〉為文王，天子諸侯尊卑有等故也。」難之者曰：「然則〈江漢〉宜在《小雅》，成宣宜在《大雅》，今何以或反之，或錯陳之也？」（《詩說》卷上，第一條）。

《詩序》「雅者，正也；言王政之所由廢興也」之說，本來就站不住腳，有人以為這樣的解釋，是就詩的內容而言，而不是就詩的得名來說的，（註三）其實，從詩的內容觀之，《雅》所收的詩也頗多樣化，斷不是「言王政之所由廢興」一語所能囊括。（註四）至於以政之小大區分大小《雅》，更是含糊其詞。問題叢生，（註五）孔穎達再怎麼能引申，也祇能說「歌其大事，制為大體；述其小事，制為小體」。（註六）惠氏以〈常武〉、〈六月〉、〈卷阿〉、〈鹿鳴〉、〈江漢〉以及成、宣諸詩為例，說明了傳統說法之不可盡信，其反詰足可讓支持《序》說者，無言以對。駁斥了舊說之後，惠氏提出了「大小二《雅》當以音樂別之」的主張：

〈樂記〉，師乙曰：「廣大而靜，疏達而信者，宜歌《大雅》，恭儉而好禮者，宜歌《小雅》。」

季札觀樂，爲之歌《小雅》，曰：「美哉！思而不貳，怨而不言。」爲之歌《大雅》，曰：「廣哉，熙熙乎！曲而有直體。」據此則大小二《雅》當以音樂別之，不以政之大小論也。如律有大小呂，詩有大小明，義不存乎大小也。（同前條）

由於《詩》與樂具有密不可分的關係，（註七）所以從音樂性來解說風、雅、頌也已漸成趨勢，（註八）而以音律或音節來區分大小《雅》，也確比《序》說更科學，更具說服力。持這種看法的人，不僅視《詩經》爲我國最早的一部詩歌總集，也以之爲我國最早的一部樂歌總集，從《論語》、《墨子》與《史記》的一些記載來看，這是相當正確的觀念。（註九）

不過，惠氏「大小二《雅》當以音樂別之」的說法雖然強過《詩序》，我們卻不能說這是他的發明，南宋時代的鄭樵早有這樣的主張：

二《雅》之作，皆記朝廷之事，無有區別，而所謂大小者，《序》者曰：「政有大小，故謂之《大雅》、《小雅》。」然則小《雅》以〈蓼蕭〉爲澤及四海，以〈湛露〉爲燕諸侯，以〈六月〉、〈采芑〉爲北伐、南征，皆謂政之小者，如此，不知〈常武〉之征伐何以大於〈六月〉，〈卷阿〉之求賢何以大於〈鹿鳴〉乎？或者又曰：「『小雅』猶言其詩典正，未至渾厚大醇者也。」此言猶未是，蓋《小雅》、《大雅》者，特隨其音而寫之律耳。律有小呂、大呂，則歌《大雅》、《小雅》，宜其有別也。

鄭樵這一段話收在《六經奧論》中，因爲《六經奧論》是一本極有問題的書，（註一〇）所以我現在假設以上的話也非鄭樵所言，那麼我們還可以試看另一宋儒程大昌的說法：

《南》有周、召，《頌》有周、魯、商，本其所從得，而還以繫其國土也。二《雅》獨無所繫，以其純當周世，無用標別也。均之為《雅》，音類既同，又自別為大小，則聲度既有豐殺廉肉，亦如十二律然，既有大呂，又有小呂也。（註一一）

以十二律中的大呂、小呂為比方，指出二《雅》的聲度之有豐殺廉肉，這大約給了惠氏莫大的啓發。此外，朱子也認為大小二《雅》「詞氣不同，音節亦異」，（註一二）雖其言之過簡，但我們要細數惠氏《詩說》區隔大小《雅》的依據，就不能不把朱子也算進去。當然，由於惠氏的說法較晚出現，他的說明也就比前人來得清楚些。

第二節　「其風肆好」，風之義也

區隔《風》《雅》《頌》，不從作者與內容上著眼，而從音樂性之不同論說，這很容易使人誤以為惠氏是說《詩》中的「新派」，其實不然，他雖對毛鄭舊說頗有意見，但基本上他說《詩》仍然是傾向於漢學的，從他在《詩說》中解說詩篇每每修正舊說，但修正的幅度不大，以及筆下對於《小序》的尊重，就可得到印證。（註一三）

惠氏提出《風》《雅》《頌》以音別之時，只舉《雅》分大小為例，並未進一步說明《風》《雅》《

頌》究竟如何以音別，在《詩說》卷中中，他總算表明了對「風」的意義的看法：

「其風肆好」，風之義也。（《詩說》卷中，第一條）

「其風肆好」，語出《大雅．崧高》，詩末章云：「……吉甫作誦，其詩孔碩；其風肆好，以贈申伯。」此一「風」字，《毛傳》未解，《箋》云：「言其詩之意甚美大，風切申伯，又使之長行善道，以此贈申伯者，送之令以爲樂。」顯然鄭玄是讀「風」爲「諷」的。《毛傳》雖未釋此「風」字，但〈烝民〉的「吉甫作誦，穆如清風」，《毛傳》就有解釋了：「清微之風，化養萬物者也。」《鄭箋》：「穆，和也。吉甫作此工歌之誦，其調和人之性，如清風之養萬物然。」姑且不論「其風肆好」究宜作何解，（註一四）可以肯定的是，惠氏對於漢儒舊說是沒什麼異議的，因此他接著說：

「風自火出，家人」，（忠愼按：引文出自《周易，家人卦，象辭》）〈關雎〉之義也。觀風之所被，君子知及物之理焉，求風之所自，君子悟反身之學焉。（同前條）

這和《詩序》的話基本上是屬於同一條格調的：

風，風也，教也。風以動之，教以化之。……上以風化下，下以風刺上。主文而譎諫，言之者無罪，聞之者足以戒，故曰風。……以一國之事，繫一人之本，謂之風。

如此，惠氏解說詩篇的立場大約也可以看得出來了。

這樣說絲毫沒有鄙夷《詩說》的意思。評論一個人的《詩經》學成績，家法或立場並不重要，馬瑞辰的《毛詩傳箋通釋》、胡承珙的《毛詩後箋》、陳奐的《詩毛氏傳疏》都是所謂「舊派」之作，但在《詩經》學史上，他們都擁有相當崇高的地位。（註一五）不過，這裡仍然必須指出，惠氏既已提出《風》《雅》《頌》以音別的主張，解說「風」之義時，卻又將音樂性之差異擱置在一旁，這是他的一個令人詫異的疏失。其實，他既特標「其風肆好」之句以說「風」，此正可以擺脫舊說之束縛，可惜他的原創性畢竟不夠，終又陷進漢儒之說的泥沼中，比較起來，民國的顧頡剛就比他有魄力得多了：

看《大雅．崧高篇》說「吉甫作誦，其詩孔碩，其風肆好」，又看《左傳．成九年》說鍾儀「操南音」，范文子說他「樂操土風」，則風字的意義似乎就是「聲調」。聲調不僅諸國之樂所具，《雅》《頌》也是有的。所以「風」的一名大概是把通名用成專名的。所謂「國風」，猶之乎說土樂。（註一六）

以前我曾說過，顧氏「在文史方面雖獨具創見，但往往只有三分證據，卻要說七分的話」，（註一七）但在這裡卻不能不承認，若《風》《雅》《頌》以音別，則以國風為各國的土樂土調，應當算是合情合理的推測。（註一八）反觀惠周惕的「其風肆好，風之義也」之說，終究因欠缺臨門一腳，使得後人在討論「風」的定義時，可以跳過《詩說》的意見，卻不得不引顧氏的「土樂」說，（註一九）對於惠氏本人，這應該是一件憾事。

第三節　頌即誦

「頌」之義，《詩序》以爲是「美盛德之形容，以其成功告於神明者也」，比起釋「風」釋「雅」，這個解釋比較能爲後人接受，（註二〇）但是，惠氏反對此一說法，在他看來，「頌」即是「誦」：

「公羊傳」曰：「什一而稅，頌聲作。」《序》曰：「美盛德之形容，以其成功告于神明者也。」然《雅》詩：「家父作頌，以救王訩。」（忠愼按：語出《小雅．節南山》，「救」爲「究」之誤）《左傳》：「聽輿人之頌，原田每每，舍其舊而新是謀。」刺亦可以言頌矣。《國語》：「瞽獻典，（忠愼按：「典」爲「曲」之誤）史獻詩，師箴，瞍賦，矇誦。」諫亦可言頌矣。按：《禮》：「學樂，誦詩，舞勺。」〈文王世子〉：「春誦夏弦。」《孟子》：「誦其詩，讀其書。」《左傳》：「使太師歌〈巧言〉之卒章，太師辭，師曹請爲之，遂頌之。」漢武帝定郊祀之禮，乃立樂府，采詩夜誦，師古注曰：「夜誦者，其言或秘，不可宣露。」以是觀之，比音曰歌，舉其辭曰頌也。豈宗廟之詩，既歌之，而復誦之與？抑歌者工，而誦者又有工與？既比其音，復誦其辭，俾在位者皆知其義，所以彰先王之盛德，故曰頌。至于所刺所諫，欲聞其人之耳，故亦曰頌也。〈樂記〉曰：「清廟之瑟，朱弦而疏越，一唱而三歎。」又曰：「君子于是語，于是道古。」豈即頌之義也與？（《詩說》卷上，第二條）

《詩序》之釋「頌」，是連宋代反《序》派的大將鄭樵、朱子都接受的。鄭樵說：「宗廟之音曰頌。」（註二一）朱子說：「頌者，宗廟之樂歌。」（註二二）這是站在《詩序》的基礎上所作的更簡潔的界說，相形之下，守舊派的惠周惕反對《詩序》之釋「頌」，倒是頗令人驚訝，即使是從音樂性上來考量，

《詩序》之說也還不致一無可取才對。雖然鄭康成很早就有「頌之言誦也」的說法，但不表示惠周惕的看法跟他沒有不同，因爲鄭康成是這麼說的：

頌之言誦也，容也，誦今之德，廣以美之。（註二三）

此外，他又說：

頌之言容，天子之德，光被四表，格於上下，無不覆幬，無不持載，此之謂容。（註二四）

依鄭康成之意，頌是「誦今之德」，而惠氏則謂刺者諫者皆可爲頌，兩者大相逕庭。不過，惠氏雖認爲「頌」這個字可解爲「誦」，但於《頌》詩，他依舊同意是宗廟之詩，所以他才說：「豈宗廟之詩，既歌之，而復誦之與？抑歌者工，而誦者又有工與？」同時他又引〈樂記〉語，謂「豈即頌之義也與？」一連串的問號，透露出他對自己的說法並無絕對的把握，但同時也爲自己的解釋保留了一些可以轉圜的餘地。

鄭康成以「誦」釋「頌」，又以「容」釋「頌」，惠周惕雖僅取前者，卻作了更有彈性的處理；不過，若依朱子之說，《詩序》對於「頌」的解釋是視「頌」爲「容」的，（註二五）這個意見未曾影響到惠周惕，惠氏之後的阮元則將之發揮得非常澈底，他以爲「頌」字即「容」字，「容、養、羕一聲之轉」，「樣」字乃「從頌、容、羕轉變而來」，「所謂『商頌』、『周頌』、『魯頌』者，若曰商之樣子、周之樣子、魯之樣子而已」，「《風》《雅》但弦歌笙間，賓主及歌者皆不必因此而爲舞容，惟三《頌》各章皆是舞容，故稱爲『頌』，若元以後戲曲，歌者、舞者與樂器全動作也。《風》《

雅》則但若南宋人之歌詞、彈詞而已，不必鼓舞以應鏗鏘之節也」。（註二六）

阮說在今天頗受學者重視，（註二七）反觀惠氏的以「誦」釋「頌」則似未見今人採用其說。當然我們不能因此就認定「頌」字不能解釋爲「誦」，相反地，由惠氏所舉古籍之例，我們更可確定某些時候「頌」就等於「誦」字。不過，這僅僅是文字訓詁上的認定，不能憑此即推到三《頌》之「頌」即是「誦」的結論，同樣的，說「頌者，容也」，恐怕也僅止於文字訓詁上的認定，從內涵來看，它仍然露出了一些破綻。（說詳後）

曩昔胡樸安在釋「頌」時，曾謂「頌」兼有誦容二義，而容之義爲多，又批評了惠周惕之以誦釋頌並不完備：

> 《說文》：「頌，皃也。从頁，公聲。」朱駿聲曰：「假借爲誦。頌者，誦也。」按頌之假借有二說：一、假借爲誦，一、假借爲容。假借爲誦者，《禮記·文王世子》：「春誦夏弦。」《注》謂樂歌也。假借爲容者，《說文》：「容，盛也。」《荀子·儒效篇》云：「頌之所以爲至者，取是而通之也。」《楊注》：「至爲盛德之極。」余謂詩之名頌，兼有誦容二義，而容之義爲多。《周禮·鄭注》云：「頌之言誦也，容也，誦今之德廣以美之。」《詩譜》曰：「頌之言容。天子之德，光被四表，格於上下，無不覆幬，無不持載，此之謂容。於是和樂興焉，頌聲乃作。」《序》謂「頌者，美盛德之形容」，是皆以容釋頌也。又按：籀文頌從容聲作額，聲必兼意，當是頌爲皃之盛，引申爲德之盛，不必假爲誦，亦不必假爲容也。惠氏周惕

《詩說》曰……，（忠愼按：惠氏之說已見前引）按惠氏之說，亦以誦釋頌，然不如合容釋之，而義更備也。（註二八）

胡樸安在古書上尋章摘句，又從籀文上找證據，自然會認爲「以誦釋頌」，不如「合容釋之，而義更備」，易言之，若僅作文字訓詁上的界說，誰扯得最遠，誰的定義就最完備。無如問題並非這般單純，惠周惕的說頌，疏失並非「義不完備」，而在「其說未安」與未能和他自己所強調的「《風》《雅》《頌》以音別」之說互相呼應；關於前者，《四庫提要》早已提出：

（惠周惕《詩說》）謂頌兼美刺，義通於誦，則其說未安。考鄭康成注《儀禮》「正歌備」句，曰：「正歌者，升歌及笙各三終，間歌三終，合樂三終，爲一備。」核以經文，無歌後更誦及一歌一誦之節。其《周禮．瞽矇職》曰：「諷誦詩。」鄭注謂「闇讀之不依永也」，則歌誦是兩事，知頌亦爲兩事，周惕合之，非矣。（註二九）

至於後者，祇能歸咎於惠氏不能扣緊「《風》《雅》《頌》以音別」的大原則了。

前面曾提到阮元之「頌容說」也有破綻可尋，那是因說頌是舞曲，也未必與《頌》詩的實際情況相符，王國維曾質疑說：「《周頌》三十一篇，惟〈維清〉爲舞之詩。〈昊天有成命〉、〈武〉、〈酌〉、〈桓〉、〈賚〉、〈般〉爲武舞之詩，其餘二十四篇爲舞詩與否，均無確證。至於〈清廟〉爲升歌之詩，〈時邁〉爲金奏之詩，尤可證其非舞曲。」（註三〇）今人周滿江也舉出不少實例，確定「《頌》中包括著歌詩和舞詩兩種作品，說全是舞詩，或說沒有舞詩，都不夠全面」。（註三一）以上三家之說，王氏的說法較值得我們注意，不是因惑於他的名氣，而是因他同樣是支持「《風》《雅》《頌》以音別」的，他在釋「頌」就切記這個前提，而說：

《風》《雅》《頌》之別，當於聲求之。《頌》之所以異於《風》《雅》者，雖不可得而知，今就其著者言之，則《頌》之聲較《風》《雅》爲緩也。（註三二）

要說此說乃是定論，恐怕仍言之過早，（註三三）但既然主張《風》《雅》《頌》以音別，惠氏就應該有王氏那樣上天入地，設法找出三者音樂性之不同的精神，可惜他做不到這一點，否則他在《詩經》學史上的地位當可再提高一些。

第四節　興比賦合，而後成詩

《詩經》的三種表現方式中，諸家對於「賦」之解說，意見較爲一致，（註三四）至若「比」、「興」二者，因先儒往往合而釋之，（註三五）而《毛傳》對於詩之表現手法又僅獨標「興」體，不標「比」、「賦」，致說者紛紛，難有定論。惠氏批評毛公之獨以首章發端爲「興」，也不滿《朱傳》以興、比、賦分而爲三，他說：

《周禮》：「大師教六詩，曰風，曰賦，曰比，曰興，曰雅，曰頌。」《大序》引以爲說，蓋《風》《雅》《頌》爲《詩》之名也，興、比、賦者，《詩》之體也，名不可亂，故《雅》《

頌》各有其所體，不可偏舉，故興、比、賦合而後成詩，自《三百篇》以至漢唐，其體猶是也。毛公傳《詩》，獨言興，不言比、賦，以興兼比、賦也。人之心思必觸于物而後興，即所興以爲比而賦之，故言興而比、賦在其中，毛氏之意，未始不然也。然《三百篇》惟〈狡童〉、〈褰裳〉、〈株林〉、〈清廟〉之類，直指其事，不假比興，其餘篇篇有之，《傳》獨于詩之山川草木鳥獸起句者始謂之興，則幾于偏矣。詩或先興而後賦，或先賦而後興，（如〈簡兮〉至卒章始云「山有榛，隰有苓」之類是也）見其篇法錯綜變化之妙，毛氏獨以首章發端爲興，則又拘于法矣。文公傳《詩》，又以興、比、賦分爲三，無乃失之愈遠乎？（《詩說》卷上，第五條）

依惠氏之見，興、比、賦合，而後才能成詩，因此他可以諒解毛公傳《詩》獨標興體，不言比、賦，以興原本就兼比、賦，言興而比、賦就在其中。這是惠氏的創見，前此聞所未聞，然此說恐難成立，考《毛傳》於首章標以「興也」的詩有一百十五篇，（註三六）這一百多篇詩難道都是惠氏所謂的「興兼比賦」？抑有進者，惠氏以爲除了〈狡童〉、〈褰裳〉、〈株林〉、〈清廟〉等極少數詩篇「直指其事，不假比興」之外，其餘篇篇有之；若依此說，《毛傳》對於絕大部分的詩篇都應標明「興也」了？（反正「言興而比、賦在其中」！）事情豈有這麼簡單？倒是他說詩或先興而後賦，或先賦而後興，事實確是如此的，他所舉的例子——〈簡兮〉，除了末章爲興之寫法外，其餘各章皆使用最單純的賦之方式，可見《毛傳》獨以首章發端爲興，縱使猶可解釋，也仍然大有問題，今人裴普賢就說：

《毛傳》的只在篇首標「興也」，可以解釋爲其餘各章，也都是興，所以不用一一標出。如《

周南·樛木篇》首章「南有樛木，葛藟纍之」固爲興句，所以標「興也」，次章章首「南有樛木，葛藟荒之」，三章章首「南有樛木，葛藟縈之」，都只換了一個字。其義相似，當然也是興句，就不用再標「興也」了。……《毛傳》以首章標興統括以下各章，也是有問題的。因爲大多興詩，固然各章疊詠，也就每章開頭都是興句，但有些詩篇是有很大的變化的。例如《豳風·九罭篇》四章，前三章都有興句，而第四章卻直接歌詠前三章興句以下所詠及的「袞衣」和「公歸」，則決非興句。如此首章的「興也」，是只能統括二三兩章，第四章另作別論了。《邶風》〈旄丘〉、〈泉水〉兩篇各四章，更是僅首章有興句，其餘各章都找不出興句來。大小《雅》中《毛傳》所標興詩，更多類此的篇章。所以如果說《毛傳》只是首章有興句，就稱興詩，則〈車鄰〉、〈南有嘉魚〉的「興也」不應標於次章三章；如果首章標「興也」就統括了以下各章，則事實上是統括不了的。（註三七）

這可以用來說明惠周惕評「毛氏獨以首章發端爲興，則又拘于法矣」，絕非無的放矢。不過，《朱傳》的標舉賦、比、興，也成爲惠氏攻擊的箭靶，這就有點冤枉了。倒不是說《朱傳》的標舉賦、比、興，已到了無懈可擊的境界，而是惠並未能勒住其要害，因此不太能讓人心服口服。《朱傳》指爲興詩的與《毛傳》頗有出入，這是自然的現象，值得注意的是，朱子所謂的興詩竟達六種之多——⑴興也。⑵興而比也。⑶比而興也。⑷賦而興也。⑸賦而興又比也。⑹賦其事以起興也。其中以第一式佔多數，二至六則頗爲少見。（註三八）《朱傳》的標舉賦、比、興及其六類興式，容或有可議之處，（註三九）但正好可以「見其篇法錯綜變化之妙」，（引文借用惠氏《詩說》之語，之所以用此語，是想表明《詩》之表現方式不至於單純到僅有三種）而惠氏只說「文公傳《詩》，又以興、比、賦分而爲三，無乃失之愈遠乎？」「析義愈精，恐未然也」，這樣的評語，毋寧是稍嫌粗疏了一些。

第五節　二《南》之時代及后妃、夫人諸問題

《詩序》謂〈關雎〉「后妃之德也」，〈鵲巢〉「夫人之德也」，未實指此后妃、夫人爲誰，《孔疏》擅作主張，以后妃、夫人皆謂太姒，「二《南》之風，實文王之化，而美后妃之德者」，如此則一人而二名，自頗啓人疑竇，惠氏對此亦不表贊同：

> 二《南》二十二篇（忠愼按：二《周》之詩共計二十五篇）皆述太姒之事，然一太姒也，何以爲后妃，何以爲夫人？一文王也，何以爲王者，何以爲諸侯？或曰：「文王于商爲諸侯，及受命追王，則爲王者，太姒亦然，時有先後故也。」然追王後于諸侯，則《周南》宜後于《召南》矣，有是理乎？（《詩說》卷上，第六條）

此言甚是，沒有任何人、沒有任何證據可以確認《召南》的寫作時代早於《周南》，既然如此，太姒豈能在《召南》中以「夫人」身分出現，而在《周南》中就搖身一變爲「后妃」？宋儒歐陽修、朱子

於《周南》宜後於《召南》之說，也疑莫能解，因此惠氏又說：

> 昔者歐陽公嘗疑之而不得其解，因取魯詩衰周之說，以爲近之。而朱子謂子孫無故播其先祖之失，于理未安，然于后妃、夫人終仍舊說，而未有所發明也。按《小序》曰「〈關雎〉，后妃之德也」、「〈葛覃〉，后妃之本也」、「〈卷耳〉，后妃之志也」云云，未嘗指言后妃、夫人爲何如人，後之訓詁家，推跡其自，始以爲太姒耳。（同前條）

惠周惕讀書深具懷疑之精神，《詩本義》與《詩集傳》對於二《南》后妃、夫人之處理，他覺得不滿意，就毫不客氣地提出來檢討，事實上也正如他所說，《詩序》並未指言后妃、夫人爲何如人，以爲太姒，乃是後之訓詁家的推測。在批評前儒之說於理未安之後，惠氏又進一步指出：

> 《儀禮》鄉飲酒、鄉射皆合樂《周南》〈關雎〉、〈葛覃〉、〈卷耳〉、《召南》〈鵲巢〉、〈采蘩〉、〈采蘋〉，燕禮弦歌《周南》之詩，則周公作《禮儀》時已有《周南》、《召南》，豈召公作之而被之管弦與？抑公采之而付之太師與？既爲房中之樂，則必歌之燕寢之閒，鄭氏所謂后夫人所諷誦以事其君子者也。今讀其辭，有勸勉、教戒、諷諭之意，蓋欲爲后妃、夫人者，如《詩》言云爾，不必言后妃、夫人何人也。（同前條）

以《禮儀》爲周公之作，乃是唐以前學者一貫之主張，（四〇）如今早已證知《禮儀》實非周公之書，大約是春秋戰國間學者所作，（註四一）而且《周南》、《召南》也並非如舊說以爲殷末周初之作那麼早，它們有的已是西周末年、東周之初的作品，（註四二）這已是定論了，惠氏受漢儒所定詩篇時代的影響，而未暇詳考，故以周公時代已有二《南》，其說實誤。至其以二《南》不必泥其所指何人，可以說是較爲開通的見解。本書首章所引《四庫提要》評《詩說》「其言皆有依據」之言，亦以此爲例。

除了不滿唐宋之「後之訓詁家」，惠氏又將批評的箭頭指向鄭玄，鄭玄曾有「文王受命作邑于豐，乃分岐邦周召之地爲周公旦、召公奭之采地，施先公之教于己所職之國。武王伐紂，定天下，巡守述職，陳誦諸國之詩，以觀民風俗。六州者，得二公之德教尤純，故獨錄之，屬之大師，分而國之，其得聖人之化者謂之周南，得賢人之化者謂之召南」的話，（註四三）此爲惠氏所堅決反對：

二公之封在武王克殷之後，〈樂記〉所謂「三成而周，四成而南國是疆，五成而分周公左、召公右」是也。《史記》魯、燕世家載封國始末，不言文王，惟〈江漢〉四章有「文王受命，召公維翰」之語，鄭或據是以爲文王，然以《召南》言之，〈甘棠〉三章，三詠召伯，當是時文王已爲西伯矣，而復命召奭，是一國而二伯也。且吾不知命之者爲商紂邪？爲文王邪？揆之二者，俱未安，是以知鄭說非也。（《詩說》卷上，第七條）

鄭玄之說當然不對，祇要確認前面所云二《南》之詩有的已遲至東周之初，其說即可不攻自破，可惜惠氏畢竟缺少這樣的認識，終使他的評語有如膝癢搔背，不能切中要害；更何況《召南·甘棠》三詠召伯，此一召伯，當是指召穆公虎，而非召公奭，（註四四）惠氏無法跳出漢儒舊說之窠臼，毋怪乎他會說「是一國而二伯也。且吾不知命之者爲商紂邪？爲文王邪？揆之二者，俱未安」。假設他在抨擊康成之說後，能進而懷疑二《南》的著成時代，局面當然就不一樣了。

第六節　「武王滅邶、鄘，以封康叔」說

十五《國風》之中，衛國之詩居有其三，以《邶》、《鄘》、《衛》所收實皆衛詩也，如此則衛詩總數多達三十九篇，在諸國中獨佔鰲頭。惠氏曰：

> 今讀其詩，皆衛國之事，而山川土風亦無不同。《邶》詩曰：「亦流於淇。」《鄘》曰：「送我淇上。」《衛》亦曰：「瞻彼淇奧。」「在彼淇梁。」《鄘》詩曰：「在彼中河。」《邶》曰：「河水瀰瀰。」《衛》亦曰：「河水洋洋。」「誰謂河廣？」俱非鄰封異域也。季札觀樂，歌《邶》《鄘》《衛》，曰：「吾聞衛康叔、武公之德如是。」不更言邶、鄘，何如也？又《鄘》詩所謂沬鄉，即〈酒誥〉所謂沬邦，沬正康叔始封之地，而詩言云然，則邶、鄘故商之諸侯，武王滅之以封康叔者也。邶、鄘既滅，衛之名邑尚仍其舊，故所以作詩繫之，夫子亦仍其舊而不改也。（《詩說》卷中，第十條）

《邶》、《鄘》、《衛》之詩相與同風，早為《漢書．地理志》所指出，班固所舉之例比之惠氏尚且多了一條：「《邶》詩曰：『在浚之下。』《鄘》詩曰：『在浚之郊。』」既然三國之詩所言域邑及河流，多所相同，其詩所詠者又皆衛事，則所謂《邶》《鄘》《衛》之詩自然即是衛國之詩，惠氏之言洵然不誣。惠氏之後的馬瑞辰，在其《毛詩傳箋通釋》中論及此事，所舉之例更多：「漕邑，鄘地

也，而《邶》詩曰：「土國城漕。」泉水，衛地也，而《邶》詩曰：「毖彼泉水。」又《左傳》衛北宮文子引《邶》詩「威儀棣棣」二句，而稱爲衛詩。」（註四五）總之，三國之詩並爲衛詩早已爲定論，後人所能做的不外是添加例證而已。

不過惠氏《詩說》此條之重點並不在此，因他無法像馬瑞辰那樣增添實例以證成《漢書》之說，故其重點乃在「邶、鄘故商之諸侯，武王滅之以封康叔者也」一句，此蓋惠氏之創見，但我須以遺憾之心情指出，此一創見恐與歷史不合。按《史記・衛康叔世家》記載，武王崩後，周公代年幼之成王治，管叔、蔡叔聯合武庚作亂，周公遂以成王命興師伐殷，事成之後，「以武庚殷餘民封康叔爲衛君，居河、淇間故商墟」，（註四六）由此可知封康叔於衛是在周公、成王時，至於那時康叔是否兼領邶、鄘之地則不易肯定。《漢書・地理志》云：「河內本殷之舊都，周既滅殷，分其畿內爲三國，《詩・風》邶、庸、衛國是也。邶，以封紂子武庚；庸，管叔尹之；衛，蔡叔尹之；以監殷民，謂之三監。」據此有可能在康叔初封衛時，已兼領邶、鄘之地，不過時代仍在成王之時。（註四七）

考惠氏之誤以武王以邶、鄘之地封康叔，或係受《尚書・康誥》之影響，〈康誥〉有「王若曰：『孟侯，朕其弟，小子封。』」、「乃寡兄勖，肆汝小子封，在茲東土」之語，此王既是康叔之兄，自是武王無疑，由此可見舊謂〈康誥〉爲周成王封康叔於衛時之誥辭，（註四八）其說實不可信。然而，康叔之封於衛，的的確確是在成王時代的，如果惠氏之說係得自〈康誥〉之啓發，難道〈衛康叔世家〉所言反來自太史公的筆誤？事實並非如此，太史公所述眞確無訛，近人在歷經嚴密之考證後，已獲〈康誥〉原來是周武王封康叔於康之誥辭的結論，（註四九）亦即康叔之封於康，是在武王之時，及至遷徙於衛，已進入成王時代了。康之故城，今雖未詳，（註五〇）但絕不可能與康叔於後所擁有的邶、鄘、衛重疊，則毋庸辭費，我之所以表明惠氏之創見恐與歷史不合，原因在此。

第七節　論晉詩之所以入《唐風》

《詩》無《晉風》，晉爲周之大國，采詩之官不可能置其風詩於不顧，考十五《國風》中有《唐風》十二篇，所收實皆晉詩。《詩序》：「〈蟋蟀〉，刺晉僖公也。」「〈山有樞〉，刺晉昭公也。」「〈揚之水〉，刺晉昭公也。」「〈椒聊〉，刺晉昭公也。」「〈綢繆〉，刺晉亂也。」「〈有杕之杜〉，刺晉武公也。」「〈葛生〉，刺晉獻公也。」「〈采苓〉，刺晉獻公也。」「〈無衣〉，美晉武公也。」〈蟋蟀〉等九篇，八篇爲刺，唯一受到讚美的武公，在〈有杕之杜〉中亦爲晉人譏刺之對象。其餘三篇，〈杕杜〉、〈羔裘〉亦皆晉人刺其在位之「刺時」之詩，〈鴇羽〉之刺時，〈小序〉更明言「昭公之後，大亂五世」，《鄭箋》：「大亂五世者，昭公、孝侯、鄂侯、哀侯、小子侯。」是晉詩十二篇，不僅作《序》者皆爲之賦予美刺意義，連其時代都已被劃定。至於晉詩不曰《晉風》，而曰《唐風》，《詩序》在〈蟋蟀〉下說：「此晉也，而謂之唐，本其風俗，憂深思遠，儉而用禮，乃有堯之遺風焉。」其以晉詩名「唐」，與堯之遺風有關，實有牽扯過遠之弊，亦難免附會之譏，惠周惕的看法與《序》迥然不同：

> 晉言唐，從乎封地也。《左傳》：「子產曰：『當武王邑姜方娠太叔，夢帝謂己：「余命而子曰虞，將與之唐，屬之參，而繁育其子孫。」及成王滅唐，而封太叔。』故號太叔為唐叔，而命以唐詰也。」《國語》：「叔向曰：『昔先君唐叔射兕于徒林，殪，以為大甲，以封于晉。』」則晉之名晉，自唐叔時已然矣。（《詩說》卷中，第廿九條）

「晉言唐，從乎封地」，惠氏此語大致無誤。「晉之名晉，自唐叔時已然」，此又與漢儒之說不同，而實勝之。按惠氏所引《左傳》文在〈昭公元年〉，而文字略有出入：「晉侯有疾，鄭伯使公孫僑如晉聘，且問疾。叔向問焉，曰：『寡君之疾病，卜人曰「實沈、臺駘為祟」，史莫之知。敢問此何神也？』子產曰：『昔高辛氏有二子，伯曰閼伯，季曰實沈，居於曠林，不相能也，日尋干戈，以相征討。后帝不臧，遷閼伯于商丘，主辰。商人是因，故辰為商星。遷實沈于大夏，主參，唐人是因，以服事夏、商。其季世曰唐叔虞。當武王邑姜方震大叔，夢帝謂己：「余命而子曰虞，將與之唐，屬諸參，而蕃育其子孫。」及生，有父在其乎曰虞，遂以命之。及成王滅唐，而封大叔焉，故參為晉星。……』」惠氏蓋隱括其文。又所引《國語》文在卷十四〈晉語八〉：「平公射鴳，不死，使豎襄搏之，失。公怒，拘將殺之。叔向聞之，夕，君告之。叔向曰：『君必殺之。昔吾先君唐叔射兕於徒林，殪，以為大甲，以封于晉。今君嗣吾先君唐叔，射鴳不死，搏之不得，是揚吾君之恥者也。君其必速殺之，勿令遠聞。』君忸怩，乃趣赦之。」掌握了《左》、《國》之相關記載，惠氏「晉之名晉，自唐叔已然」之說，可立於不敗之地。且不僅《左傳》梁爲周成王封其弟叔虞（太叔）於唐，《史記．晉世家》也說：「武王崩，成王立，唐有亂，周公誅滅唐。成王……遂封叔虞於唐。唐在河、汾之東，方百里，故曰唐叔虞。」鄭玄《詩譜》亦云：「成王封母弟叔虞於堯之故墟，曰唐侯，南有晉水。」現又有學者據晉公盦考定叔虞實封於武王之世，（註五二）再由《國語》所引叔向之言，則「武王封叔虞於唐，是時唐又名晉」，乃是順理成章之結論。惠氏在引用《左》、《國》之說後，又據以批評《史記》之誤：

> 《史記．晉世家》以子燮因晉水改唐爲晉，蓋史遷時，《左傳》未行，故而不見《外傳》，宜其言云爾，而後人至今仍之，何也？（同前條）

其實《史記．晉世家》僅說「唐叔子燮，是爲晉侯」，並未言及是否因晉水方始改唐爲晉，當然，可以確定司馬遷是認爲晉之名始於叔虞子燮的。此外，《漢書．地理志》說：「……唐有晉水，至叔虞子燮爲晉侯。」前引鄭玄《詩譜》之言，後面還有一句「南有晉水，至子燮，改爲晉侯」，依此則漢儒果真是以唐改名爲晉是緣自晉水的，此一說法之錯誤，除了《國語》可爲反證之外，馬瑞辰在《毛詩傳箋通釋》卷十一中亦引《呂氏春秋．重言篇》以證叔虞本封於晉，其書一出，使得惠氏之說如虎添翼，無可動搖。不過，吾人亦得指出，太史公以爲唐叔子燮時方有晉之名，當係來自他所根據的某些材料出現錯誤，或編寫時的偶然疏忽，斷不是他沒有讀到《左》、《國》二書，《史記．十二諸侯年表》明明說：「魯君子左丘明……成《左氏春秋》。……譜十二諸侯，自共和迄孔子，表見《春秋》、

《國語》學者所譏盛衰大指，著於篇，爲成學治古文者要刪焉。」班固在《漢書·司馬遷傳》中亦且告訴我們《史記》所據的資料：「司馬遷據《左氏》、《國語》，采《世本》、《戰國策》，述《楚漢春秋》……。」（註五二）據此可知惠氏云「史遷時，《左傳》未行，故亦不見《外傳》」，其說實昧於事實，不足憑信。考惠氏之所以誤以史遷時《左傳》未行，或係因見《史記·儒林列傳》中未曾言及《左傳》之故，然〈儒林列傳〉於《毛詩》同樣未曾言及，惠氏爲《詩》學專家，當知《毛詩》當時業已流行，唯是不及三家《詩》流行之廣而已，至若〈儒林列傳〉不言及《左氏傳》，只能推及此乃因五經博士中未立《左氏》博士之故。（註五三）太史公秉五經博士之成規以創立〈儒林列傳〉，因受五經博士之限制，故未言及《毛詩》及《左傳》，這是可以諒解的，但不可以因而推測當時《左傳》未行，更不可以想當然耳地由此推知他「亦不見《外傳》」。

前面提到惠氏讀書深具懷疑之精神，而在懷疑之後，他往往指名道姓地批評前儒，在《詩說》本條中，宋儒王質成了他撻伐的對象：

《詩總聞》曰：「子燮謚晉，非晉號也。自唐叔至靖侯五世，史不載年數，不知何時爲晉，當是以燮謚號爲晉，美名也。唐侯謚晉，衛侯名晉，則晉者其後創起之名。」王質說《詩》，穿鑿類如此，尤不足據也。（同前條）

王質之說見於《詩總聞》卷六，他先引《序》說，接著評論說：「若以晉本唐堯之都，故謂之《唐》；魏本虞舜之都，胡不謂之《虞》乎？」這可謂一針見血之反詰，然而他又說：「子燮謚爲晉侯，非建晉號也。」這種欠缺推理過程的說法，實不足置辯，宜乎惠氏駁之。不過王質說《詩》並非乏善可陳，《四庫提要》視他爲南宋之初能廢《詩序》中的三家之一，他的說《詩》往往毅然自爲，故其《詩總聞》與朱子《詩集傳》不合之處甚多，新解固然是不少，但穿鑿懸解者也確不能免，實爲毀譽參半之作，（註五四）倒不能因惠氏之批駁其說，就誤以其書一無是處。

第八節　釋次《王》於《衛》之故

關於十五《國風》之次序安排問題，《詩經》學者一向是樂於提供意見的，孔穎達、成伯璵、歐陽修、馬瑞辰……諸家都曾試圖找尋聖人編次十五《國風》之深意，可怪的是，先儒之說非惟各自不同，甚且出入極大，（註五五）可見縱使聖人於十五《國風》之編次寓有深意，後人也很難洞悉其中的玄機，更何況，《國風》之次第是否眞如學者們所強調的有其用意，根本是一個無從證明的問題。

惠氏在《詩說》中並未曾針對此一問題提供完整性的推測與說明，但在前述討論《邶》、《鄘》、《衛》諸問題時，他有一段話爲前文所未引，即：

《邶》、《鄘》、先《衛》，《魏》先《唐》。或曰，不與衛晉之滅國也。然檜滅於鄭，何以不先於鄭？且晉之滅魏，《左氏傳》有之，衛之滅邶、鄘，吾不知其何所據也？（《詩說》卷中，第十條）

這是說《邶》《鄘》之先於《衛》，不是如某些人所說的衛曾消滅邶、鄘，（按孔穎達即持此說）因爲衛之滅邶、鄘，「不知其何所據」？至於《左傳》雖有晉滅魏之記載，但《魏風》先於《唐風》，（按前已言及《唐風》所收爲晉詩）實與魏滅於晉無關，蓋「檜滅於鄭，何以不先於鄭？」除此之外，《詩說》卷中又特闢一條解釋次《王》於《衛》之故：

> 次《王》于《衛》，傷周也。衛懿公滅于狄而廬漕，固幽王滅于戎而東遷，甚矣周之似衛也。然衛有文公之賢而國家再造，周自始不復振焉，重傷乎王也。（《詩說》卷中，第十八條）

以周、衛處境之相似爲次《王》於《衛》之理由，勢將難免牽強之譏，而若據鄭玄之《詩譜》，《王風》乃居十五《國風》之最末，當然《國風》之次第絕非如馬瑞辰所說的「當以《詩譜》爲正」那樣的武斷，（註五六）不過，同樣是孔子整編後的本子，因爲漢人彼此記憶的出入，而使《國風》的次序也跟著出現不同的面貌，（註五七）我們又要如何判定何者才確得孔子之眞呢？如果連孔子整編的本子，其《國風》次序爲何都無法判定，在十五《國風》之次序上揣測聖人之深意，不是過於冒險，而又毫無意義嗎？如此也就難怪歐陽修煞費苦心地撰寫〈十五國次解〉，（註五八）卻又在晚年所寫的《詩譜補亡．後序》中坦承「其正變之風十有四國，而其次比莫詳其義」了。（註五九）比較務實的是朱子，他在《詩集傳》中絕口不提十五《國風》之次序問題，對此，他的解釋是「十五《國風》次序，恐未必有意，而先儒及近世諸先生皆言之，故《集傳》中不敢提起，蓋詭隨非所定，而辯論非所敢也」，（註六〇）當十五《國風》次序之安排是否有意，尚且無法確定的時侯，與其索盡枯腸力求所謂聖人之深意，朱子的不詭隨、不辯論的態度，毋寧是較爲審愼，同時也是較爲負責的。

第九節 論魯之無《風》而有《頌》

《詩》無《魯風》而有《魯頌》，事頗耐人尋味。假設「頌」之義如《序》所云，「盛美德之形容，以其成功告於神明者也」，又如朱子《詩集傳》卷八所說乃是「宗廟之樂歌」，則《魯頌》並不能合於此一界說，正如屈萬里所言，《魯頌》的〈駉〉和〈有駜〉，絕不像「頌」而像「國風」，〈泮水〉和〈閟宮〉這些阿諛時君的詩，論其體裁，也類「雅」而不類「頌」。（註六一）。

關於魯之無《風》而有《頌》，後人的看法始終無法取得一致。漢儒之意見，不妨以鄭亦《詩譜》爲代表：

初，成王以周公有太平制典法之勳，命魯郊祭天三望，如天子之禮，故孔子錄其詩之頌，同於王者之後。……周尊魯，巡守述職，不陳其詩。

鄭君之意大概是「魯乃聖人之裔，故天子巡狩，不陳其詩；孔子不錄《魯風》，正是褒禮魯國」。（註六二）

宋儒之說可以朱子《詩集傳》卷二十爲代表：

成王以周公有大勳勞於天下，故賜伯禽以天子之禮樂，魯於乎有頌，以爲廟樂。其後又自作詩以美其君，亦謂之頌。舊說皆以爲伯禽十九世孫僖公申之詩，今無所考。〈閟宮〉一篇，爲僖公之詩無疑耳。夫以其詩之僭如此，然夫子猶錄之者，蓋其體固列國之風，而所歌者乃當時之事，則猶未純於天子之頌。若其所歌之事，又皆有先王禮樂教化之遺意焉，則其文疑若猶可予也，況夫子魯人，亦安得而削之哉！然因其實而著之，而其是非得失，自有不可揜者，亦《春秋》之法也。或曰：「魯之無風，何也？」先儒以爲時王褒周公之後，比於先代，故巡守不陳其詩，而其篇第不列於太師之職，是以宋、魯無風，其或然歟？或謂夫子有所諱而削之，則《左氏》所記當時列國大夫賦詩，及吳季子觀周樂，皆無曰《魯風》者，其說不得通矣。

依蔣善國之意，朱子說把《魯頌》著之於篇，正所以見其僭，實爲貶魯。（註六三）由前引《詩集傳》之語觀之，似未顯見孔子有貶魯之意，反倒是北宋的歐陽修曾公然表示，聖人之所以列魯詩於《頌》，有「貶魯之強」之說，（註六四）只是，歐陽公的話見於《詩本義》第十五卷中的〈魯頌解〉，而含〈魯頌解〉在內的《詩本義》卷十五的「統解九篇」，乃是歐陽公早年所撰，其後棄而不用者。（註六五）亦即貶魯之說其後即不再爲歐陽公所承認。

惠周惕對於魯之無《風》而有《頌》，提出了另一個層次的解說，褒貶云云他棄如弁髦，代表漢宋說《詩》大儒的鄭、朱兩家，同時遭他指名批判，首先，他砲轟尊魯之說：

魯之無風也，鄭曰：「周尊魯，故巡狩述職，不陳其詩。」果然者邪？幽、厲以後，王者之不巡狩久矣，十三《國風》誰采而誰錄之邪？天子賞罰，視其詩之貞淫，天子尊魯，何妨采其詩

之貞者，以示異於天下，乃并其美而掩蔽之，安在其尊魯也。（《詩說》卷上，第八條）

惠氏此言頗有道理，主張尊魯之說者，面對此一質問，恐將啞口無言。《禮記．王制》謂「天子五年一巡守，歲二月，東巡守至于岱宗……，命大師陳詩以觀民風」，試問太師若不陳魯詩，天子何由知魯之民風？《漢書．藝文志》說：「古有采詩之官，王者所以觀風俗，知得失，自考正也。」古之明天子派出行人之官往民間各地采詩，無非是爲了軫念民瘼，廣求心聲，被諸管弦，以爲施政之考鏡，如讓魯「不陳其詩」，則魯之風土人情及廣大之民意皆不能上達天聽，此恐非尊魯之道。接著，惠氏又直指褒貶之說皆失之拘泥：

縱天子不采，魯亦不當自廢，何季札觀樂，徧及諸國，而魯乃寂無歌詩，又何邪？魯之有頌也，鄭曰：「孔子錄之，同于王者之後。」蓋言褒也。朱子曰：「著之于篇，所以見其僭。」蓋言貶也。是皆泥《風》爲諸侯之詩，《雅》《頌》爲天子之詩，故致論說之紛紛也。余聞之師曰，（《類藁詩問》）十五國之中有二《南》，是天子之詩也，《雅》《頌》之中；《小雅》有〈賓之初筵〉，《大雅》有〈抑〉，《頌》有《魯》，是皆諸侯之詩也。不得以《風》詩專屬之諸侯，《雅》《頌》專屬之天子也；足以破眾說之紛紛矣。（同前條）

惠氏原本主張《風》、《雅》、《頌》以音別，只要不認定《風》皆屬之諸侯，《雅》、《頌》皆屬之天子，有此問題確實是不難解決。其實，這樣的意見，宋儒也是有的，如章如愚就說：「魯之《頌》，非褒魯也，體本《頌》也。詩體有《風》《雅》《頌》之殊，非《雅》重於《風》，《頌》高於《雅》也。」

（註六六）惠氏的話大約可說是章氏意見中的引申。當然，若說惠氏所引《類藁詩問》的話就「足以破衆說之紛紛」，那也言之過早，更何況「十五國之中有二《南》，是天子之詩也」這樣的話也大有問題，即便是沒有問題，從《類藁詩問》所舉之例也可看出，《風》主要仍是以收諸侯侯之詩，《雅》、《頌》則是以收天子之詩爲原則；若有例外，自有特殊原因。以《魯頌》來說，如果我們同意《風》《雅》《頌》以音別，而《風》又是用各國流行的土樂土調，就可明白《魯頌》那四篇詩是極不適合配以土樂土調的。（註六七）又如果我們不從音樂的不同上立論，只想從作者或內容上來看，那麼，〈駉〉、〈有駜〉……怎麼可能是「里巷歌謠之作」呢？（註六八）既然如此，魯詩四篇因爲諸侯之詩，也不適宜擺在《國風》之中。顧炎武曾說：「世儒謂夫子尊魯而進之爲《頌》，是不然；魯人謂之『頌』，夫子安得不謂之『頌』乎？爲下不倍也。」（註六九）這是合理的推論，若然，則惠氏以爲魯詩四篇置於《頌》中，和褒貶無涉，或許正是事實。

第十節　論篇目之安排有其微旨

探索《國風》次第已是吃力不討好之事，至如討論篇目安排之用意，更可謂自尋煩惱，可嘆的是，惠周惕居然並不以此爲苦，《詩說》中論及篇目安排之微旨的，竟然不只一處：

單穆公曰：「旱麓之榛楛殖，故君子得以易樂干祿焉。若夫山林匱竭，林鹿散亡，藪澤肆既，君子將險哀之不暇，而何易樂之有？」《傳》曰：「天地變化，草木蕃，天地閉，賢人隱。」故「彼茁者葭」，美王道之成也。〈何草不黃〉，知周世之衰也。一繫二《南》之終，一繫《小雅》之末，其旨微矣。（《詩說》卷中，第九條）

按《借月山房彙鈔》本《詩說》，單穆公誤作「單襄公」，今正。又所引單穆公語在《國語》卷三〈周語下〉中，原文作「景王二十一年，將鑄大錢。單穆公曰：『不可。……《夏書》有之曰：「關石、和鈞，王府則有。」《詩》亦有之曰：「瞻彼旱麓，榛楛濟濟。愷悌君子，干祿愷悌。」夫旱麓之榛楛殖，故君子得以易樂干祿焉。若夫山林匱竭，林麓散亡，藪澤肆既，民力彫盡，田疇荒蕪，資用乏匱，君子將險哀之不暇，而何易樂之有焉？』……」單穆公引《大雅．旱麓》以勸阻景公之鑄大錢，不僅正是春秋時代貴族官僚賦《詩》以見志，或引《詩》以足言的風尙，（註七〇）更爲漢儒以《詩經》爲諫書的先河。（註七一）但是，單穆公的話其實對《詩經》篇目的安排，是無法提供任何幫助的，惠氏雖然將之牽引至《召南．騶虞》與《小雅．何草不黃》，並謂前者繫二《南》之終，後者繫《小雅》之末，皆有微旨在焉，其牽合之跡異常明顯，而其立論之勉強，更有教人不知從何說起之嘆。

惠氏還有一段話，與此有異曲同工之妙：

衛懿公之滅也，王室不能救，而齊救之；禮樂征伐不在天子，故《衛風》以〈木瓜〉終。（原注：〈木瓜〉即接《王．黍離》），此世道升降之會）陳靈公之弒也，中國不能討之，禮樂征伐自此不在中國。故《風》詩以〈澤陂〉終。（《詩說》卷中，第卅五條）

如果我們同意「《詩經》的詩篇其實具有雙重身分：一是獨立的作品，一是《詩經》的經文」這個說法，（註七二）則身為獨立作品的〈木瓜〉，或許可以推斷是「男女相贈答之辭」，（註七三）如此則《衛風》之所以以〈木瓜〉終，就變成任何人都沒有興致去追索的問題。當然，既認篇目的安排另有微旨，所有詩篇的作者身分與寫作背景都可以不必再去理會，只消去探尋身為經文的詩歌意旨即可。在這種情形之下，儘管《詩序》未必有能力挖掘出經文所承載的「聖人之至道」，但不可否認的是，《詩序》作者的用心乃在藉《詩序》以明《詩》教，每一篇〈序〉都有教誡的用心在裡面，其所敘述的某些本事，可以提供後人以瞭解詩義的另一種可以把握的線索，（註七四）是以透過《詩序》正是明白周代《詩》教的一條重要管道，只不過，《詩序》所賦予〈木瓜〉的意義——「美齊桓公也。衛國有狄人之敗，出處于漕，齊桓公救而封之，遺之車馬器服焉。衛人思之，欲厚報之，而作是詩也」，仍舊不能據以說明《衛風》以〈木瓜〉終之故，蓋《鄘風．定之方中》之篇，《序》也說「衛為狄所滅，東徙渡河，野處漕邑。齊桓公攘夷狄而封之……」，可見在作《序》者的心目中，〈木瓜〉與〈定之方中〉是本事相同的同一組詩，可是〈定之方中〉卻不是《鄘風》的最後一篇，然則又該如何解釋其微旨呢？至於〈澤陂〉之為《風》中最晚的詩，並非《詩經》學上的定論，（註七五）即便已是定論，充其量就僅代表該篇在《詩》中最為晚出的此一客觀事實而已，禮樂征伐云云，實不具任何意義。

惠氏還有一段話可以在此附帶討論：

《詩》始《周》、《召》，見造周者二公也。《風》終周公，《雅》終召公，見二公不作，周

不可為也。春秋之能為周、召者，其惟孔子乎！（《詩說》卷中，第卅六條）

《周南》、《召南》為《詩經》之始，《國風》以《豳風》為最末，而《豳》詩確多言周公東征事，（註七六）《雅》則以〈召旻〉殿後，此為「刺幽王任用小人，以致饑饉侵削之詩」，（註七七）篇末確感嘆「昔先王受命，有如召公，日辟國百里，今也日蹙國百里」；就僅這樣，惠氏就能悟出「見造周者二公也」、「見二公不作，周不可為也」的大道理，乃至於「春秋之能為周、召者，其惟孔子乎」的歷史事實也被他順勢推知，這委實是借題發揮，引申過度了。

第十一節　論《詩》之正變

正變之說一直是《詩經》學史上的一個聚訟不休的問題，要討論這個問題必須先把《詩序》抬出來，因為以為《風》、《雅》有正變之分乃是《詩序》作者的傑作，前此未聞《詩》有所謂正與變之差異：

先王以是經夫婦，成孝敬，厚人倫，美教化，移風俗。……至于王道衰，禮義廢，政教失，國異政，家殊俗，而變風、變雅作矣。國史明乎得失之跡，傷人倫之廢，哀刑政之苛，吟詠情性，以風其上，達於事變，而懷其舊俗者也，故「變風」發乎情，止乎禮義；發乎情，民之性也；止乎禮義，先王之澤也。

《詩序》以世之治亂作爲正變區分的標準，爲《毛詩》作《箋》的鄭玄，未曾在《箋》中對正變說加以注解，但在《詩譜》中，則較諸《詩序》有更具體的劃分：

> 文武之德，光熙前緒，以集大命於厥身，遂爲天下父母，使民有政有居。其時詩，《風》有《周南》、《召南》，《雅》有〈鹿鳴〉、〈文王〉之屬。及成王、周公致太平，制禮作樂，而有頌聲興焉，盛之至也。本之由此《風》《雅》而來，故皆錄之，謂之《詩》之正經。後王稍更陵遲，懿王始受譖亨齊哀公，夷身失禮之後，邶不尊賢。自是而下，厲也、幽也，政教尤衰。……
> ……故孔子錄懿王、夷王時詩，訖於陳靈公淫亂之事，謂之變《風》、變《雅》。

對於《序》《箋》這種正變之說，儼然成爲宋代攻《序》派巨擘的朱子，在其《詩集傳．序》中，卻祇有爲之作「疏」的分，（註七八）難怪有學者表示，朱子「大體仍是跟從《詩序》的。即使在反對《詩序》最激烈的地方，由於本身的局限性，亦脫不出了說教的範圍。大膽來說，朱熹還是一個『從序派』」。（註七九）

與號稱攻《序》派巨擘，實則說《詩》每從《詩序》的朱子大異其趣的是，被視作傾向於漢學的惠周惕，卻在《詩說》中反對漢儒以世之治亂或以時代區分正變的方式：

> 正變之說出于《大序》，而《文中子》取以說《豳風》，其後諸儒皆從之。鄭漁仲始倡《風》《雅》無正變之論，而葉氏、章氏因之，二者反覆，莫能相一。以余觀之，正變猶美刺也。詩有美不能無刺，故有正不能無變，以其略言之，如美衛武、美鄭武、美周公、美宣王，刺衛宣、刺

鄭莊、刺時、刺亂、刺宣王、刺幽厲，此顯言美刺者也。如莊姜傷己、閔無臣、思周道、大夫閔周、衛女思歸、思君子、南征復古，此隱言美刺者也。美者可以爲勸，刺者可以爲懲，故正變俱錄之。編詩先後，因乎時代，故正變錯陳之。若謂詩無正變，則作詩無美刺之分，不可也。謂《周》《召》爲正，十三《國風》爲變，〈鹿鳴〉以下爲正，〈六月〉以下爲變；〈文王〉以下爲正，〈民勞〉以下爲變；則《序》所謂美與刺者，俱無以處之，亦不可也。（《詩說》卷上，第三條）

我們可以發現，基本上惠周惕願意接受「正變」這樣的名詞，因爲他認爲《詩》的確有「正」也有「變」，但是他又另行提出「正變即美刺」的意見，這是《詩序》從未說過的話，亦即他接受了《詩序》發明的名詞，卻拋棄了《詩序》爲這個名詞所作的說明，他更特別針對鄭玄在《詩譜》中所提的意見，指出那樣的分法會使《詩序》所謂美與刺「俱無以處之」，因此鄭玄的分法是「亦不可」的。

正變即美刺，惠氏這個說法是前有所承的，《六經奧論．風有正變辨》記載：

《風》有正變，仲尼未嘗言，而他經不載焉，獨出於《詩序》，若以美者爲正，刺者爲變，則《邶》《鄘》《衛》之詩謂之變《風》可也。〈緇衣〉之美武公，〈駟鐵〉、〈小戎〉之美襄公，亦可謂之變乎？

固然《六經奧論》存在著若干問題，上面的話也未必眞出鄭樵之口，（註八〇）但仍可見以美刺爲正變乃是老早就有的說法。元儒劉瑾也說過這樣的話：

詩人各隨當時政教善惡、人事得失而美刺之，未嘗有意於爲正爲變。後人比而觀之，遂有正變之分。所以正《風》《雅》爲文、武、成王時詩，變《風》《雅》爲康、昭以後所作矣。《邠風》不可以爲康、昭以後之詩也。大抵就各詩論之，以美爲正，以刺爲變，猶之可也，若拘其時世，分其篇帙，則其可疑者多矣。（註八一）

由此可見，在宋元時代，主張以美刺分正變，大約已不乏其人。惠周惕的老師，順治年間的進士汪琬，也對正變之說表示了他的意見：

……凡言正變者，必當考求其詩。考求其詩，然後能得其實。褒美之詩爲正，則刺譏之詩爲變也；和平德義之詩爲正，則哀傷淫佚之詩爲變也。故曰國次世次不可拘也。（註八二）

原來惠周惕的以美刺分正變，和前文提到的「不得以《風》詩專屬之諸侯，《雅》《頌》專屬之天子」，同樣是秉承師說的，而在惠氏宣揚師說之後，嘉慶年間的《詩經》名家馬瑞辰也加入了主張正變即美刺的陣營，（註八三）至此我們可以說以美刺分正變已是一種極爲普遍的說法了。

按漢代的經師們把詩篇的理解作爲政治性和道德性的批判依據，其最大特徵即是所謂「美刺」之觀念，通過「美刺」，然後所有的詩篇都可以和政治道德扯上關係，（註八四）從這個角度來看，《詩序》之提出正變說，有其教學上之時代意義，同時在《詩經》學史上的意義也僅止於此，後人如果仍然在正變的解釋上大作文章，可謂全是妄生枝節之舉。

因惠周惕主張以美刺分正變，我在這裡僅針對抱持這種主張的人提出一個最簡短卻不失爲有力的反駁。

在三百五篇中，典型的美刺之歌委實屈指可數，如〈淇奧〉、〈碩人〉、〈碩鼠〉、〈株林〉……等篇，無論身為獨立作品或經書中載有聖人之道之作，作品中所反映的美刺觀念非常強烈，這自然可以輕易地劃分正變，但對於其餘多數詩篇，它們已跳脫了美刺範圍之外，吾人究該如何區分正變？贊成者當然可以振振有詞地說，所有的詩篇，《詩序》皆以美刺說之，則三百五篇可依其說分為兩大類，正變之安置即可迎刃而解。此語誠然，《詩序》明言美刺者，如「〈甘棠〉，美召伯也」、「〈破斧〉，美周公也」、「〈宛丘〉，刺幽公也」、「〈信南山〉，刺幽王也」……已然比比皆是；而隱言美刺者，如「〈草蟲〉，大夫妻能以禮自防也」、「〈思齊〉，文王所以聖也」、「〈遵大路〉，思君子也」、「〈無將大車〉，大夫悔將小人也」……亦不在少數；然而此中仍存在兩問題，其一，凡是不含美刺意味者，吾人皆一口咬定該詩「隱言美刺」，是否足以服人？另一，凡是主張以美刺說正變者，即是反對《詩序》正變之論調，然則何以在詩旨的解說上又要一依《序》說？

這樣一追問，問題就愈趨棘手了，其實問題根本不必搞得這般複雜。我的意思，後人一方面要採用《詩序》創造的「正變」之名詞，一方面又不擬接受《詩序》對於「正變」的解釋，這分明是搬磚砸腳，吃力又不討好，我們只要想到《詩序》作者說《詩》都是出於政治教育之目的，就不難瞭解「正變」之說純是為了配合當時教學上之要求，既然如此，處心積慮地重新界定與漢儒不同的「正變」之說，（註八五）又有什麼意義呢？

第十二節　評孟子「王者之迹息而《詩》亡」之語

《詩經》學者在討論《詩經》之時代時，常引孟子的「王者之迹息而《詩》亡，《詩》亡然後《春秋》作」（《孟子．離婁下》），以證《詩》之作當在《春秋》之前，然而孟子此語固僅寥寥十數餘字，後人的解釋卻頗爲紛歧，並且還引來了一些批評。

「《詩》亡」兩字於理不會有何異說，實則不然，代表漢注的趙岐與代表宋注的朱子，其說截然不同。《趙注》：「王者謂聖王也。太平道衰，王迹止熄，頌聲不作，故《詩》亡。《春秋》撥亂，作於衰世也。」《朱注》：「王者之迹熄，謂平王東遷，而政教號令，不及於天下也。《詩》亡，謂〈黍離〉降爲《國風》而《雅》亡也。《春秋》，魯史記名，孔子因而筆削之，始於魯隱公元年，實平王之四十九年也。」前者以「《頌》亡」爲「《詩》亡」，後者則以「《雅》亡」爲「《詩》亡」。

說《詩》常批評前儒之說的惠周惕，對於《孟子》的話也有意見，他先批評「《詩》亡即指《雅》詩亡」之說，不過其箭頭並非指向朱子，而是另一宋儒胡安國：

胡氏《春秋集傳》曰：「孟子曰：『王者之迹息而《詩》亡，《詩》亡而後《春秋》作。』蓋自〈黍離〉降爲《國風》，天下無復有《雅》，而王者之詩亡矣。《春秋》作于隱公，適當《雅》亡之後，謂《詩》亡者，《雅》詩亡也。」夫《詩》必《雅》而後爲《詩》，則《周》〈

召》十三《國風》不得謂之詩與？《詩》有美刺，而《風》亦有美刺；《雅》有諷諭，而《風》亦有諷諭，安在《風》不如《雅》，無與于《詩》亡之數也？即曰十三《國風》，朝會燕享不歌其詩，而二《南》則鄉用之，鄉射用之，房中用之，安在《風》不如《雅》，無與于《詩》亡之數也？苟《風》與《雅》同謂之詩，則《風》詩中多春秋時事，而孟子謂之《詩》亡然後《春秋》作，其合《雅》與《風》言之無疑矣。（《詩說》卷上，第四條）

胡安國時代在朱子之前，惠氏把矛頭指向他，對象是正確的，同時不論是胡氏或朱子，他們特將「《詩》亡」拘執在《雅》之亡上，除了解釋爲自我設限之外，實無理可說，惠氏對於他們的不滿是可以理解的，而他對前人的批評還不僅止於此：

按《小雅·六月·序》曰：「《小雅》盡廢，則中國微。」則《雅》亡于幽、厲矣。列國之詩終於〈株林〉、〈澤陂〉，則《風》詩亡於陳靈矣。陳氏曰：「檜亡，東周之始也。曹亡，春秋之終也。」于《檜》之卒章曰：「思周道也，傷天下之無王也。」于《曹》之卒章曰：「思治也，傷天下之無霸也。」合而觀之，《雅》之亡，亡於無王；《風》之亡，亡於無霸。《雅》亡而《風》存，人猶知是非美刺也，迨《風》《雅》俱亡，而《詩》遂掃地盡矣，此《春秋》所以不得不作也。孟子曰：「其事則齊桓、晉文。」齊、晉者，春秋之始終也。宣公十一年冬，楚子入陳，明年六月遂有邲之戰。是時楚莊始霸，而晉始衰，未及十年，成公會楚公子嬰齊于蜀，又及楚盟，天下政枋自此盡失，不可復挽，故《風》所以終陳靈也。《詩》之所以亡，孟

子固微言之人，特習而不察耳。（同前條）

依惠氏之意，《風》《雅》俱亡，《春秋》就不得不作，此說之失，與胡、朱之說與趙岐之注，祇在五十步與百步之差，蓋《頌》既一直與《風》《雅》相提並論，何以惠氏於《頌》詩隻字未提呢？既然《詩》是由《風》《雅》與《頌》合組而成，討論《詩》亡的問題，爲何務須導入「《風》亡爲《詩》亡」、「《雅》亡爲《詩》亡」、「《頌》亡爲《詩》亡」這樣的結論呢？（註八六）清儒顧鎭在《虞東學詩》上說：

蓋王者之政，莫大於巡狩述職。巡狩則天子采風，述職則諸侯貢俗；太師陳之，以考其得失，而慶讓行焉；所謂迹也。夷、厲以來，雖經板蕩，而甫田東狩，舃芾來同，撻伐震於徐方，疆理及乎南海，中興之迹，爛然著明，二《雅》之篇可考焉。洎乎東遷，而天子不省方，諸侯不入覲，慶讓不行，而陳詩之典廢，所謂迹息而《詩》亡也。孔子傷之，不得已而託《春秋》以彰衮鉞，所以存王迹於筆削之文。……蓋《詩》者，《風》《雅》《頌》之總名，無容舉彼遺此。（註八七）

顧氏解「王迹」爲王者之巡狩述職，故以「陳詩之典廢」即「王者之迹熄而《詩》亡」，又以《詩》爲《風》《雅》《頌》之總名，無容舉彼而遺此，較之片面主張《詩》亡即《風》亡、《雅》亡或《頌》亡者，當自更能令人信服。

至若惠氏提到的《詩經》中最晚的詩，迄今實尙在爭論之中。明儒何楷與清儒馬瑞辰皆以《曹風．下泉》時代最晚，（註八八）若然，則《詩經》中最晚的詩大約作於曹襄公五年，魯昭公三十二年，即西元前五一〇年，（註八九）是時孔子四十一歲。惠氏認爲《陳風》的〈株林〉與〈澤陂〉方是最晚的詩，這個說法也極普遍，《詩序》：「〈株林〉，刺靈公也。淫乎夏姬，驅馳而往，朝夕不休息焉。」「〈澤陂〉，刺時也。言靈公君臣，淫於其國，男女相悅，憂思感傷焉。」陳靈公與孔寧、儀行父通於夏姬之事，載於《左傳．宣公九年》，夏徵舒殺陳靈公之事見於〈宣公十年〉，魯爲宣公執政時代，孔子尚未誕生。假設《三百篇》中最晚的詩確是〈株林〉或〈澤陂〉，則《詩》之作乃結束於春秋中期，而孔子撰《春秋》，上至隱公，下迄哀公十四年，其成書年代自不得早於哀公十四年，既然孔子卒於哀公十六年，則《春秋》成於哀公十五、六年之間，（西元前四八〇年、四七九年）應是定論。如此，孟子說「《詩》亡然後《春秋》作」，洵然不誤。如若《曹風．下泉》才是最爲晚出的詩，則距《春秋》之寫作約莫是三十年，換句話說，《詩經》與《春秋》確是一前一後的之作，若然則孟子的話照樣可以成立，因爲我們不能把他的說詞硬解釋爲《詩》亡然後《春秋》「隨即而作」。

更進一步而言，孟子「王者之迹息而《詩》亡，《詩》亡然後《春秋》作」之說，非但祇是合乎史實的敘述，其言或許尚有深意，「孟子以爲孔子成《春秋》而亂臣賊子懼之功，可與禹抑洪水而天下平及周公兼夷狄驅猛獸而百姓寧並，則其以《詩》與《春秋》爲相繼而作，亦適足以見其推崇《詩經》之意，以《詩》重諷諭，《春秋》寓褒貶，均有德教存焉，故孟子並重之」，（註九〇）這一層深意絕非惠氏「孟子固微言之人，特習而不察耳」之語所能一筆帶過的。

第十三節　評朱子「淫詩說」及王柏之刪《詩》

東周時代，鄭、衛兩國音樂淫靡，與雅樂頗有不同，由於儒家主張「禮以道其志，樂以和其聲，政以一其行，刑以防其姦。禮樂刑政，其極一也，所以同民心而出治道也」，而他們又認為「鄭衛之音，亂世之音也，比於慢矣」，（註九一）這樣，鄭衛之音就成為儒家口誅筆伐的對象了。不過，孔子在回答「顏淵問為邦」時，雖說要「放鄭聲，遠佞人，鄭聲淫，佞人殆」，（註九二）又曾表示「惡紫之奪朱也，惡鄭聲之禮亂雅樂也，惡利口之覆邦家者」，（註九三）但經他整編過的《詩經》，《鄭風》之詩多達二十一篇，衛詩（含《邶》《鄘》《衛》）更多達三十九篇，亦即《國風》一百六十篇中，鄭衛之詩就佔了六十篇，比例之高，令人咋舌。討論孔子是否刪《詩》，宜先從此處加以考量。

大抵而言，《詩》中凡是以男女約期相會為題材，或者是文字稍為露骨一點的情詩，《詩序》皆以為諷刺之作。（註九四）由於朱子的「淫詩說」為其說《詩》的一大突破，（註九五）可能會有人誤以朱子之前無所謂淫詩，其實在他之前被視為淫詩的業已不少，（註九六）但像朱子般直指為淫詩者多達三十篇的，確是前所未有。惠周惕對於朱子「淫詩說」的看法是：

> 朱子釋《詩》，據夾漈之說，凡于《鄭風．小序》「刺時」、「刺忽」、「閔亂」之作，力詆

其謬，改爲淫奔之詩，其言亦辨而正，然不知鄭國之亂在君臣，風俗之淫猶其小者也。三十年中，公子五爭，弒奪數見，既立昭公，又立厲公，已而厲公見逐，昭公入，即弒昭公而立子亹，子亹殺于齊而子儀立，子儀立十四年，又弒之，而納厲公；易君簒國，等于兒戲，君臣之變未有甚于鄭者，豈區區淫亂之罪足以蔽其辜哉？朱子欲絕鄭而實寬其大惡，亦弗思矣。（《詩說》卷中，第廿四條）

鄭樵在朱子心目中，本來就極具份量，甚至連朱子之詆毀《詩序》，都來自鄭樵的啓迪，（註九七）但鄭氏的淫詩說原是經不起考驗的，例如他說〈將仲子〉爲淫奔之詩，清儒姚隆恆、方玉潤都已嚴斥其非，（註九八）朱子在《詩集傳》與《詩序辨說》中推廣淫詩之論調，（註九九）在當時已有學術界另一泰斗呂祖謙和他針鋒相對地大打筆墨官司，（註一〇〇）有人宣稱這場官司是呂氏得到勝利，（註一〇一）但僅管呂氏對孔子「思無邪」之說的理解似乎較能符合孔子原意，也無礙朱子的「淫詩說」仍在說教這個事實，（註一〇二）惠氏之所以表示朱子之改鄭、衛之刺詩爲淫詩「其言亦辨而正」，正是因爲他始終認爲《詩經》是孔子用來垂訓後世的經書，但他可能忽略了一點，朱子的「淫詩」觀其實與孔子「思無邪」之意相去甚遠，（註一〇三）同意孔門的詩教就不能不否認淫詩的存在，豈有既認爲《詩》含教誡作用，乃至於篇目的安排都有聖人之微旨在，卻還要接受《詩經》存在數十篇「淫奔之詩」的道理？更令人吃驚的是，惠氏且列舉「鄭國之亂在君臣」的歷史事實，指責「朱子欲絕鄭而實寬其大惡，亦弗思矣」，這眞可謂「欲加之罪，何患無辭」，試問朱子在面對多半是「男女相悅之詞」（註一〇四）的鄭國詩篇時，即使明知「鄭國之亂在君臣」，又要如何將風馬牛不相及的詩篇與「君臣之變」之「大惡」牽合在一塊？惠氏既推崇朱子「淫詩」說「辨而正」，又反過來指責朱子寬赦鄭之「大惡」，此誠令人匪夷所思。

談到「淫詩」，就不能不言及朱子的三傳弟子王柏。王氏對於「淫詩」的認定與朱子略有出入，（註一〇五）而其態度更爲激烈，他建議刪掉《詩經》中所有的「淫詩」。（註一〇六）對於王柏刪《詩》之議，惠氏深表不敢苟同：

> 衛俗之淫也，鄭聲之淫也。今以事跡之，衛宣之惡，亙古未有，鄭則無是也。自朱子指斥鄭詩，其惡幾浮于衛，固已輕重失倫矣。至金華王魯齊（忠愼按：原文「王」誤作「黃」，今改）則又取衛黜鄭，削去鄭詩十一首，尤近于僭矣。彼見〈雄雉〉引于《論語》，〈淇澳〉引于〈大學〉，而鄭獨不然，是以取此黜彼，固哉！高叟之爲詩也！（《詩說》卷中，第廿五條）

朱、王諸人之所以指斥《鄭》詩，顯然是因孔子說過「放鄭聲」及「鄭聲淫」的話。（註一〇七）惠氏以爲鄭衛之淫有「聲」與「俗」之異，這無疑是認爲鄭聲自鄭聲，鄭詩自鄭詩，兩者不宜混爲一談。不過，漢、唐諸儒除了服虔之外，幾乎一致認爲鄭聲和鄭詩沒有兩樣，（註一〇八）難怪朱子敢說「周衰，惟鄭國最爲淫俗，故諸詩多是此事」。（註一〇九）對於呂祖謙「放鄭聲矣，則其詩必不存」的質疑，朱子的回答是「放是放其聲不用之郊廟賓客耳，其詩固存也」，（註一一〇）這個解釋恐怕連他自己也不會滿意，因爲他早已說過不應於《鄭風》之外別求鄭聲的話，（註一一一）此則又以《鄭風》包括鄭詩與鄭聲，似有矛盾之嫌，相形之下，王柏就乾脆多了，他以為《詩經》中的「淫詩」根本是漢儒竄入的，（註一一二）所以他建議刪《詩》。

改經刪經之舉，原本最易飽受攻擊，何況王柏不但擬刪遍佈於《召南》、《邶風》、《鄘風》、《衛風》、《王風》、《鄭風》、《秦風》、《齊風》、《唐風》以及《陳風》的三十餘篇詩，還說《小雅》中凡雜以怨誹之語者，宜歸之《王風》，又謂〈桑中〉當曰〈采唐〉，〈權輿〉當曰〈夏屋〉，〈大東〉當曰〈小東〉，連篇名都認為當改，（註一一三）難怪王柏會成為衆人口誅筆伐的對象，特別在當『四庫提要』大力抨擊《詩疑》之後，學者紛紛痛斥王柏，「擁漢派厲聲呵斥，以其不守毛鄭與《小序》；尊宋派亦惡語相加，責其背叛程朱」，（註一一四）一時之間，王柏成為衆失之的。對於各家之詆諆王氏刪經，今人程元敏力辨「《詩疑》於《國風》中淫詩，擬刪之而已，非已刪也，（註一一五）此言固是，但議刪經文與付諸實施，在經學史上所代表的意義並無太大之差異，因為假使王柏果眞動手刪削經文，乃至更易篇名、挪動詩篇，可以預測得到，《詩經》也不可能增添這種二百七十餘篇的王氏改訂本。

至於惠周惕的批評王柏，程元敏說他是「信口雌黃」，理由是從《詩疑》議刪篇目有《衛風》的〈氓〉與〈有狐〉來看，可知王柏並未因《論語》、《大學》引《衛》詩而遂取之。（註一一六）此說極是，吾人於此再進一言，《詩疑》議刪篇目另有《邶風．靜女》與《鄘風．桑中》，如前所言，《邶》《鄘》所收亦皆衛詩，可知確不能給王柏平白添上「取衛黜鄭」之罪名。此外，程元敏又批評惠氏說：「惠周惕耳聞某代有『王魯齋』曾刪《詩經》，並姓氏亦不屑一察，即於所撰之《詩說》中詈爲『至金華黃魯齋』云云，失檢至此，殊可異也。……《詩疑》議刪《風》詩之目，《鄭風》凡十三篇，周惕以爲十一篇，亦未的也。」（註一一七）誤十三爲十一，或許只是計數偶誤，屈萬里先生曾言王柏擬刪《鄭風》十二篇，（註一一八）與程先生之統計亦有出入，當然我不是說惠氏的計數偶誤無關緊要，他的疏忽，我們是應該提出來的，但是太過強調似也大可不必，連二《南》二十五篇，他都會算成二十二，計數對他來說，可想而知是經不起挑剔的。倒是誤「王魯齋」爲「黃魯齋」，若非出自一時的筆誤，這種疏謬就只能令人搖頭嘆息了。

【附註】

註　一：拙文先在國立彰化師範大學國文學系論文研討會上發表，後刊於《孔孟月刊》第三十一卷，第五期、第六期，民國八十二年一月、二月出版。

註　二：孔穎達《毛詩正義》對於六義的一段說明是廣爲學者所接受的：「風、雅、頌者，詩篇之異體；賦、比、興者，詩文之異辭耳。大小不同，而得並爲六義者，賦、比、興是詩之所用，風、雅、頌是詩之成形，用彼三事，成此三事，是故同稱爲義。」

註　三：參閱孫作雲〈說雅〉，收於孫氏著《詩經與周代社會研究》，頁三三三。北京中華書局印行。

註　四：屈萬里《詩經釋義》：「大小《雅》裡，固然多半是士大夫的作品，但《小雅》中也有不少類似風謠的勞人思婦之辭——如〈黃鳥〉、〈我行其野〉、〈谷風〉、〈何草不黃〉等是。」（頁六。中國文化大學出版部印行）王靜芝《詩經通釋》謂《詩》以吟詠之內容來看，可分「民間歌謠」與「貴族廟堂之樂歌」兩類，由其所舉之例可以看出，《雅》詩有不少勞人思婦之歌、宴樂之歌、田獵之歌、頌美之歌、記戰事之歌……，未必皆「言王政之所由廢興」。（頁七—九。輔大文學院叢書）孫作雲並統計出《小雅》七十四篇中，民歌多達二十多篇，其比例是三分之一。（詳孫氏〈論二雅〉，《詩經與周代社會研究》，頁三四三—四〇二）

註　五：華仲麐先生以《小雅》的〈鹿鳴〉、〈四牡〉、〈皇皇者華〉、〈采薇〉、〈出車〉，與《大雅》的〈文王〉、〈民勞〉、〈瞻卬〉、〈召旻〉爲例，說明「所謂大政者，其中也有小事；所謂小政者，其中也有大事；雜沓矛盾，難以備述」。說詳華氏著〈詩義述聞〉，收於孔孟學會主編《詩經研究論集》一書。王靜芝先生也以《小雅》之〈鹿鳴〉、〈四牡〉、〈皇皇者華〉，與《大雅》之〈既醉〉、〈行葦〉爲例，說明「大小雅即大小政之說並不可信」。說詳王氏著《經學通論》上冊，頁二六五。國立編譯館出版。

註　六：詳《毛詩正義》卷九之一。

註　七：《虞書》云：「詩言志，歌永言，聲依永，律和聲。」孔達穎《正義》：「詩言人之志意，歌詠其義以長其言，樂聲以此長歌爲節，律呂和此長歌爲聲。」另清儒范家相《詩瀋》卷一，《總論上、聲樂》，於詩與之關係闡論透澈，可參閱。

註　八：宋儒鄭樵、程大昌諸人早已從音樂性來解說風、雅、頌，鄭、程爲《詩經》名家，拙著《南宋三家詩經學》對二人之《詩經》學有詳細之評述，可參閱。（臺灣商務印書館出版）不過，北宋的李清臣已在鄭、程之前有了這樣的一段話：「夫詩者，古人之樂曲，故可以歌，可以被金石鐘鼓之節。其聲之高下，詩人作之之始，固已爲『風』，爲『小雅』，爲『頌』。不待太師與孔子而後分也。」（據朱彝尊《經義考》引。李清臣有《詩論》二篇，今未見）另朱子主要是從作者與內容上來區分《風》《雅》《頌》，但他也說過：「『風』、『雅』、『頌』乃是樂章之腔調，如言『仲呂調』、『大石調』之類。」（《朱子語類，卷八十》）此後迄至今天，主張從音樂性來區分《風》《雅》《頌》的人就愈來愈多了。

註　九：孔子說：「吾自衛反魯，然後樂正，雅、頌各得其所。」（《論語、子罕》）墨子也有「誦詩三百，弦詩三百，歌詩三百，舞詩三百」的記載。（《墨子・公孟》）司馬遷於《史記・孔子世家》中說：「三百五篇，孔子皆弦歌之，以求合韶、武、雅、頌之音。」

註一〇：朱彝尊《經義考》謂《六經奧論》非鄭樵之作。近人顧頡剛謂《六經奧論》有眞出於鄭樵者，有以他人之說雜湊者，並非鄭氏原本。說詳顧氏撰〈鄭樵著述考〉，《北京大學國學季刊》第一卷，第一—二期。

註一一：見程大昌《詩論》，《學海類編》本。

註一二：引文見朱子《詩集傳》卷九，《小雅》篇題下之解說。

註一三：從本編三至五章的討論，很容易就可看出惠氏《詩說》的這個特色。

註一四：胡承珙《毛詩後箋》：「『誦』者，可歌之名。……『詩』則其本篇之詞，『風』則其詞中之意。」黃焯《毛詩鄭箋平議》：「《箋》讀「風」爲諷，以「肆好」爲使之長行善道，非詩義亦非《傳》旨也。」（頁三六一。上海古籍出版社印行）顧頡剛也引〈崧高〉末章詩句，而謂「風字的意義似乎就是聲調」。（〈論詩經所錄全爲樂歌〉，《古史辨》第三冊）

註一五：梁任公在《清代學術概論》中，稱讚陳、馬、胡之書爲清代最有功於《詩經》之「新疏」。屈萬里以爲清代說《詩》之專著中，馬書最佳，胡、陳之作則是「專主《毛傳》而功力最深的」。（《詩經釋義》，頁二一）劉兆祐認爲馬、胡、陳的書是清代最好的，「其中又以胡承珙的爲最著」。（〈歷代詩經學概說〉，收於林慶彰主編《詩經研究論集》一書，台灣學生書局印行）

註一六：引文見顧頡剛〈論詩經所錄全爲樂歌〉，《古史辨》第三冊，頁六四五。

註一七：見拙文〈詩經是戰國中期的出產品嗎？〉，《國文天地》第三卷，第十一期，頁九六。

註一八：屈萬里先於《詩經釋義》頁四中說「國風之風，應該解作風土之風」，可是他在頁五中又有「各國的國風，既然是各國流行的土樂土調」之語，由此可見從內容上來界定「國風」意義的學者，也不能不肯定「國風」另有其在音樂上之取義。

註一九：截至目前爲止，今人《詩經》學之著述，似未見有引用惠氏之說「風」的，這可解釋爲他的說法未能獲得今人認同。當然，也有人在討論「風」之定義時，絕口不提顧氏的「土樂」說，我在文章中使用「不得不引」四字，正表示我認爲儘管我們可以不接受顧氏的意見，但沒有理由在臚列前人之說時，視顧氏之說如無物，恍如沒有這個人，沒有這個說法似的。

註二〇：「頌」原本是宗廟之樂歌，當然《魯》《商》二頌就內容來看，不太合乎此一標準。後人對此另有解說，但說法未必一致，屈萬里以為《魯》《商》之置於《頌》中，是孔子的安排，其說具體，可備一覽，但未必是定論，本文後面論及《魯頌》，並未採用其說。（屈氏之說詳《詩經釋義．敘論》）近人胡念貽說：「《周頌》是周人宗廟祭祀的樂歌，……至於《魯頌》和《商頌》，則都有他自己的特點，和《周頌》不一致，它的列入《頌》，也許只是因為都是宗廟祭祀樂歌的緣故。」（見胡念貽〈關於『風』、『雅』『頌』的問題〉，收於江磯編《詩經學論叢》一書中，崧高書社印行）胡氏是從音樂的標準上來區分《風》、《雅》、《頌》的，他雖作出了「《頌》是用於宗廟的樂歌」的結論，對於《魯》《商》之入《頌》即只能含糊其詞，不過，由此也可見《詩序》以「美盛德之形容，以其成功告於神明者也」釋「頌」，其說並不離譜。

註二一：見鄭樵《通志．草木昆蟲略》。

註二二：見朱子《詩集傳》卷十九。

註二三：見鄭玄《周禮．大師．注》。

註二四：引文為鄭玄《詩譜》語。本書於《詩譜》係採用《皇清經解續編》所收之丁宴《詩譜改正》，後不再註明。

註二五：同註二二。

註二六：詳阮元《揅經室集．釋頌》。

註二七：屈萬里《詩經釋義》、王靜芝《詩經通釋》、裴普賢《詩經研讀指導》（東大圖書公司印行）朱守亮《詩經評釋》（學生書局印行）、華仲麐〈詩義述聞〉……皆引阮元之語而贊成其說。也有不引阮元之語而用其說的，如金啓華《詩經全譯》（江蘇古籍出版社）云：「《頌》詩在祭祀時演奏，更表現舞容、舞姿、步伐的，是有動作的。」也有引阮元之語，而認爲阮說可與《詩序》，朱子、鄭樵、梁啓超、王國維之說「互通」的，如黃振民《詩經研究》（正中書局）即是。

註二八：見胡樸安《詩經學》，頁三四——三五。台灣商務印書館印行。

註二九：見《四庫全書總目提要》卷十六，〈詩說三卷〉條。

註三〇：詳王國維《觀堂集林》卷二，〈說周頌〉。

註三一：詳周滿江《詩經》，頁二〇。國文天地雜誌社印行。

註三二：同註三〇。

註三三：傅斯年〈周頌說〉（原載《中研院史語所集刊》第一本，後收入傅氏《詩經講義稿》中）反對王國維的意見，他認爲《周頌》的不分章和篇章短，是西周亡後，是西周亡後，典籍散失，頌詩殘缺的結果；胡念貽則指稱傅氏「在沒有任何根據的情況下，把《周頌》都說成斷簡殘編，在這種臆說的基礎上建立起他的論點，這是無法令人相信的」，胡氏並以爲《周頌》按說應該是雅樂，但沒有列入二《雅》，可能是按照「頌」的用途不同而把它分開的，而「王國維的聲緩說也不失爲一個可供參考的假定」。（詳胡念貽〈關於「風」、「雅」、「頌」的問題〉，江磯編《詩經學論叢》，頁二三六——二三七）

註三四：鄭玄《周禮・注》、劉勰《文心雕龍・詮賦篇》、鍾嶸《詩品》、朱子《詩集傳》……，對於「賦」之解釋非常接近；所謂「賦」就是敷陳其事而直言之，爲一最單純的寫法。

註三五：如鄭衆《周禮・大師・注》謂「比」是「見今之失，不敢斥言，取比類以言之」，「興」是「見今之美，嫌於媚諛，取善事以喻勸之」。孔穎達《毛詩正義》仍承漢儒之合釋比、興：「比者，比託於物，不敢正言，似有所畏懼，故云見今之失，取比類以言之」、「興者，興起志意讚揚之辭，故云見今之美以喻勸之」。

註三六：這裡的數字是用裴普賢〈詩經興義的歷史發展〉中的統計，裴氏並以爲《魯頌》的〈有駜篇〉，因爲《毛傳》於首章章末曰：「振振，群飛貌。鷺，白鳥也。以興絜白之士」，所以可見傳文「興也」兩字傳寫時遺漏了，這樣，《毛傳》所標興詩應該是一一六篇了。裴氏又以《邶風・燕燕》、《小雅・四月》，鄭氏《箋》文都有興字，乃興義的說明，所以又云：「這樣，《毛傳》所定興詩，又應該是一一八篇了。」（裴文收於東大圖書公司印行之《詩經研讀指導》一書中）。

註三七：見裴普賢〈詩經興義的歷史發展〉，《詩經研讀指導》頁一九三——一九六。

註三八：同前註，頁二三二。

註三九：裴普賢於〈詩經興義的歷史發展〉中，謂《朱傳》的興式六項「大有可議之處」，但她未加以說明，唯言「留待以後再加討論」。又裴氏在〈詩經幾個基本問題的簡述〉一文中說：「朱子越是細心分析賦比興，越使賦比興複雜起來……，致清代獨立派的方玉潤的《詩經原始》，主張棄賦比興而不標。」《詩經研讀指導》，頁十九）黃振民也說：「朱子於《詩集傳》中解詩，除標注賦、比、興外，又標注『賦而興』『比而興』『興而賦』『興而比』等名目，使人茫無適從，更覺比、興不易辨別。」（黃氏著《詩經研究》，頁一七五）。

註四〇：《禮記．明堂位》云周公攝政，制禮作樂；後人據此而謂《儀禮》、《周禮》皆周公作。賈公彥《儀禮疏．序》、孔氏《禮記正義．序》皆有此說，這是唐以前人的一貫主張。

註四一：崔述《豐鎬考信錄》舉證周詳，《儀禮》乃春秋戰國間學者所記；毛奇齡《經問》以爲《儀禮》出於「衰周之際」，近人錢賓四先生以爲出於「周末戰國之際」，（《國學概論》，商務印書館印行）屈萬里先生則云：「《儀禮》各篇最早的資料，可能成於春秋末年，晚的則已到了戰國末葉。」（《先秦文史資料考辨》，聯經出版事業公司印行）

註四二：說詳屈萬里《詩經釋義》，頁二四—二五。

註四三：引文爲鄭玄《詩譜》語。

註四四：參閱《傅斯年全集》，第一冊，頁二二五——二二七，《詩經講義稿》。聯經出版事業公司印行。屈萬里先生《詩經釋義》，頁四一。糜文開、裴普賢合著《詩經賞與研究》，第一冊，頁七〇——七一。三民書局印行。

註四五：見馬瑞辰《毛詩傳箋通釋》卷一，〈考證〉。拙文〈馬瑞辰詩經學中考證之研究〉（載於《孔孟學報》第六二期）對其說有所評論，可參閱。

註四六：《史記．衛康叔世家》云：「武王已克殷紂，復以殷餘民封紂子武庚祿父，比諸侯，以奉其先祀勿絕。為武庚未集，恐其有賊心，武王乃令其弟管叔、蔡叔傅相武庚祿父，以和其民。武王既崩，成王少。周公旦代成王治，當國。管叔、蔡叔疑周公，乃與武庚祿父作亂，欲攻成周。周公旦以成王命興師伐殷，殺武庚祿父、管叔，放蔡叔，以武庚殷餘民封康叔為衛君，居河、淇間故商墟。」

註四七：朱子的說法則與此不同，《詩集傳》卷二云：「邶、鄘不詳其始封，衛則武王弟康叔之國也。……其後不知何時，并得邶、鄘之地。」

註四八：《左傳．定公四年》、《史記．衛康叔世家》和《書序》，都說〈康誥〉是管蔡之亂平定後，周成王封康叔於衛的誥辭。

註四九：清代方濬益《綴遺齋器考釋》、劉心源《奇觚室吉金文述》考證，康叔先封於康，後來又徙封於衛，屈萬里《尚書集釋》採方、劉之論，再參以宋儒之說，作成「〈康詔〉乃康叔封於康時，武王告之之辭也」之結論。

註五〇：吳璵《新譯尚書讀本》：「康之故域，今則未詳。今河南省禹城縣西北，有康城縣故址，或以為即康叔所封之康地。其說然否待考。」（頁一〇〇。三民書局印行）

註五一：參閱屈萬里《詩經釋義》，頁一四六。

註五二：張以仁〈從司馬遷的意見看左丘明與國語的關係〉：「孫海波〈國語眞僞考〉以『左氏《國語》』連讀，意謂左氏之《國語》，不知此文『故』字以下，皆承前文，《左氏》正指前文《左傳》甚明。此當從裴

駰《索隱》讀爲二書。」（見張以仁《春秋史論集》，頁九七。聯經出版事業公司印行）

註五三：參閱徐復觀《中國經學史的基礎》，頁八二。台灣學生書局印行。

註五四：《四庫提要》卷十五：「南宋之初，廢《詩序》者三家，鄭樵、朱子及質也。……質說不字字詆小序，故攻之者亦稀，然其毅然自用，別出心裁，堅銳之氣，乃視二家爲加倍。自稱覃精研思，幾三十年，始成是書。……質廢《序》，與朱子同，而其爲說則各異。……其冥思研索，務造幽深，穿鑿者固多，懸解者亦復不少，故雖不可訓，而終不可爲廢焉。」

註五五：詳拙文〈馬瑞辰詩經學中考證之研究〉，《孔孟學報》第六十二期，頁五九——五八。

註五六：同前註，頁五七——五八。

註五七：詳于大成〈詩經述要〉，收於高明主編之《群經述要》中，黎明文化事業公司印行。

註五八：裴普賢《歐陽修詩本義研究》：「……〈十五國次解〉就花招很多……，使人看了眼花撩亂，但總覺不免牽附會。」（頁一三九。東大圖書公司印行）

註五九：歐陽修《詩譜補亡》爲《詩本義》之附錄。

註六〇：見《朱子文集》卷三九。

註六一：見屈萬里《詩經釋義》，頁九。

註六二：見蔣善國《三百篇演論》，頁二十。台灣商務印書館印行。

註六三：同前註。

註六四：歐陽修《詩本義．魯頌解》：「僖公之德，孰與文、武，而曰有頌乎！……然聖人所以列於《頌》者，其說有二：貶魯之彊，一也；勸諸侯之不及，二也。……大抵不列於《風》，而與其爲《頌》者，所謂憫周之失，貶魯之彊是矣。豈鄭氏之云乎？」

註六五：參閱裴普賢《歐陽修詩本義研究》，頁一三五——一四〇。

註六六：引文爲章如愚《山堂考索》語。

註六七：〈駉〉是「頌僖公」之詩，〈有駜〉是「頌僖公君臣之有道」之詩，〈泮水〉是「頌僖公能修泮宮」之詩，〈閟宮〉是「頌僖公能復周公之宇」之詩：以上是依《詩序》之說。縱使《序》說不是很完美，也不致離題太遠，（可參閱張學波《詩經篇旨通考》，廣東出版社印行）這樣嚴肅的詩篇，如果配以土樂土調，是否不太「搭調」？

註六八：朱子《詩集傳．序》：「凡《詩》之所謂風者，多出於里巷歌謠之作。」《詩集傳》卷一：「風者，民俗歌謠之詩也。」

註六九：詳顧炎武《日知錄》卷三。

註七〇：參閱顧頡剛〈詩經在春秋戰國間的地位〉，《古史辨》第三冊，頁三〇九——三六七。朱自清《詩言志辨》，頁一四——二〇。台灣開明書店印行。何定生《詩經今論》卷一，〈從樂章到諫書看詩經〉，台灣商務印書館印行。屈萬里〈先秦說詩的風尚和漢儒以詩說教的迂曲〉，收於林慶彰主編《詩經研究論集》，頁三八三——四〇七。

註七一：「諫書」一詞出於漢世。《漢書．儒林傳》：「王式，字翁思，東平新桃人也。事免中徐公及許生，爲昌邑王師。昌邑王廢，繫獄，當死。治事使者責問曰：『師何以亡諫書？』式對曰：「臣以《詩》三百五篇朝夕授王，至於忠臣孝子之篇，未嘗不爲王反復誦之也；至於危亡失道之君，未嘗不流涕爲王深陳之也。臣以三百五篇諫，是以亡諫書。」使者以聞，亦得減死論，歸家，不教授。諸博士素聞其賢，共薦式，詔除下爲博士。」王式所習爲《魯詩》，但漢四家之學縱使內容有出入，其以「諫書」思想爲依歸，卻是一致的。

註七二：見岑溢成《詩補傳與戴震解經方法》，頁一一八。文津出版社印行。

註七三：引文爲屈萬里《詩經釋義》語，持同樣看法的當然比比皆是，以無甚緊要，茲從略。

註七四：參閱徐復觀《中國經學史的基礎》，頁一五四——一五五。

註七五：《詩序》：「〈株林〉，刺靈公也。淫乎夏姬，驅馳而往，朝夕不休息焉。」《序》之說〈株林〉應該是可信的，後人多據此而謂〈株林〉爲《詩經》中最晚的詩，但何楷《詩經世本古義》則力主《曹風．下泉》方是最晚之詩，後人同意者亦不尠，本章第十二節於此另有說明，但必須承認，究竟何篇才是《詩經》中最晚之作，尚未定讞。

註七六：《豳風》七篇，除〈伐柯〉之外，其餘內容皆涉及周公東征之事。至於〈伐柯〉，《序》云：「美周公也。周大夫刺朝廷之不知也。」劉玉汝《詩纘緒》：「舊說以之子指周公，與〈九罭〉同，故其說牽強，今以之子指妻爲比，比體既定，而詩意渙然矣。」高亨《詩經今注》：「這是男人請媒人吃飯，委託他介紹對象的詩。」（頁二一二。漢京公司印行。）朱守亮《詩經評釋》：「《詩序》……，清方玉潤已刺其非，斷不可信，……詩明言『取妻如之何？匪媒不得。』是必爲詠婚姻之詩。」（上冊，頁四三六）

註七七：引文見朱子《詩集傳》卷十八。

註七八：朱子《詩集傳．序》云：「《周南》、《召南》親被文王之化以成德，而人皆有以得其性情之正，故其發於言者，樂而不過於淫，哀而不及於傷，是以二篇獨爲《風》詩之正經。自《邶》而下，則其國之治亂不同，人之賢否亦異。其所感而發者，有邪正是非之不齊，而所謂先王之風者，於此焉變矣。若夫《雅》、《頌》之篇，則皆成周之世，朝廷郊廟樂歌之辭，其語和而莊，其義寬而密，其作者往往聖人之徒，固所以爲萬世法程而不可易者也。至於《雅》之變者，亦皆一時賢人君子，閔時病俗之所爲，而聖人取之，其忠厚惻怛之心，陳善閉邪之意，尤非後世能言之士所能及之。」

註七九：見李家樹《詩經的歷史公案》，頁五六。大安出版社印行。

註八〇：在本章第一節中，我已強調《六經奧論》是一本問題叢生的書，其中的〈風有正變辨〉，拙著《南宋三家詩經學》亦曾略加探究，可參閱。（頁三八——三九。台灣商務印書館印行）

註八一：見劉謹《詩傳通釋》，卷首。

註八二：見汪琬《堯峰文鈔》卷四，《經解三》，〈風雅正變〉條。

註八三：馬氏之說見《毛詩傳箋通釋》卷一，拙文〈馬瑞辰詩經學中考證之研究〉有所評論，可參閱。

註八四：同註七九，頁一七八。

註八五：先儒於正變，議頗多端，請參閱徐英《詩經學纂要》，頁四七——五一，〈正變第七〉。廣文書局印行。金公亮《詩經學導讀》，頁六九——七七，〈詩的正變與大小雅〉。河洛圖書出版社印行。

註八六：趙歧以《頌》亡爲「《詩》亡」，朱子以《雅》亡爲「《詩》亡」，近人糜文開以「《風》亡」爲「《詩》亡」。詳見林耀潾〈孟子之詩教〉，《中華文藝復興月刊》第十八卷，第九期。

註八七：詳顧鎮《虞東學詩》卷首，〈詩說〉。

註八八：馬瑞辰《毛詩傳箋通釋》既引何楷《詩經世本古義》，又詳加考證，確認《曹風·下泉》爲《詩》中最晚之作。屈萬里《詩經釋義》也採用了他們的說法，以〈下泉〉爲「曹人美郇伯能勤王之詩」，裴普賢〈曹風下泉篇新解〉也證明〈下泉〉「爲詠荀躒帥師勤王之作」。（裴文收於裴著《詩經研讀指導》一書中）

註八九：這裡是用林耀潾〈孟子之詩教〉的說法。裴普賢先生則擬定〈下泉〉的年代是魯昭公二十六年，周敬王四年，曹悼公八年，即公元前五一六年，並謂〈下泉〉「較之《陳風·株林》的作於魯宣公九年，周定王七年，陳靈公十四年，即公元前六〇〇年，已晚上八十多年了」。

註九〇：引文爲林耀潾〈孟子之詩教〉之語，雖屬推測，但言之成理。

註九一：引文爲《禮記·樂記》語。

註九二：引文見《論語·衛靈公》，第十章。

註九三：引文見《論語·陽貨》，第十八章。

註九四：例子不勝枚舉，如〈靜女〉、〈桑中〉、〈將仲子〉、〈女曰雞鳴〉、〈山有扶蘇〉、〈東方之日〉……等，《詩序》皆以爲刺詩。如不以爲諷刺之作，也必賦以另一層意思，如〈丘中有麻〉，《序》謂「思賢」之詩；〈野有蔓草〉，《序》謂「思遇時」之作。

註九五：參閱李家樹《詩經的歷史公案》，頁八三——一一二，〈宋代淫詩公案初探〉。

註九六：〈關雎〉、〈靜女〉、〈氓〉、〈東門之墠〉……等篇，早已有人認爲是淫詩，不必自宋朝始。詳劉兆祐〈歷代詩經學概說〉。

註九七：朱子以爲「作《詩序》者正如山東學究，見識卑陋而胡說」，（見朱鑑《詩傳遺說》卷二引〈答呂祖謙書〉）又云：「《詩序》實不足信，向來見鄭漁仲有《詩辨妄》，力詆《詩序》，其間言語雖太甚，以爲皆是村野妄人所作。始者亦疑之，後來子細看一兩篇，因質之《史記》、《國語》，然後知《詩序》之果不足信。」（見朱鑑《詩傳遺說》卷二引葉賀孫錄）

註九八：姚際恒《詩經通論》卷五：「此雖屬淫，然女子爲此婉轉之辭以謝男子，而以父母、諸兄弟及人言爲可畏，大有廉恥，又豈得爲淫者哉！」方玉潤《詩經原始》卷五：「女心既有所畏而不從，則不得謂之爲奔，亦不得謂之爲淫。」

註九九：詳拙著《南宋三家詩經學》，頁一六五——一八九，〈朱子之詩經學〉。

註一〇〇：關於呂祖謙否認《詩經》裡載有淫詩的意見，《呂氏家塾讀詩記》卷五言之極詳。又朱、呂兩人脣槍舌劍之內容，除李家樹〈宋代淫詩公案初探〉之外，林惠勝《朱呂詩序說比較研究》，頁一六二——

二〇二，（台灣大學中國文學研究所碩士論文，民國七十二年六月）亦可參閱。

註一〇一：李家樹〈宋代淫詩公案初探〉：「『淫詩』公案朱熹一方的論據站不住腳，……這場官司是他的好友呂祖謙得到勝利了。呂氏對孔子『思無邪』說的理解看來比較符合孔子原意。」（《詩經的歷史公案》，頁一〇二——一〇四）

註一〇二：李家樹〈宋代淫詩公案初探〉：「朱熹的『淫詩』說也在說教，學術立場事實上和漢儒並無二致……。」（《詩經的歷史公案》，頁一一〇）

註一〇三：徐復觀〈詩序問題〉：「朱熹很討厭《詩序》，他對鄭、衛中的戀詩逕指爲『此淫奔之詩』，或『此亦淫奔之詩』。這在解釋上應算是一種解放，或更符合詩的本意。但，與孔子所謂『詩三百，一言以蔽之，思無邪』之意，相去甚遠，且與古人的《詩》教有何關係？」（《中國經學史的基礎》，頁一五四）

註一〇四：引文爲朱子《詩集傳》釋〈遵大路〉詩旨之語。

註一〇五：朱子以爲淫詩，而王柏不以爲淫詩的有〈木瓜〉、〈采葛〉、〈揚之水〉、〈叔于田〉等四篇；王柏認爲淫詩，而朱子未嘗以爲淫詩的有〈野有死麕〉、〈晨風〉、〈綢繆〉、〈葛生〉、〈株林〉等五篇。說見程元敏《王柏之詩經學》。嘉新水泥公司印行。

註一〇六：屈萬里〈宋人疑經的風氣〉謂王柏擬刪去淫奔之詩三十二篇；（《書傭論學集》，頁二四〇。開明書店印行）劉兆祐〈歷代詩經學概說〉列舉王柏要刪的詩，一共有三十一篇；據程元敏考證，王柏《詩

疑》定稿後，其議刪篇目當為三十。（《王柏之詩經學》，頁八七——九〇）

註一〇七：引文見《論語．衛靈公》，第十一章。

註一〇八：參閱程元敏《王柏之詩經學》，頁一六〇——一六三。

註一〇九：引文見《朱子語類》卷八一。

註一一〇：引文見《朱子語類》卷二三。

註一一一：詳《朱子大全》卷三四，〈答呂伯恭〉。正因朱子一則以為不應於《鄭風》之外別求鄭聲，再則又以《鄭風》包括鄭詩與鄭聲，故今人李家樹以「孔子口中的『鄭聲』，是指音樂而言，跟《鄭風》不能加上等號」、「孔子提及的『鄭聲』，是指與『古樂』、『雅樂』對比的一種新樂」之立論，判定「否定《詩經》裡載有淫詩」的呂祖謙打贏了這場官司。（《詩經的歷史公案》，頁一〇二）

註一一二：見王柏《詩疑》卷一。

註一一三：參閱李威熊《中國經學史論》上冊，頁三〇三——三〇四，〈兩宋的新經學〉。文史哲出版社印行。

註一一四：引文見程元敏《王柏之詩經學》，頁一四三。

註一一五：同前註，頁七四。

註一一六：詳程元敏《王柏之詩經學》，頁一四五。

註一一七：同前註。

註一一八：見屈萬里《書傭論學集》，頁二四〇，〈宋人疑經的風氣〉。

第三章 《詩說》說《風》詩析評

在前章中，吾人已針對惠周惕《詩說》中關於《詩經》學若干問題之論述，予以愼重地分析與考辨，從中吾人可以發現，《詩說》雖然傾向漢學，但色彩並爲極爲鮮明，同時其內容也存在著一些疏失。不過，僅就這一部分，我們很難確定阮元恭維惠周惕「邃於經學，爲文章有椝度」（《清史稿》亦用此語），是否溢美。要想全盤論定惠氏的《詩經》學成績，並進而使他在《詩經》學史上找到適當的定位，還得將《詩說》的解說詩篇全面檢視才行，本書三至五章進行的即是這樣的工作。

第一節 《周南》與《召南》

一、〈葛覃〉之歸寧說

《四庫提要》曾謂《詩說》之缺失有二，一爲「謂頌兼美刺，義通於誦」，一爲「謂《禮》無歸寧之文」；前者前已詳加評述，後者則惠氏之言曰：

〈葛覃〉之詩曰：「曷澣曷否？歸寧父母。」言女子之適人者，有省父母之禮也。〈泉水〉、

〈蝃蝀〉、〈竹竿〉之詩曰：「女子有行，遠父母兄弟。」（註一）言女子之適人者，不得復省其父母兄弟也。兩者牴牾如此。而《春秋左氏傳》曰：「凡諸侯之女歸寧曰來。」趙匡曰：「諸侯之女既嫁，父母存則歸寧，不然則否。」《穀梁傳》曰：「婦人既嫁不踰竟，踰竟非禮也。」又各自爲說如此。（《詩說》卷中第二條）

女子是否可以歸寧一事，古書之說既各自不同，惠氏當然必須有所抉擇，他認爲〈葛覃〉《序》說無誤，而諸家之論，惟《穀梁》爲知禮：

毛氏傳《詩》，以爲后妃之父母在，故得歸；衛女之父母不在，故不得歸。其在與不在，無論荒遠不可據，就令可據，則詩止言遠兄弟可已，何以并及父母而一再言之不已也？……愚嘗求孔子之意，而知歸寧之說非也。于何知之？于《春秋》知之。《春秋》莊二十七年冬，書杞伯姬來，《左氏》曰：「歸寧也。」杜氏曰：「莊公女也。」莊公在而伯姬來，則正與歸寧之禮合，而《春秋》何以書而譏之？以此知歸寧之說非也。不寧惟是，《春秋．桓三年》，「齊侯送姜氏于讙」，〈莊二十七年〉，「公會杞伯姬于洮」，皆譏也。齊僖于姜氏，魯莊于伯姬，父子也，父之于子猶不可送焉、會焉，況女之來歸于父母乎？以此知歸寧之說非也。然則后妃亦非禮乎？曰：此《毛傳》之誤，非詩意也。《序》曰「〈葛覃〉，后妃之本也。后妃在父母家，志在女功之事，躬儉節用，尊敬師傅，可以歸寧父母」云云，蓋以其爲女，知其能爲婦，所謂「無父母詒罹」者也。《公羊傳》曰「婦人謂嫁曰歸」是也。《序》說自長，而《毛傳》

因《左氏》誤焉，非詩之意然也。諸家之論，惟《穀梁氏》爲知禮也夫！（同前條）

在此必須先指出一個事實，《毛傳》只於〈葛覃〉「歸寧父母」句下云：「父母在，則有時歸寧耳。」於〈泉水〉、〈綴蝀〉之「女子有行，遠父母兄弟」句下，與〈竹竿〉之「女子有行，遠兄弟父母」句下，都沒有任何說明，這就證明惠氏批評「毛氏傳《詩》……不可據」，其言才眞正是「不可據」。然則會不會是惠氏一時疏忽，誤以《鄭箋》爲《毛傳》？答案果眞就是如此，〈泉水·序〉云：「〈泉水〉，衛女思歸也。嫁於諸侯，父母終，思歸寧而不得，故作是詩以自見也。」《鄭箋》：「以自見者，見己志也。國君夫人，父母在則歸寧，沒則使大夫寧於兄弟。衛女之思歸，雖非禮，思之至也。」因《鄭箋》之言而抨擊毛氏之傳《詩》，算是相當嚴重的錯誤。不過，既然《毛傳》說「父母在，則有時歸寧耳」，可見毛公確是主張古有歸寧之禮的。《鄭箋》於〈泉水〉「女子有行，遠父母兄弟」句下又說：「婦人有出嫁之道，遠於親親，故禮緣人情，使得歸寧。」依此，歸寧之禮是合乎人情的。惠氏則以歸寧之說爲非，他的理由是「于《春秋》知之」，爲了判定毛鄭與惠氏孰是孰非，我們有必要檢視《春秋》之相關記載。《春秋·莊公二十七年》記載：「冬，杞伯姬來。」《左傳》：「冬，杞伯姬來，歸寧也。凡諸侯之女，歸寧曰來。」《杜注》：「寧，問父母安否也。」由左氏、杜氏的話，可知他們是不認爲《春秋》之書「杞伯姬來」是有譏諷之意的。《公羊傳》：「其言來何？直來曰來。」何休《解詁》：「直來，無事而來也。諸侯夫人尊重，既嫁，非有大故不得反，唯自大夫妻，雖無事，歲一歸宗。」徐彥《疏》：「其大故者，奔喪之謂。……言從大夫妻以下，即《詩》云

『歸寧父母』是也。案詩是后妃之事，而云大夫妻者何？何氏不信《毛敘》故也。」可見公羊家是反對諸侯夫人得歸寧的。《穀梁傳》對於「冬，杞伯姬來」一事，雖未作任何說明，但是《穀梁》原本就主張「婦人既嫁，踰竟爲非禮」，（註二）因此我們可以這麼說，公羊家與穀梁家都以爲《春秋》之書「杞伯姬來」有譏意，至於其說是否可信，尚待進一步推敲。

惠氏不僅以《春秋》之書「杞伯姬來」而認定歸寧之說爲非，又以《春秋．桓三年》「齊侯送姜氏于讙」、〈莊二十七年〉「公會杞伯姬于洮」皆有譏意，而更加確認歸寧之說爲非。齊侯送姜氏之不合禮，《左傳》已說得很清楚了：「齊侯送姜氏于讙，非禮也。凡公女，嫁於敵國，姊妹，則上卿送之，以禮於先君；公子，則下卿送之。於大國，雖公子，亦上卿送之。於天子，則諸卿皆行，公不自送。於小國，則上大夫送之。」諸侯嫁女，不能自送，自送則非禮，《春秋》之書「齊侯送姜氏于讙」確是有譏意的，不過，由此而認爲諸侯之女更不可能可以歸寧，似是聯想過度。至於「公會杞伯姬于洮」，《左傳》說：「非事也。天子非展義不巡守，諸侯非民事不舉，卿非君命不越竟。」，既然「諸侯非民事不舉」，《春秋》之書「公會杞伯姬」，當然就有譏意，只是同樣地，由此而一口咬定諸侯之女不得歸寧，很難令人信服。

於此，我們只能肯定，《左傳》認爲諸侯之女有歸寧之事實，《公羊》、《穀梁》則認爲諸侯夫人歸寧不合禮。至於「齊侯送姜氏于讙」、「公會杞伯姬于洮」，恐怕不能作爲諸侯之女不得歸寧之佐證。

如果認爲后妃或諸侯夫人不得歸寧，則《詩序》自不可信，王先謙曾說：

古天子、諸侯夫人皆不歸寧，《穀梁》以婦人既嫁踰竟爲非禮，《傳》凡八見。《春秋經·莊二十七年》：「冬，杞伯姬來。」《左傳》：「凡諸侯之女，歸寧曰來，出曰來歸。」《公羊傳》：「直來曰來，大歸曰來歸。」二《傳》解經意同，非謂有當於禮。蓋春秋以降，多違禮自恣，若魯文姜、杞伯姬皆是。〈泉水〉、〈載馳〉皆以父母既沒，義不得往，則知因父母存而歸寧者必多。然如《國策》趙左師觸讋對太后云：「媼之送燕后，祭祀必祝之曰：『必勿使反。』」時至戰國，猶知此義，在西周之初，自無后妃歸寧之事，毛說疑與禮不合。惟大夫有歸宗之道，見《禮·喪服傳》。又《鄭志》答趙商曰：「婦人有歸宗，謂目其家之爲宗者。大夫稱家。」與《解詁》合。詳詩恉，以《魯》爲長。（註三）

若認定后妃或諸侯夫人不得歸寧，則《毛詩序》以〈葛覃〉爲后妃之本自是大誤，謂后妃「可以歸安父母」，自亦與禮不合，在這種情況之下，《魯》說以此爲「士大夫婚姻之詩」，（註四）也就較能令人接受。

可是，惠氏一方面既認爲「諸家之論，惟《穀梁氏》爲知禮」，一方面卻又要爲《毛詩序》回護，因此祇好解「歸寧」爲后妃出嫁之後「無父母詒罹」，這種強辭奪理的解釋，吾人實在不能同意，蓋「歸寧」一詞有其特定之涵義，豈容任意解釋？（註五）

如再比較《春秋》三《傳》對於諸侯夫人歸寧的看法，我們可以說，《左傳》「傳事不傳義，是以詳於史」，（註六）既然《經》之「杞伯姬來」就是杞伯姬歸寧之意，左氏之說明就已算盡了他的本分。而《公羊》、《穀梁》是「傳義不傳事，是以詳於經」的，（註七）因此他們要強調杞伯姬的行為不合禮，正是為了幫助我們瞭解《春秋》中的是非與義法。雖則二《傳》之解經，以好言褒貶，又多生義例，而頗招致後儒之譏，（註八）然而一旦涉及古禮，二《傳》作者當不致信口開合，無中生有，這不是用「《春秋》無達例」一詞所能掩飾的。（註九）是以，《穀梁》八次強調「婦人既嫁不踰竟，踰竟為非禮」，當是有所據而云然。只是，「禮也者，理也」，（註一〇）要后妃或諸侯夫人一生不得歸寧，也不合道理，何休說：「諸侯夫人尊重，既嫁，非有大故不得反。」所謂大故即大事，如問父母病及兄弟即位之屬，非必被出之謂，（註一一）所以后妃或諸侯夫人在必要的情形之下，應當還是可以歸寧的。若果此說屬實，則從〈葛覃〉「即為絺為綌，而知其能勤；即澣濯無斁，而知其能儉；因其言告師氏，而知其能敬；因其歸寧父母，而知其能孝」的寫作意義來看，（註一二）篇中的婦人顯然不是因大故而歸寧，所以她應該不是后妃或諸侯夫人，而她又有師氏，這樣說來，她或許也不會是一般平民，（註一三）《魯》說以此為士大夫家婚姻之詩，當較《毛詩序》之說為可信，若謂士大夫家之說仍未必確當，那麼以之為「貴婦人自詠歸寧父母之詩」，（註一四）當無可再挑剔。

至於《邶風．泉水》，《序》云：「〈泉水〉，衛女思歸也。嫁於諸侯，父母終，思歸寧而不得，故作是詩以自見也。」篇中未見「父母終」之意，《序》說不可從。明儒季本《詩說解頤》云：「衛女嫁於諸侯，思歸省其父母而不得，故作此詩以自見也。」（註一五）說較可信。而《鄘風．綴蝀》與

《衛風．竹竿》的「女子有行，遠父母兄弟」或「女子有行，遠兄弟父母」，只是說女子嫁後遠離了父母和兄弟，（註一六）和婦人可不可以歸寧無關，絕非如惠氏所說的，〈葛覃〉「言女子之適人者，有省父母之禮」，〈泉水〉、〈綴蝀〉、〈竹竿〉「言女子之適人者，不得復省其父母兄弟也」，「兩者牴牾如此」。

至此，我們可以簡單地說，〈葛覃．序〉「后妃之本」之說確有問題，而《毛傳》說：「寧，安也。父母在，則有時歸寧耳。」應該不致有何差錯。（註一七）惠氏說「《序》說自長，而《毛傳》因《左氏》誤焉」，此語恐怕有失公允。

二、說〈桃夭〉與〈摽有梅〉之內容

《周南．桃夭》：「桃之夭夭，灼灼其華。之子于歸，宜其室家。（一章）桃之夭夭，有蕡其實。之子于歸，宜其家室。（二章）桃之夭夭，其葉蓁蓁。之子于歸，宜其家人。（三章）」《詩序》：「〈桃夭〉，后妃之所致也。不妒忌，則男女以正，昏姻以時，國無鰥民也。」《召南．摽有梅》：「摽有梅，其實七兮。求我庶士，迨其吉兮。（一章）摽有梅，其實三兮。求我庶士，迨其今兮。（二章）摽有梅，頃筐塈之。求我庶士，迨其謂之。（三章）」《詩序》：「〈摽有梅〉，男女及時也。召南之國，被文王之化，男女得以及時也。」

〈桃夭〉與〈摽有梅〉，無論篇旨是否依照《詩序》，大約不會有人想到將此兩篇一併討論，但惠氏例外，他說：

> 桃之華後于梅，而詩以興男女之及時；梅之華先于桃，而詩以興昏姻之後時。何也？夫婦之道在生育，猶草木之美在果實也。桃後梅而華，反先梅而實，故曰「有蕡其實」，言桃有實則成樹，猶夫婦有子則成家也。若傾筐塈之，則過時而美盡，其育不繁矣。《易》曰：「枯楊生華，何可久也？老婦士夫，亦可醜也。」（《詩說》卷中，第三條）

〈桃夭〉首章以桃花的鮮豔比喻少女的美麗，二章以桃樹之實比喻女子內在之美，或以實喻子，預祝她多子多孫，三章以桃葉的茂密，比喻家族的昌大和諧。（註一八）因爲「桃花色最豔，故以取喻女子」，（註一九）當然，詩人若用別種鮮豔的花來作比喻，那也是絕對可以的，這跟什麼花先開，什麼樹先結果完全不相干。同樣地，果實會掉落下來的也不僅是梅樹，詩人以梅之落實，興起「求我庶士」之語，寫法是相當單純的，宋儒歐陽修云梅實有七，至於落盡，不出一月之間，詩人引此以興物之盛時不可久，言召南之人，顧其男女方盛之年，懼其過時而至衰落，乃其求庶士以相婚姻，（註二〇）此說甚佳，而日人竹添光鴻則謂「梅、媒聲同，故詩人見梅起喻，是以梅落喻容色之將萎，非以梅實紀昏時早晚，衛詩『桑之落矣，其黃而隕』，亦比華落色衰也」，（註二一）其說亦可備一覽，不過這跟「梅之花先於桃，其實反後於桃」也毫無關係。

假設不談《詩》教，〈桃夭〉應當只是祝賀人家嫁女兒的詩，「本以華喻色，而其實、其葉因華及之，詩例次第如此」，（註二二）非如惠氏所言，桃有實則成樹，猶夫婦有子則成家。固然此說亦可謂爲針對《詩》教立論，但立說如過於牽強，就有可能招致反感。此外，〈摽有梅〉大約是「述女子之情，欲得及時而嫁」之詩，（註二三）實七、實三、頃筐塈之，純是比喻女子盛年之漸逝，寫得頗爲妙趣，惠氏以「夫婦之道在生育」的大道理來說詩，完全破壞了詩韻味。不唯如此，惠氏且引《易．大過．九五．象辭》之「老婦士夫」以助說明，這不禁使人想起他在《詩說》中曾批評王柏「固哉！高叟之爲詩也」，（前章已引）其實《孟子．告子下》之此一評語，何嘗不能用在惠氏之解說〈桃夭〉與〈摽有梅〉身上？本條實可謂《詩說》中嚴重之一敗筆。

三、〈羔羊〉之「退食自公，委蛇委蛇」

《召南．羔羊》：「羔羊之皮，素絲五紽。退食自公，委蛇委蛇。（一章）羔羊之革，素絲五緎。委蛇委蛇，自公退食。（二章）羔羊之縫，素絲五總。委蛇委蛇，退食自公。（三章）」此爲美官吏安適之詩。（註二四）惠氏說及本篇，單論「退食自公，委蛇委蛇」二句：

> 人臣之于公也勞，則于私也必逸，蓋心思智力盡之乎君，而家無事焉，故曰「退食自公，委蛇委蛇」，言無私營、無私交也。不然，張湯之造請諸公，無閒寒暑，有終日矻矻而不暇者矣，何委蛇之有？（《詩說》卷中，第四條）

遭惠氏點名的張湯爲西漢著名之酷吏，很能觀察皇上臉色做事，史書上明言，「湯至於大吏，內行脩也。通賓客飲食。於故人子弟爲吏及貧昆弟，調護之尤厚。其造請諸公，不避寒暑。是以湯雖文深意忌不專平，然得此聲譽」，（註二五）像張湯這樣的上朝忙於公事，退朝忙於交際應酬之人，當然比比皆是，也當然「終日矻矻而不暇」，「何委蛇之有」。惠氏要強調的是，唯有無私營、無私交的官吏才可能在退朝之後生活從容自得，宋儒黃櫄曾說：

> 詩人但言在位者退朝之時，其出公門、入私門，有和緩之容，無私交之行，以見其正直之德耳。蓋人惟心無欺，故其進退無愧，而容止可觀。詩人不形容其節儉正直之事，而特形容其自得之意，則其德自可見。《左氏・襄公七年》，衛孫文子來聘，公登亦登，而穆叔知其必亡，因舉「退食自公，委蛇委蛇」之句以譏之，蓋衛孫文子素無正直之心，故其進退自無和易之容也。（註二六）

惠氏的說法其實和黃氏並無太大不同，（註二七）只不過另行舉例而已。另一宋儒范處義也說：

> 退食自公，自公退食，再三互言之，雖以叶音韻，亦以見人臣出公門、入私門，出私門、入公門，無私交之行也。（註二八）

「無私交之行」似是先儒讀〈羔羊〉常有的體認，（註二九）而事實上大概也只有「無私營、無私交」的官吏能「退食自公，委蛇委蛇」，因此，明儒季本說〈羔羊〉之詩在「美南國之大夫，退朝而從容自得，見其心之無私也」，（註三〇）應當無誤。

於此當再指出，今人頗多以〈羔羊〉爲諷刺之詩，如高亨解〈羔羊〉說：「衙門中的官吏都是剝削壓迫、凌踐殘害人民，蟠在人民身上，吸食人民血液以自肥的毒蛇。人民看到他們穿著羔羊皮襖，從衙門裡出來，就唱出這首歌，咒罵他們，揭出他們是害人毒蛇的本質。」（註三一）程俊英、蔣見元合著的《詩經注析》說〈羔羊〉「是一首諷刺統治階級官僚們的詩。」（註三二）李中華、楊合鳴合著的《詩經主題辨析》說「這是一首諷刺士大夫悠閒安逸生活的詩」。（註三三）以上諸說可謂皆受崔述《讀風偶識》之影響，（註三四）但其說實無法取舊說而代之。《詩序》：「〈羔羊〉，〈鵲巢〉之功致也。召南之國，化文王之政，在位皆節儉正直，德如羔羊也。」《朱傳》：「南國化文王之政，在位皆節儉正直，故詩人美其衣服有常，而從容自得如此也。」二說凸顯出的說教氣味，我們大可不必過於重視，但若說「以意逆志」不失為讀《詩》的方法之一，（註三五）則以〈羔羊〉為讚美官吏之詩，豈能說是解錯了方向？如李中華、楊合鳴二氏既已肯定詩中言及「士大夫悠閒安逸生活」，何以又必須導出詩人看不慣士大夫生活悠閒安逸的結論？范文瀾曾說：「後人說《詩》，固然不可抱殘守缺，墨守舊說，否認後儒精確、優於漢儒的某些新說，但也不可僅僅因舊說不合己意，輕牽地別立新說。」（註三六）李家樹也說：「周代的詩人透過詩歌來表達他們的喜怒哀樂，並且對上層階級的行為、統治和社會的一些情狀作出褒貶，也是在情理之中的事。我不是全盤肯定《毛詩序》，而是反對過去那種不看透全局就斷然推翻舊說的做法。五四以來不少學者表面上推陳出新，實際上不乏悠悠之談，比舊說更為穿鑿附會……。」（註三七）我以為范、李二氏之言值得我們深思，不僅讀《詩》宜有如是觀，面對其他古籍也是一樣，抱殘守缺、墨守舊說固然成不了氣候，一味以推陳出新、打倒舊注而沾沾自喜，何嘗就是治學的正確態度？惠氏他們的解說〈羔羊〉或許毫無新奇之處，但是其篇原本就是這般平實，要推翻舊說，不拿出充分的證據來是不行的。

四、評鄭玄之釋〈漢廣〉

《周南．漢廣》：「南有喬木，不可休息。漢有游女，不可求思。漢之廣矣，不可泳思。江之永矣，不可方思。（一章）翹翹錯薪，言刈其楚。之子于歸，言秣其馬。漢之廣矣，不可泳思。江之永矣，不可方思。（二章）翹翹錯薪，言刈其蔞。之子于歸，言秣其駒。漢之廣矣，不可泳思。江之永矣，不可方思。（三章）」此爲「江畔樵子慕隔岸游女，而求之不得者所作之詩」，第二章「刈其楚，取其好者也，喻女如于歸，己願秣馬以隨之也，但終不可得」，三章形式同二章，「惟易蔞、駒兩字以換韻，重疊前唱，反覆詠嘆之」，（註三八）詩意是相當清楚的。至若此男子願意爲他心目中的女子秣馬之理由，歐陽修之解釋當屬確切不移：

> 願秣其馬，此悅慕之詞，猶古人言雖爲執鞭，猶忻慕焉者是也。（註三九）

《鄭箋》在解釋「之子于歸，言秣其馬」句時，畫蛇添足地加進了「致禮餼」之說：

> 之子，是子也。謙不敢斥其適己，於是子之嫁，我願秣其馬，致禮餼，示有意焉。

惠氏解釋此句也以禮說明之，但他反對「致禮餼」之說：

> 〈士昏禮〉，主人爵弁纁裳，從車二乘，婦車亦如之。〈昏義〉，壻親迎之後，出御婦車，而壻受綏，御輪三周。故曰「之子于歸，言秣其馬」，言得如是之女歸于我，則我將親迎而身御

之，愛之深，不覺辭之昵也。不言御車，而言秣馬，欲速其行且微其辭也。又《左傳》有反馬之文，《鄭》詩有同車之語，故〈漢廣〉以秣馬、秣駒爲言，若《箋》言禮餼，則納徵無用馬者，詩人言此亦贅矣。（《詩說》卷中，第五條）

惠氏以《儀禮．士昏禮》與《禮記．昏義》的記載，而解「之子于歸，言秣其馬」爲「如是之女歸于我，則我將親迎而身御之」，這分明是認爲〈漢廣〉中的男主角是士以上的貴族階層，因爲《禮記．昏義》是闡釋《儀禮．士昏禮》的，而《儀禮》又名《士禮》，固然書中也有大夫、卿、諸侯、天子的禮事，並不全屬士禮，（註四〇）但何以見得〈漢廣〉必是貴族之詩呢？清儒方玉潤說：

> 此詩即爲刈楚刈蔞而作，所謂樵唱是也。近世楚、雎、滇、黔間樵子入山，多唱山謳，響應林谷，蓋勞者善歌，所以忘勞耳。其詞大抵男女相贈答，私心愛慕之情，有近乎淫者，亦有以禮自持者，文在雅俗之間，而音節則自然天籟也。（註四一）

此說固然亦無實證，但詩二、三章既以「翹翹錯薪，言刈其楚」、「翹翹錯薪，言刈其蔞」起興，則謂〈漢廣〉爲「江干樵人愛慕隔岸游女而求之不得者之所作」之詩，（註四二）當頗貼切。

至於「《左傳》有反馬之文」者，《左傳．宣公五年》記載：「秋九月，齊高固來逆女，自爲也。故書曰『逆叔姬』，卿自逆也。冬，來，反馬也。」《杜注》：「禮，送女留其送馬，謙不敢自安也。三月廟見，遣使反馬，高固遂與叔姬俱寧，故經傳具見以示譏。」《孔疏》「禮，送女適於夫氏，留其所送之馬，謙不敢自安於夫，若被出棄，則將乘之以歸，故留之也。至三月廟見，夫婦之情既固，則夫家遣使反其所留之馬，以示與之偕老，不復歸也。法當遣使，不合親行。高固因叔姬歸寧，遂親自反馬，與之俱來，故經傳具見其事以示譏也。」今人楊伯峻云：「反馬之禮僅見於此，據《孔疏》引鄭玄《箴膏肓》，蓋古代士人娶婦，乘夫家之車，駕夫家之馬，故《儀禮·士昏禮》不載反馬之事。至大夫以上者娶婦，則乘母家之車，駕母家之馬。既婚三月以後，夫留其車而返其馬。鄭玄云『留車，妻之道也』者，蓋謂妻不敢自必能長久居于夫家，恐一旦被出，將乘此車以歸，《杜注》所謂「謙不敢自安」之義也。鄭又云『反馬，壻之義也』者，夫家示以後不致發生出婦之事也。《杜注》及《孔疏》謂反馬當遣使爲之，高固不宜親行，鄭玄無此義，《傳》更無此義。」（註四三）因《儀禮·士昏禮》無反馬之文，故何休作《膏肓》以難《左氏》，言禮無反馬之法，而鄭玄答以「禮雖散亡，以《詩》之義論之，大夫以上皆有留車反馬之禮」，（註四四）無論孰是孰非，都無助解讀〈漢廣〉之詩，蓋如前所云，〈漢廣〉當是民間之詩，與貴族階層無關。（註四五）

另外，用《鄭風·有女同車》來說明〈漢廣〉之以秣馬、秣駒爲言，似嫌牽扯過度，而鄭君「致禮餼」之說確實存在著一些問題，惠氏的批評倒也非無的放矢，只是他的說詞殊嫌簡略，其後馬瑞辰亦言及「致禮餼」，其說可補惠說之不足：

> 上文言「刈其楚」，以喻欲貞潔之女，則下「之子于歸，言秣其馬」，正設言取女之事。〈士昏禮〉，主人爵弁、纁裳、緇衣，乘墨車，從車二乘，執燭前馬，婦車亦如之；鄭君《箴膏肓》據此謂士妻始嫁，乘夫家之車，是親迎必載婦車以往，秣馬正載車以往之事。《箋》謂致禮餼，

非也。凡供給賓客，或以牲牢，或以禾米生致之，皆曰餼。《小爾雅》：「餼，饋也。」《說文》：「氣，饋客之芻米也，或作槩，亦作餼。」〈聘禮〉：「餼之以其禮，上賓太牢，積惟芻禾。」《註》：「禾以秣馬。」是秣馬亦禮餼之一。《箋》云「致禮餼」者，義取饋芻禾以秣馬，《釋文》乃云「牲腥爲餼」，《正義》又分禮爲納帛，餼爲用牲，則於秣馬無涉，是又失鄭恉矣。（註四六）

如果鄭君所謂「致禮餼」義取饋芻禾以秣馬，那其說倒也無可厚非，若如《正義》所云「餼謂牲也」，則惠氏云「納徵無用馬者，詩人言此亦贅矣」，正是持平之論。（註四七）

五、論〈草蟲〉之所以不能歌於君臣賓客之前

元儒朱倬在其所著《詩經疑問》中曾提出一個問題：「《儀禮》〈鄉飲酒〉、〈射〉、〈燕〉禮皆樂二《南》六詩，《召南》曰〈鵲巢〉、〈采蘩〉、〈采蘋〉，不及〈草蟲〉，何歟？」（註四八）朱氏提出這個問題是很有意義的，《儀禮》所載之合樂二《南》六詩中，《周南》是取〈關雎〉、〈葛覃〉、〈卷耳〉，此爲連續之三篇，《召南》是取〈鵲巢〉、〈采蘩〉與〈采蘋〉，《召南》在〈采蘩〉之後安置的是〈草蟲〉，越過〈草蟲〉而以第四篇的〈采蘋〉代之，不能使人無議。可惜，朱氏只提出問題，未作任何回答。惠氏則代爲回答朱氏之疑問：

朱氏發其端而未有解，請得而臆對之。〈鵲巢〉，言夫人有均一之德，任君以造邦也。〈采蘩〉，

言奉祭祀，不失職也。〈采蘋〉，言循法度，以承先供祭也。婦德之大，莫大于事宗廟，循法度，佐君子，故婦順備而內和理，而後家可長也。鄉射、燕飲取三詩歌之，宜也。若〈草蟲〉則言始見君子之事，〈昏禮〉所謂主人揖婦以入，御衽席于奧之時也。始曰我心降，再曰我心說，又曰我心夷，其言近乎褻矣。床第之言不踰閾，況可歌之君臣賓客之前乎？（《詩說》卷中，第六條）

此說係從詩篇之內容立論，與此大不相同的是從音樂上找原因，糜文開、裴普賢合著的《詩經欣賞與研究》就說：

我們看〈鄉飲酒〉曰「合樂」，〈燕禮〉曰「歌鄉樂」，則《周南》的〈關雎〉、〈葛覃〉、〈卷耳〉三詩，和《召南》的〈鵲巢〉、〈采蘩〉、〈采蘋〉三詩都是配合了音樂歌唱的。因爲原是民間音樂，故稱「鄉樂」。二《南》中像祭祀的〈采蘩〉、〈采蘋〉兩詩，像〈關雎〉、〈螽斯〉、〈麟之趾〉等慶賀祝福之詩，或者是原先流行在南國民間時早已配上音樂合唱的，但細味像〈行露〉、〈野有死麕〉等詩，似乎本來只是徒詩，所以我們在〈伐木〉一則中，只說十五《國風》只有一小部分是本來合樂歌唱的。就是太史采詩十五《國風》一一配樂弦歌後，還有若干詩的樂曲不甚好聽的，不如正《小雅》的原爲典禮所作樂章的合於應用，所以上舉《儀禮》所有歌《小雅》中詩，（忠愼按：所舉《儀禮》係〈鄉飲酒禮〉與〈燕禮〉兩段相關文字）自〈鹿鳴〉以下順序而唱六篇，所歌《召南》三詩，則第一篇〈鵲巢〉，第二篇〈采蘩〉

之後，跳過第三篇〈草蟲〉，逕自接唱第四篇〈采蘋〉。這不一定是詩的內容有所選擇，或是〈草蟲〉弦歌起來不合適的關係……。（註四九）

我的淺見，糜、裴二氏說「十五《國風》只有一小部分是本來合樂歌唱的」，又說「若干詩的樂曲不甚好聽的，不如正《小雅》的原爲典禮所作樂章的合於應用」，這都可以成立，但是，負責爲《詩》配樂的人，其爲各詩所配之樂曲絕不可能與詩的內容全不搭調，換句話說，什麼樣內容的詩配上什麼樣性質的曲調，是不容不理會的規矩，試想，嚴肅正大的詩篇如祭祀之詩與刺時之詩，一旦譜上淫靡之音，會是怎樣可笑的一種搭配？因此，「〈草蟲〉弦歌起來不合適」，正是緣由自其內容不適合、不方便在正式而莊嚴的典禮中公開。我的意思，惠氏雖自謙「臆對」，其說蓋合乎事實。《儀禮．鄉飲酒禮》：「……乃合樂《周南》〈關雎〉、〈葛覃〉、〈卷耳〉，《召南》〈鵲巢〉、〈采蘩〉、〈采蘋〉，工告於樂正，曰：『正歌備。』樂正告於賓，乃降。」《鄭注》：「合樂謂歌樂與衆聲俱作，《周南》、《召南》，《國風》篇也，王后、國君夫人房中之樂歌也，〈關雎〉言后妃之德，〈葛覃〉言后妃之職，〈卷耳〉言后妃之志，〈鵲巢〉言國君夫人之德，〈采蘩〉言國君夫人不失職，〈采蘋〉言卿大夫之妻能脩其法度，昔大王、王季居于岐山之陽，躬行《召南》之教，以興王業，及文王而行《周南》之教以受命。《大雅》云『刑于寡妻，至于兄弟，以御于家邦』，謂此也。……其詩有仁賢之風者，屬之《召南》焉；有聖人之風者，屬之《周南》焉。夫婦之道，生民之本，王政之端，此六篇者，其教之原也，故國君與其臣下及四方之賓燕用之合樂也。」（註五〇）鄉飲酒禮也好，鄉射禮或燕禮也好，其取義及過程都是相當莊嚴鄭重的，（註五一）而〈草蟲〉中的女子一再自言「未見君子，憂心忡忡」，「未見君子，我心傷悲」，及至「亦既見止，亦既覯止」，她就「我心則降」、「我心則說」、「我心則夷」，類似的句子也出現在《小雅．出車》第五章中，（註五二）〈出車〉乃「將佐敘離家還家之狀」之詩，（註五三）第五章乃「敘將士出征，室家念之之情」，（註五四）因此說〈草蟲〉是婦人懷念征夫之詩，（註五五）應該沒什麼問題，這樣的詩篇恐怕不方便在正式而肅穆的場合中公開合樂，即便如《序》所云，〈草蟲〉係言「大夫妻能以禮自防」，如此坦率熱烈的詩句，不宜公開合樂，似乎也是可以說得通的。

當然，〈關雎〉、〈卷耳〉那些「正歌」，以今人的眼光來看，未必就那麼嚴肅，但〈關雎〉等六篇的詩句畢竟較爲含蓄，何況讀書當論其世，「《召南》之有〈鵲巢〉、〈采蘩〉、〈采蘋〉，猶《周南》之有〈關雎〉、〈葛覃〉、〈卷耳〉，又猶〈鹿鳴〉之三，〈文王〉之三」，（註五六）這是有《儀禮》可徵的事實，至於〈草蟲〉之不能與〈鵲巢〉、〈采蘩〉、〈采蘋〉相提並論，惠氏以爲與內容有關，當是合理的推論。

六、論〈野有死麕〉為惡無禮之詩

〈野有死麕〉從表面上來看，大約是「二《南》二十五篇中惟一男女相悅調情之作」，（註五七）《詩序》則說：「〈野有死麕〉，惡無禮也。天下大亂，彊暴相陵，遂成淫風。被文王之化，雖當亂世，猶惡無禮也。」《鄭箋》：「無禮者，為不由媒妁，鴈幣不至，劫脅以成昏，謂紂之世。」漢儒因視《詩》為王教之典籍，其說《詩》的風氣注重在道德政治方面，乃是天經地義，（註五八）清代的惠氏仍以《序》說解此詩：

> 〈野有死麕〉，《序》謂惡無禮也。《傳》曰：「凶荒則殺禮，（忠愼按：惠氏原文誤作「禮殺」）猶有以將之，（忠愼按：「有」字下，惠氏衍一「物」字）野有死麕，群田之獲而分其肉。」《疏》曰：「禮雖殺，須有物以將之，故欲得用麕肉也。」（忠愼按：「須有物以將之」句，《孔疏》原文作「猶須有物以將行之」）如此則詩人所言甚為有禮，而《序》何言惡無禮乎？且吾未聞昏禮之用麕肉也。按《史記》，有司言曰：「古者皮幣，諸侯以聘享……，遠方用幣，煩費不省。」乃以白鹿皮方尺，緣以藻繢，為皮幣，直四十萬。朝覲聘享，必以皮幣薦璧，然後得行。則古之行禮，有幣必有皮也。故〈士昏禮〉「納徵玄纁，（忠愼按：「玄」字，惠氏原文諱作「元」，今改）束帛儷皮，如納吉禮」，《注》謂「執束帛以致命，兩皮為庭實皮、鹿皮」，則納吉、納徵皆有皮幣，皮以鹿皮也。又〈昏禮〉：「摯不用死，帛必可制。」（忠愼按：〈士昏禮〉原文「帛」字上有「皮」字）今曰死麕，則不中禮之皮矣。曰「白茅包之」，則不中禮之皮而又苟簡將之矣。非禮而求昏，有誘之道焉，故曰「吉士誘之」也。「林有樸樕，野有死鹿」，言死鹿之不成皮，猶樸樕之不成林也。女惡之而不從，故曰「白茅純束，有女如玉」，言束者不可解，白者不可玷也。（《詩說》卷中，第七條）

解說〈野有死麕〉一詩，若擬採《詩序》的說法，自必追問此詩何句可見「無禮」，依惠氏之意，婚禮不得用死麕，此男士既然用死麕，即是用「不中禮之皮」。而且用白茅包著死麕，「則不中禮之皮而又苟簡將之矣」。姑且不論惠氏援引《史記．平準書》的記載是否妥當，其引〈士昏禮〉以說詩，分明是認定篇中的男士是當時社會上「士」之階層。其實篇中固有「吉士」一詞，然「吉士」只是男子之美稱，（註五九）不得因此而認爲此乃士人之詩。（註六〇）至於此一「吉士」的所作所爲是否「中禮」，也有與惠氏看法大相逕庭的，如范處義《詩補傳》於詩首章、二章下云：

此言強暴之人被化感悟，謂於林野得自死之麕鹿，及以樸樕之小木爲薪芻，其物可謂微矣。取潔白之茅以包束之，猶可以爲禮。向也未悟，陵暴成俗，雖微禮亦不能講，今日自知羞惡，取微物以爲用，則可以成禮矣。（註六一）

范氏說《詩》，篤守《詩序》，（註六二）其謂「取微物以爲用，則可以成禮」，說與惠氏相反，主要是因爲他相信《鄭箋》「無禮者……謂紂之世」的話，而惠氏解〈野有死麕〉雖採《序》說，卻廢棄了毛鄭與《孔疏》的說明，因此才主張「吉士」的作爲「不中禮」。另如顧鎮也說：

昏禮當用鹿皮也，執皮者必攝之，故以包束爲言。而茅又純潔之物，可以藉禮，《易》所謂薄而用可重者是也。當昏禮殺止之時，女之當嫁者有如玉之德，求女之吉士可不用儷皮以相誘導乎？昏禮自納采、問名以至親迎，禮儀周備，節次從容。（註六三）

顧氏視茅爲純潔之物，可以藉禮，這跟惠氏以爲「白茅包之」是草率之舉恰是相反的；惠、顧二家之說，胡承珙俱不贊同：

二說一以爲不中禮，一以爲禮之備。然如惠說，此兩章同言白茅，不應先後異議。如顧說，則昏禮用鹿皮，究無用麕皮者。皆不如《毛傳》凶荒殺禮之說爲當。（註六四）

兩章的白茅，惠氏有不同的說辭，這確是可以非議的，不過，從〈士昏禮〉的記載來爭論麕皮、鹿皮、白茅包之的是否合禮，根本就是走錯了方向。試問〈野有死麕〉何句可看出內容與婚禮有關？（註六五）詩中的「吉士」以獵獲的麕與鹿爲禮，企圖向懷春之女子示好，不是極爲自然寫實嗎？況且詩人若有「惡無禮」之意，又何必稱此男子爲「吉士」？

惠氏爲了成就《詩序》「惡無禮」之說，特將「林有樸樕，野有死鹿」解成「言死鹿之不成皮，猶樸樕之不成林」，此雖其創見，但恐非詩人本意。《毛傳》：「樸樕，小木也。」樸樕，又名槲樕，陳啓源：「案槲樕與櫟相類，華葉似栗，亦有斗如橡子而短小。有二種，小者叢生，大者高丈餘，名大葉櫟。」（註六六）「林有樸樕」當是山林中景象，未藏無禮之深意，惠說恐非是。

〈野有死麕〉共有三章，惠氏專在前二章尋找「無禮」之句，對於第三章則隻字未提，顯見其以爲三章可以不必討論，而事實上此章卻是重點，絕不能避而不談。詩第三章云：「舒而脫脫兮，無感我帨兮，無使尨也吠。」愚見，《詩序》「惡無禮」係針對此章而立論，《鄭箋》：「貞女欲吉士以禮來，脫脫然舒也。又疾時無禮，彊暴之男相劫脅。」《孔疏》：「此貞女思以禮來，惡其劫脅，言吉士當以禮而來，其威儀舒遲而脫脫兮，無動我之佩巾兮，又無令狗也吠。但以禮來，我則從之，疾時劫脅成昏，不得安舒，奔走失節，動其佩中，其使尨也吠，已所以惡之，是謂惡禮也。」若此可謂善讀《詩序》者。

不過，前已明言，詩人其實本無「惡無禮」之意，本章既非如季本所云「淫邪之情，宛然可見」，（註六七）亦非「詩人代爲女拒男之言」，（註六八）而是「作少女口吻，使求愛情景戲劇化，……『舒而脫脫兮』，包含著一種善意的、甜美的希望：『無感我帨兮』，羞態可掬，但這是舉袂掩面、偷眼相顧的羞澀；『無使尨也吠』，這驚懼之聲，實非爲犬而發，她是害怕戀情被人發現，幽會因此打斷」，（註六九）寫女子嬌羞心理是極爲傳神的。

要之，《詩序》「惡無禮」之說，純粹是爲了配合《詩》教而不得不有的一種曲解，惠氏不明於此，祇好費力地找尋「無禮」的詩句，其徒勞無功實屬必然。

七、〈何彼襛矣〉歌詠何事

《召南·何彼襛矣》云：「何彼襛矣，唐棣之華。曷不肅雝？王姬之車。（一章）何彼襛矣，華如桃李。平王之孫，齊侯之子。（二章）其釣維何？維絲伊緡。齊侯之子，平王之孫。（三章）」（註七〇）全篇雖僅三十六字，卻是頭緒紛繁的一篇，連「平王」一詞，先儒都聚訟紛紜，相持不下。吾人若不讀《毛傳》，自然就視「平王」爲東周之平王宜臼，而《毛傳》釋「平王之孫，齊侯之子」爲「平，正也。武王女，文王孫，適齊侯之子」，《鄭箋》：「正者，德能正天下之王。」毛鄭以詩中之平王即文王，這是惠氏反對的，他說：

〈何彼穠矣〉明言平王，(註六五)而舊說以爲武王，(忠愼按：武王爲文王之誤)安城劉氏引〈棫樸〉之辟王、〈文王有聲〉之稱王后，〈江漢〉之稱文人以實之，蓋昔人誤認二《南》爲文王時詩，故曲說羑言先後承襲若此，不知二《南》之詩非一時所作，有自其前而追詠之者，有從其後而附益之者，如〈甘棠〉、〈行露〉爲思慕召伯，則非作于召伯在外之日矣。〈何彼穠矣〉安知非編《詩》者錄入邪？(《詩說》卷中，第八條)

其實劉瑾並未認爲二《南》爲文王時詩，他在《詩傳通釋》中說：「二《南》乃周公制作時所定，則有武王以後之詩，固無可疑。」(註七一)不過他的確認爲毛鄭釋「平王」爲平正之王是說得通的，除了惠氏所舉之例外，他還以「《商頌》稱湯爲武王，稱契爲玄王，〈文王有聲〉稱武王爲皇王，〈韓奕〉稱厲王爲汾王」爲例，證明「詩人之詞類如此」，「初不拘於謚也」。(註七二)

於此必須再指出，惠氏所謂「昔人誤認二《南》爲文王時詩」是不對的，以鄭玄來說，他就認定〈甘棠〉與〈何彼襛矣〉作於武王之世。(註七三)

當然，以平王爲文王是站不住腳的，因爲「平王之孫」句下還有「齊侯之子」之句，「平」字若訓正，在文字結構上來講，它是一個形容詞，那麼「平王之孫」底下的「齊侯之子」的「齊」字也應該是一個形容詞才行，(註七四)這樣，詩的意思是說「平正之王之孫，齊一之侯之子」，說嫌勉強，(註七五)然則「平王」和「齊侯」當是兩個對稱的名詞，「平」字不宜釋爲「正」。

確認了篇中的平王即是平王宜臼之後，問題仍未解決，若如《毛傳》所言，「齊侯之子」意即「適齊侯之子」，則此篇歌詠的乃是王姬下嫁齊國之事，考王姬嫁齊，《春秋》凡二見，一在魯莊公元年，即周莊王四年，齊襄公諸兒五年；一在魯莊公十一年，即周莊王十四年，齊桓公小白三年。〈何彼襛矣〉所云究係何年之事？惠氏說：

> 《春秋》書王姬歸諸侯，一在莊元年，為齊襄公；一在十一年，為齊桓公。二者未知孰是？竊以肅雝之義求之，疑是歸桓公者。《春秋．莊十一年》書王姬歸于齊，《傳》曰：「齊侯來逆共姬。」共固美謚，又與肅雝之意合也。（同前條）

要確定詩所歌詠者究係何年之事，事實上並非易事，況且《春秋》所載未必鉅細靡遺，萬一王姬下嫁齊國，事不止兩次，（註七六）則後人之討論就顯得沒有意義。

惠氏以《左傳》「齊侯來逆共姬」之記載，因共為美謚，與肅雝之意合，故推測〈何彼襛矣〉所云即係莊公十一年，王姬歸于齊桓公一事。

此說有一缺點，桓公雖為僖公之子，但魯莊公十一年，他已繼襄公之後即位為君，此時還說他是「齊侯之子」，於理不合。若說惠氏猜測錯誤，詩所言乃莊公元年事，則問題仍然存在，考《春秋經．莊公元年》曰：「夏，單伯送王姬。秋，築王姬之館于外。……王姬歸于齊。」《公羊》、《穀梁》均以單伯為魯大夫，奉王命去王城迎王姬來魯為之主婚。因為天子嫁女於諸侯，必使同姓諸侯主之。時魯莊公喪服期中，為齊侯來親迎不便以禮接待，故築舍於城外以館王姬。由於這一年的王姬歸於齊，經傳未明言歸于「齊侯」，爲了配合詩中的「齊侯之子」，自亦可解作王姬歸于當時齊侯襄公之子，不過這種解釋卻毫無佐證。（註七七）

由於《春秋》之書王姬歸于齊，不僅不能助讀〈何彼襛矣〉，反而令人滋生疑惑，因此本詩的另外一種解釋就顯得別具參考之價值。《儀禮．士昏禮》賈公彥《疏》說：

> 〈何彼襛矣篇〉曰：「曷不肅雝，王姬之車。」言齊侯嫁女，以其母王姬始嫁之車遠送之。……
> ……鄭《箴膏肓》言之。

鄭玄箋《毛詩》，於〈何彼襛矣〉亦遵《序》《傳》無異議，今云此詩詠齊侯嫁女，以其母王姬始嫁之車遠送之，其義與《毛詩》不合，此或係用三家之說。（註七八）

此一說法，馬瑞辰已在《毛詩傳箋通釋》中予以證成：

> 「平王之孫，齊侯之子」，《傳》：「平，正也。武王女，文王孫，適齊侯之子。」瑞辰按：詩中凡疊言爲某之某者，皆指一人言，未有分指兩人者。如〈碩人〉詩：「齊侯之子，衛侯之妻，東宮之妹，邢侯之姨。」言莊姜也。〈韓奕〉詩：「汾王之甥，蹶父之子。」言韓姞也。〈閟宮〉詩：「周公之孫，莊公之子。」言僖公也。正與此詩句法相類。不應此詩獨以「平王之孫」指王姬，「齊侯之子」爲齊侯子娶王姬也。……《儀禮．疏》引鄭君《箴膏肓》曰：「齊侯嫁女，以其母始嫁之車遠送之。」謂此詩爲齊侯嫁女之詩，則詩所云「齊侯之子」，謂齊侯之女子，猶〈碩人〉詩「齊侯之子」、〈韓奕〉詩「蹶父之子」皆謂女子也。詩所云「平王

之孫」，乃平王外孫。言平王之外孫，則於詩句不類，故渻而言之曰孫。猶〈閟宮〉「周公之孫」，不言曾孫，而但言孫也。詩二句皆指齊侯女子言，於經文正合。(註七九)

馬氏用歸納法，確定「平王之孫，齊侯之子」依《詩經》句型當是同一人，(註八〇)〈何彼襛矣〉之爲齊侯嫁女之詩庶幾可以肯定。(註八一)依此自可判定惠氏之說不能成立。

第二節　《邶風》《鄘風》與《衛風》

一、〈燕燕〉、〈谷風〉等篇的討論

惠氏解說詩篇，前此尚可謂具體，然則近人頗有以「空言說經」詬病周惕者，(註八二)如此豈非洗垢索瘢，甚或無的放矢？此又未必盡然，以下《詩說》之語或恐會遭致非議：

燕生子則委巢，爲戴嬀比也。(原注：〈燕燕〉)鳩知雨則逐婦，爲棄婦詠也。(原注：〈氓〉之三章)鸎聞音則鳴和，爲朋友言也。(原注：〈伐木〉)鷂性善飛，得風而逝，譬賢者之見幾決也。(原注：〈晨風〉)雔性專一，擇木而巢，教使臣之行止愼也。(原注：〈四牡〉三章)鳩無戾天之翼，言亂政之治難期也。(原注：〈小宛〉)隼無一定之棲，言訛言之息無時也。(原注：〈沔水〉)(《詩說》卷中，第十一條)

此條僅用數十餘字的篇幅，就從《邶風．燕燕》談到《小雅．沔水》，涵蓋《風》《雅》之詩七篇，而且並未依《詩經》之篇目順序，如先言《小雅．伐木》，後言《秦風．晨風》；《小雅》之〈小宛〉原在〈沔水〉之後，今反置於前；此爲惠氏信手拈來之結果，抑或另有他意，以其並未明言，茲亦不便推測，但由內容來看，惠氏在此將燕、鳩、鷺、鷗、雛與隼等禽鳥，在各詩中所具的關鍵性，特予以連貫說明，其有意將名物在《詩》中所扮演的角色，即其在《詩》中的比興作用凸顯出來之企圖至爲明顯，又因有實際存在的名物在其中，他特別點出這些名物的「詩眼」效用，以之爲「空言說經」，恐亦有失公允。若然，則吾人再看下述《詩說》之語：

風作而雨隨之，夫婦之象也。風生而雨益之，朋友之義也。然風甚者雨止，雨甚者風息，故夫婦有相棄，乘其和也；朋友不能終，過其節也。此《風》《雅》所以取興于谷風也。（《詩說》卷中，第十二條）

《邶風》有〈谷風〉，《小雅》亦有〈谷風〉，二詩之取谷風爲興，惠氏以爲自有深意。在討論此條之得失之前，得先指明惠氏說二〈谷風〉如同解說二《南》詩篇般，其態度爲絕對尊重《詩序》這個事實。接著來看《詩序》對二〈谷風〉的說明。「〈谷風〉，刺夫婦失道也。衛人化其上，淫於新昏，而棄其舊室，夫婦離絕，國俗傷敗焉。」此爲《序》所謂《邶風．谷風》之篇旨。「〈谷風〉，刺幽王也。天下俗薄，朋友道絕焉。」此爲《序》所謂《小雅．谷風》之篇旨。惠氏所云風雨有夫婦之象與朋友之義，乃是站在《詩序》的基礎上而有的立說。再者，惠氏以二〈谷風〉爲興詩，此係依《毛傳》，《毛傳》於《邶風．谷風》首章「習習谷風，以陰以雨」下曰：「興也。習習，和舒貌。東風謂之谷風。陰陽和而谷風至，夫婦和則室家成，室家成則繼嗣生。」又於《小雅．谷風》首章「習習谷風，維風及雨」下曰：「興也。風雨相感，朋友相須。」惠氏之論《風》《雅》所以取興於谷風，無異是站在《毛傳》的基礎上所作的推廣。

《詩序》以《邶風．谷風》爲刺夫婦之失道，其爲配合《詩》教所加上的一些說明，如「夫婦離絕，國俗傷敗」等，亦皆爲不失理性的說教，乃方玉潤駁《詩序》曰「今味詩詞，夫失道有之，婦則未見爲失」，（註八三）咬文嚼字，吹毛求疵，實不足爲訓。《朱傳》說「婦人爲夫所棄，故作此詩，以敘其悲怨之情」，完全不存說教之氣味，於理當不再有異議，乃方玉潤既承認「此詩通篇皆棄婦辭，自無異議」，復又賦予〈谷風〉以「逐臣自傷」之新義，（註八四）且不論如趙制陽所言，方氏《詩經原始》固多精闢之言，亦多涉附會，（註八五）蓋書之瑕瑜互見乃天經地義，本章於〈漢廣〉推崇方氏之說，正是肯定其書有一些價值不可磨滅，但如李家樹所言，方氏「眞的是什麼舊說也反對的」，這種「別樹一幟的創新精神」，（註八六）實在很難令人苟同。

《詩序》又謂《小雅．谷風》爲朋友道絕之詩，《朱傳》謂爲「朋友相怨之詩」，由於得之所咏與《邶》之〈谷風〉似爲一事，故近人聞一多以爲此係一詩之分化，（註八七）也有學者認爲一詩是從另一詩仿效或脫胎而來，（註八八）屈萬里猜測《小雅．谷風》「蓋亦棄婦之辭」，（註八九）亦是基於此種認知。今按《詩經》中的某些詩句，常被互相採用，《召南．草蟲》與《小雅．出車》出現部分類似的句子，此爲前所已言，又如「一日不見，如三月兮」之句，同時見於《王風．采葛》與《

鄭風·子衿》，《邶風·谷風》「毋逝我梁」四句，也見於《小雅·小弁》，但如二〈谷風〉般的題材與內容近似，實爲《詩》中的特例，由《邶》之〈谷風〉塑造出兩個性格極爲鮮明的人物，對照出《小雅》之〈谷風〉技巧的略遜一籌，我由此而設想後者係改寫自前者，並由《詩序》作者特別賦予嶄新的篇旨，以免與前詩意義重複，此應不算不合理的推論。正如糜文開、裴普賢二所說，棄婦怨訴是詩的本旨，當然應用於君臣之間、朋友之中，也是可以的。（註九〇）再由此而推，惠氏之用《風》《雅》之所以取興於谷風，以推廣《序》義，似亦不應因此而蒙上「空言說經」之惡名，反倒是前引《詩說》所論篇目之安排有其微旨，以及謂周、召二公不作，周不可爲，並由此而得「春秋之能爲周、召者，其惟孔子」之說，皆難脫徒托空言之嫌疑，至於解說詩篇陷入空言泥沼的也未嘗沒有，下文遇著時自當隨文指出。

二、論荼與堇之物性

惠周惕在〈燕燕〉、〈氓〉等篇中，特將禽鳥在詩篇中的比興作用予以點出，這種說詩之方法，若遭「空言說經」之譏，也是意料中事，但此絕不表示他不涉入傳統之名物之學：

> 《邶風》「誰謂荼苦」，《大雅》「堇荼如飴」，一謂之苦，一謂之甘，物性土宜何以相異如是？按堇有二種，《爾雅》曰「齧」，《注》謂堇葵，即〈內則〉「堇荁枌榆」之堇。曰「芨」，《注》謂烏頭，即〈晉語〉「驪姬寘鴆于酒，寘堇于肉」之堇。荼有三種，一、苦菜，一、茅

秀，（原注：「有女如荼」是也）一、陸草。（原注：「以薅荼蓼」是也）茅秀、陸草不可食，《風》《雅》所謂堇荼，明非烏頭、茅秀、陸草，而皆可食矣。〈士虞禮〉：「夏用葵，冬用荁。」《注》：「堇類也。」《爾雅》：「荼，苦菜。」《注》引《詩》「誰謂荼苦」。《本草》：「荼，一名選，一名游冬。《易緯·通卦驗元圖》云：『苦菜，生於寒秋。』」則知荼與堇同時而生，同時而食，故時人以二物並舉也。然《爾雅》于堇、荼俱言苦，而《本草》獨言堇味甘，邢昺《爾雅·疏》則謂古人語倒，堇之言苦，猶甘草謂之大苦，則堇之味甘可知，堇、荼同類，不應堇甘而荼獨苦也。（《詩說》卷中，第十三條）

由惠氏之引經據典以求荼與堇之物性，可知其對名物之學並非毫不講究，而由《詩說》內容觀之，名物之學之分量又相當輕微，也可因而斷定在惠氏心目中，「多識於鳥獸草木之名」乃學《詩》之餘事而已。假若這個推論可以成立，那就可以預知他之所以不厭其煩地徵引古書中關於荼、堇之說明，正是因此二物之性質牽涉到詩義的詮釋，事實上確是如此的：

竊嘗深求《邶風》詩人之意，荼本不苦，而謂之苦，猶己本不惡，而謂之惡；愛憎之情乖，美惡之形變也。昔人誤解《邶風》，郭璞因《邶風》誤注《爾雅》，幾疑《雅》詩所言乃是抵讕置辭，亦可一笑矣。《孔疏》謂周原土地之美，物之苦者亦甘，遂以烏頭釋堇，信如孔說，將使鴆生于周，亦不殺人者邪？苦堇、堇草，《爾雅》分別言之，亦不容混也。（同前條）

按《邶風·谷風》爲棄婦之詩，二章云：「行道遲遲，中心有違。不遠伊邇，薄送我畿。誰謂荼苦？

其甘如薺。宴爾新昏，如兄如弟。」《毛傳》：「荼，苦菜也。」《鄭箋》：「荼誠苦矣，而君子於己之苦毒，又甚於荼，比方之荼，則甘如薺。」依毛鄭之說，棄婦謂荼菜雖苦，比之己心卻甘美如薺，這是詩人以強烈的對比手法，襯托出棄婦之苦不堪言，有人因此而說，此詩「眞實地反映了二千五、六百年前，我國春秋時代婦女的命運，這種命運比苦菜還要苦。在針砭男尊女卑不合理制度方面，此詩可以說具有振聾發聵的作用」，（註九一）這種由單篇詩篇推向當時的整體社會制度的說詩方式，可謂以管窺天，以偏蓋全，（註九二）而其所謂「命運比苦菜還要苦」，正是傳統「誰謂荼苦」的解釋，不獨毛鄭如此，《朱傳》也說：「荼，苦菜，蓼屬也。詳見〈良耜〉。」又於《周頌．良耜》「以薅荼蓼」句謂「薅，去也。荼，陸草；蓼，水草；一物而有水陸之異也。今南方人猶謂蓼爲辣荼，或用以毒溪取魚，即所謂荼毒也」。最早研究《毛詩》名物的陸璣，雖解荼爲苦菜，但他又說：「生山田及澤中，得霜甜脆而美，所謂『菫荼如飴』，〈內則〉云『濡豚包苦用苦菜』是也。」（註九三）據此則荼固爲苦菜，但亦有甜脆而美之時，嚴粲發現此一記載，特爲解釋說：「《傳》曰：『荼，苦菜也。』粲曰：『陸璣云：「生山田及澤中，得霜甜脆而美。」《顏氏家訓》云：「荼葉似苦苣而細。」然則荼雖苦，亦可食，但非美菜耳。」』若謂嚴氏此說純是爲了支持《毛傳》而立論，他卻又有周全的證據：「經有三荼，一曰苦菜，二曰委葉，三曰英荼。此詩『誰謂荼苦』，及《唐．采苓》云『采苦采苦』、〈緜〉『菫荼如飴』之荼，皆苦菜也。〈良耜〉『以薅荼蓼』之荼，委葉也。解見〈良耜〉。《鄭．出其東門》『有女如荼』，英荼也。解見〈出其東門〉。〈鴟鴞〉『予所捋荼』，《傳》云：『

茭茖。」《疏》云：『虈之秀穗。』亦英荼之類。」（註九四）嚴氏《詩緝》曾獲「千古卓絕之書」之美名，（註九五）雖未必無溢美之嫌，但其論荼之爲物，較之專攻《毛詩》名物之學者，可謂毫不遜色，清儒陳大章撰《詩傳名物集覽》，即推崇嚴說完備，當然陳氏既以「名物集覽」名書，其論荼自更加詳盡，由其旁徵博引，大約可知郭璞之注《爾雅》，《朱傳》之以〈谷風〉之荼與〈良耜〉之荼爲一物，以及嚴氏《詩緝》以「捋荼」爲英荼之類，其說皆未必然，而《爾雅》有五荼，〈釋草〉有「荼，苦菜」之記載，正可用以說明毛鄭之無誤。（註九六）

至於《大雅．緜》乃是周朝的一篇開國史詩，（註九七）三章「周原膴膴，堇荼如飴」之句，《毛傳》云：「周原，沮漆之閒也。膴膴，美也。堇，菜也。荼，苦菜也。」《鄭箋》：「廣平曰原。周之原地在岐山之南，膴膴然肥美，其所生菜，雖有性苦者，皆甘如飴也。」《傳》未明言堇之甘苦，蓋於其不己知之物事，不輕易立說，《箋》以性苦釋，或係來自文義之推測，不可謂乃「毛與三家的異同」，（註九八）而《朱傳》以「烏頭」釋堇，係用《爾雅．注》與《孔疏》之說，此則已被惠氏《詩》之堇荼皆可食之說所駁斥，可以不再考慮。《說文》：「堇，草也，根如薺，葉似細柳，蒸食之甘。」據此則惠氏所引邢昺「古人語反」之言不爲無據。馬瑞辰也用「語反」加以解釋：

> 《爾雅》言「苦堇」者，古人語反，猶甘草一名「大苦」也。詩人蓋取「苦堇」之名與「苦荼」同類，遂並稱之。《正義》以爲「烏頭」，《釋文》以爲『藋』，並失之。……〈谷風〉詩「誰謂荼苦」，此詩「堇荼如飴」，則《爾雅》所謂「苦菜」，今北方所謂「苣藚菜」，一名「苦

苣」者也。(註九九)

除非能確定《說文》之釋堇有誤，否則「語倒」或「語反」之說似可成立，有如今人食用苦瓜或秋刀魚謂其味「苦甘」一般，惠氏所引邢昺之說，以及馬瑞辰所作之說明，應當有助詩義的瞭解；而《孔疏》之誤，亦如惠氏所譏，牽強而不可信，糜文開、裴普賢合著之書仍以「烏頭」釋之，(註一〇〇)不僅陷入惠氏所譏之情況，且《本草》「堇」在菜部，云「堇汁味甘」，毛公以菜釋堇，何能改從《孔疏》之「烏頭」，此外，如陳大章所言，若「烏頭」則但可謂之草，不可謂之菜也。(註一〇一)

三、疏釋〈蝃蝀〉止奔之義

《鄘風・蝃蝀》共有三章，從文字上來看，其內容非常淺顯：「蝃蝀在東，莫之敢指。女子有行，遠父母兄弟。(一章)朝隮于西，崇朝其雨。女子有行，遠兄弟父母。(二章)乃如之人也，懷昏姻也。大無信也，不知命也。(三章)」據《毛傳》，「蝃蝀」就是彩虹；再從詩第三章來看，篇旨可謂呼之欲出，但求諸實際狀況，〈蝃蝀〉之內涵卻又是言人人殊，難獲共識。

《詩序》：「〈蝃蝀〉，止奔也。衛文公能以道化其民，淫奔之恥，國人不齒也。」顯然易見的，這是《詩序》刻意將詩中所透露的淫奔之實，導入止奔的正面說教。無論以其爲序《詩》者之義，或是用采詩者之義都行。(註一〇二)與此大異其趣的是，《韓詩序》訓爲「刺奔女也」，(註一〇三)說這是從反面說教是可以的，但若逕謂此是「用作詩者之義」，而以今文之說勝過毛說，(註一〇四)

則未免失之武斷。

　　漢儒之從淫奔之角度視詩，正是以彩虹一物爲其「詩眼」。《毛傳》：「夫婦過禮則虹氣盛，君子見戒而懼諱之，莫之敢指。」《鄭箋》：「虹，天氣之戒，尚無敢指者，況淫奔之女，誰敢視之？」如果以毛鄭之說有牽涉過度之弊，我們且看惠周惕怎麼說：

> 蝃蝀在東，陰方之氣交于陽，爲女惑男而蠱；朝隮于西，陽方之氣交于陰，爲男先女而咸。故得雨則虹滅，陰陽和也。先女則不淫，男女正也。《序》曰「止奔」，此之謂也。（《詩說》卷中，第十四條）

《蠱》與《咸》爲《易》之二卦，今假設《蠱·九二·爻辭》「幹母之蠱，不可貞」、《咸·卦辭》「取女吉」非惠氏所取資，而係僅以蠱、咸爲形容詞，仍可見惠氏以「蝃蝀在東」爲凶象，「朝隮于西」則由咎轉吉，「崇朝其雨」方爲陰陽和、男女正之大吉。以此而釋《序》之止奔，若說並非強作解人，其誰能信？

　　按虹之一物，古人每每視之爲神奇，此不獨中國爲然，陳子展曾說：「彩虹所構成之美艷景色，曾引致人類之許多幻想。世界各國流傳關于虹之神話，有謂虹爲光明之寶弓，有謂虹爲歡樂女神之笑容者。我國古代周人迷信虹有關婦女之貞邪，猶之殷人迷信虹有關雨水之多寡，年成之休咎。」（註一〇五）當周人迷信虹與婦女之貞邪有關的時候，則近人以「今北俗戒小兒指虹，云：指虹則爛手指；或云：指虹令人手歪」之認識，而反對毛鄭舊說，云「古俗蓋亦類此，不必牽附淫奔之義也」，（註一〇六）正是犯了以今非古的錯誤。

考惠氏之引申《序》義，重點並不在虹有關婦女貞邪之傳說，這可說是他在資料運用上的本末倒置。《釋名》：「虹，攻也，純陽攻陰氣也。又曰蝃蝀其見，每於日在西而見於東，啜飲東方之水氣也。」其穿鑿之解與蔡邕「虹，螮蝀也，陰陽交接之氣著於形色者也」之說同，（註一〇七）王先謙且謂綴蝀是陰邪之氣，並糾正《釋名》之說，以爲「蓋是純陰攻陽氣，傳寫致誤也」，（註一〇八）以今人之科學常識來看，這些當然都是無稽之談，但從王氏所引漢儒諸說，可知以虹爲「妖邪所生，不正之氣」，乃是《齊》《魯》《韓》的共同認知，（註一〇九）亦由此可知，章太炎曾說「三家《詩》皆有怪誕之語，《毛》則無有」，（註一一〇）可謂信而有徵。惠氏爲《毛詩序》止奔之說大作疏解，卻從陰陽之氣及得雨滅虹之說上找根據，實已陷人今文家的妄說中，而《毛詩序》雖有說教之用意，其說並非荒誕不經，又何勞後人忙不迭地爲之回護、爲之引申？

四、疏釋〈碩人〉閔莊姜之義

〈碩人〉是衛人讚美衛莊公夫人莊姜的詩，從《左傳·隱公三年》「衛莊公娶于齊東宮得臣之妹，曰莊姜，美而無子，衛人所爲賦〈碩人〉也」之記載，可知〈碩人〉所美爲莊姜絕無可疑，但也因《左傳》「莊姜美而無子」之說，遂使《詩序》謂此篇「閔莊姜也。莊公惑於嬖妾，使驕上僭，莊姜賢而不答，終以無子，國人閔而憂之」，其爲扣緊《左傳》而未能顧及詩句的缺失至爲明顯，乃惠周惕還能從詩句上曲為之說，其護《序》之心眞可謂昭然若揭：

《左傳》……，《序》亦謂……，則〈碩人〉之詩所以憂無子而受制嬖妾，非徒詠其美而賢也。其三章曰「碩人敖敖，說于農郊」，所以弗無子也。〈月令〉「仲春，祠高禖」，焦喬謂高禖祠在南郊，仲春往祠，値農事之興，故曰農郊也。孔子之生，尚禱尼山，則諸侯之祠高禖，禮未必禁也。既祠而歸，諸大夫皆望莊姜之有子，故曰「大夫夙退，無使君勞」也。如是而無子，則嬖妾之寵固，州吁之禍成矣。（《詩說》卷中，第十六條）

首先得承認莊姜美而無子之事實，清儒李惇曾表示「三《傳》以《左傳》為長，與二《傳》相傳陋說迥殊」，（註一一一）從史學的角度來看，這是千眞萬確的評論。其次，應肯定徐復觀對《詩序》價値問題的看法：

《詩序》出現時代的先後，可作判定文獻價値的標準，不一定可作判定《詩》教價値的標準。同時，若認《詩序》為有價値，不等於說每一〈序〉皆無瑕疵。若認為無價値，也不等於說每一〈序〉皆無意義。最重要的是應當看出作《詩序》者的用心所在。（註一一二）

只要對先秦兩漢的經學史略微認識，就當承認《詩序》的時代意義，而其價値之一即是建立在藉《序》以明《詩》教的用心上面，但這是指全部《詩序》說的，如徐氏所云，「認《詩序》有價値，不等於說每一〈序〉皆無瑕疵」，而〈碩人〉一詩，《詩序》的說解呈現出的瑕疵，應是無庸諱言的，惠氏以〈月令〉說「說于農郊」有弗無子之深意在內，此不但為毛鄭所不敢言，即三家亦未聞由此立說，至其把「孔子之生，尚禱尼山」之傳言也拉進來利用，正見其已黔驢技窮，資料的是否可信皆已無暇計及。

其實《左傳》雖爲《序》義所本，但王先謙所言至爲正確，「衛人云云，謂當日曾爲莊姜賦詩，非謂詠其無子，此自《左氏》行文之法如是，與『高克奔陳，鄭人爲之賦〈清人〉』句例略同，不得執此爲『閔憂無子』之證，毛似誤會左意。」（註一一三）由於誤會《左氏》之意，而使《毛詩·碩人·序》之內容出現瑕疵，我們以篇中未見「閔而憂」之意否認其說，就不能說是搜根剔齒，而是治《詩》應有的實事求是的態度。

在強解「說于農郊」之義後，惠氏且進一步認爲詩第四章還有一些藏有深意的句子：

> 其四章曰「河水洋洋，北流活活」，猶〈白華〉之刺幽王而言「滮池北流」也。曰「施罛濊濊，鱣鮪發發，葭菼揭揭」，言葭菼擢則鱣鮪依，有罛無所施，猶莊公嬖則賤妾張，有法不能制也。程子曰：「活活，激流皃。葭菼，眾多皃。孽孽，不順皃。施罛不安，強大之魚不能制也。」蓋得詩人之微旨矣。（同前條）

〈碩人〉第四章當如糜文開、裴普賢所說，乃「補敘莊姜渡河而來的陣容之盛。閒處著筆，點染黃河景物，有珠璣錯落之妙」。（註一一四）《毛傳》：「洋洋，盛大也。活活，流也。罛，魚罟。濊濊，施之水中。鱣，鯉也。鮪，鮥也。發發，盛貌。葭，蘆。菼，薍也。揭揭，長也。孽孽，盛飾。庶士，齊大夫送女者。朅，武壯貌。」這是多麼平實的解釋。其中，「發發」一詞可能訓釋得不是很理想，而

《朱傳》亦從之，《釋文》則云：「魚著網，尾發發然。」王靜芝說：「發發然未知何義，或以爲釋《毛傳》之所謂盛貌也。愚意以爲《釋文》言『尾發發然』，當是魚入網則焦急欲脫網，故衝突而尾激動，發發有聲。發發是魚多尾動之聲也。觀漁人拉網離水時，魚在網中驚跳，則此情形也。此發發然自亦具盛多之義，二說不相背也。」（註一一五）其釋「發發」之義可謂得之。鄭玄在《箋》中謂「此章言齊地廣饒，士女佼好，禮儀之備，而君何爲不答夫人」，算是已盡了他疏釋《詩序》的本分。惠氏的情況則與鄭玄不同，他爲了證明《序》說無懈可擊，不惜將詩中風景之美、物產之豐之描寫，皆賦予象徵之義，且引程子語以助其張目，而由程頤門人所編之《伊川詩說》二卷，原本在推廣演論毛鄭之說而已，（註一一六）此處之以「強大之魚不能制」釋詩，恰合惠氏脾胃，故特將之推崇爲得詩人之微旨，凡此皆犯一錯誤，即一旦認爲《詩序》有價值，即誤以每一〈小序〉皆無可挑剔，從惠氏《詩說》來看，除了〈大序〉（〈關雎．序〉）的若干觀點爲他所不取外，各篇〈小序〉他幾乎照單全收，（極少數的例外，後文自當分別指出）這種先入爲主的觀念，終使他的說詩，受到了相當程度的限制，林慶彰曾批評陳奐的《詩毛氏傳疏》，說陳氏汲汲於向《詩序》靠攏，導致他要探求詩人本志的理想很難實現，（註一一七）這種評語套在惠周惕身上也是可以成立的，事實上，凡是昧於《詩序》的時代意義，對於《序》說視若聖旨的，這樣的評語幾乎都是適用的。

於此，很遺憾地要再指出，惠氏之讀〈碩人〉，且在詩中人物的身分意義上大作文章，但他卻是弄擰了詩人的本意：

詩美王姬，則曰「平王之孫，齊侯之子」；美莊姜，則曰「齊侯之子，衛侯之妻」；美韓侯，則曰「汾王之孫，蹶父之子」。永嘉陳氏曰：「君子善善之意，不惟及身，而又及其親也。」余謂詩人之意不止此，蓋有重婚姻、別姓氏之義焉。周幽王得褒姒而黜申后，衛宣公爲子娶于齊而自爲娶，則婚姻亂矣。聃叔娶于鄭，晉獻娶于賈，魯昭娶于吳，則姓氏不辨矣。惟爲明著其所自來，曰此某氏之男，某氏之女，則顯然有卑不得配尊，賤不得配貴，同姓不得通婚姻之義，此詩人之微旨，《春秋》之筆法也。（《詩說》卷中，第十五條）

依惠氏之說，則〈碩人〉先後都佈滿了詩人之微旨，固不獨末章爲然。這裡他把《召南．何彼襛矣》及《大雅．韓奕》類似的詩句合併在一塊討論，而他所犯的錯誤，馬瑞辰《毛詩傳箋通釋》的「詩中凡疊言爲某之某者，皆指一人言，未有分指兩人者」之考證，乃是最有力的駁斥。馬說本書二章已引，茲不贅述。當我們明白，〈何彼襛矣〉之女子乃是「王平之外孫女，也是齊侯的女兒」，〈碩人〉之女子乃是「齊莊公之女，也是衛莊公之妻」，〈韓奕〉中韓侯所娶之女子乃是「汾王之外甥女，亦即蹶父的女兒」的時候，我們還能相信這其中深藏著「卑不得配尊，賤不得配貴，同姓不得通婚姻」的所謂「詩人之微旨，《春秋》之筆法」嗎？連詩中的客觀點出人物之身分，都被利用大肆發揮，惠氏的追索「詩人之微旨」，實可謂已至無所不用其極之地步，但如果在訓詁上站不住腳，則所謂微旨云云，就變得和空談沒有兩樣，而劉師培等人之指惠氏「間以空言說經」，也就可說是有感而發，並非無的放矢了。

五、論《左傳》所述〈新臺〉與〈二子乘舟〉之本事有誤

《詩序》視《邶》之〈新臺〉與〈二子乘舟〉爲同一組詩，云：「《新臺》，刺衛宣公也，納伋之妻，作新臺于河上而要之。國人惡之，而作是詩也。」「〈二子乘舟〉、思伋、壽也。衛宣公之二子，爭相爲死，國人傷而思之，作是詩也。」《序》之根據來自《左傳．桓公十六年》：「初，衛宣公烝於夷姜，生急子，屬諸右公子。爲之娶於齊而美，公取之。生壽及朔。屬壽於左公子。夷姜縊。宣姜與公子朔構急子。公使諸齊，使盜待諸莘，將殺之。壽子告之，使行。不可，曰：『棄父之命，惡用子矣？有無父之國則可也。』及行，飲以酒。壽子載其旌以先，盜殺之。急子至，曰：『我之求也，此何罪？請殺我乎！』又殺之。二公子故怨惠公。十一月，左公子洩、右公子職立公子黔牟。惠公奔齊。」《左傳》這一段記載，白紙黑字，清清楚楚，《詩序》善加運用，遂使今人有「《毛傳》《小序》都與《左傳》相合，可以說是史證具在，可信度極高」、「《左傳》與《毛序》文意全同，足證同出於孔門，皆以《春秋》史料爲依歸」、「鄭玄據《春秋》史料作《詩譜》，繫年斷代，更增加了知人論世的價值，較諸憑空臆測詩中的含義，要可信得多」之論定，(註一一八)姑且不論說者爲了《毛傳》而逢人說項，其言是否能打動人心，而《傳》與《序》《左》之相合，爲《毛詩》之一大特色，亦爲一大優點，當無疑問，除非，《左傳》的某些記載不可盡信，惠周惕就曾對《左傳》關於衛宣公的若干記錄提出質疑，首先他說：

《左傳》：「衛宣公烝于夷姜，生急子。」《注》謂宣公庶母也。先是，莊公娶于齊，曰莊姜矣，又娶于陳，曰厲嬀、戴嬀矣。吾不知夷姜爲莊姜之娣邪？抑更娶于齊者邪？《傳》何以不詳也？（《詩說》卷中，第十七條）

《左傳》於夷姜並未多著筆墨，但既用一「烝」字，則《杜注》謂爲宣公庶母，雖言之過簡，要無可疑。《正義》：「晉獻公烝於齊姜，惠公烝於賈君，皆是淫父之妾，知此亦父妾，故云庶母也。」至於夷姜爲莊姜之娣，抑或莊公更娶於齊，以《傳》未詳言，故成惠氏之迷惑。本章第一節已言，《左傳》記事不可能鉅細靡遺，否則數十倍篇幅亦不敷使用，故夷姜之出身背景若非關緊要，左氏自毋需在其身上多費筆墨。不過，夷姜未必來自齊國，楊伯峻說：「宣公爲莊公子，桓公弟。夷姜之夷或是國名，說見楊樹達《積微居金文說．眔卣跋》。隱元年紀人伐夷，亦姜姓，疑即此國。夷姜或是莊公妾，爲宣公庶母。宣公與夷姜通奸，必在莊公或桓公時，故《傳》文以初字別之。宣公既立，乃立夷姜爲夫人。」（註一一九）此說從〈隱公元年〉找根據，又有楊樹達的說金文爲佐證，可信度頗高，但以夷姜的出身與〈新臺〉等詩無關，故可不必深論。

惠氏在確定《傳》文不詳後，立刻將其質疑切入二詩之中：

又曰爲急子娶于齊而美，公取之，是爲宣姜，今〈新臺〉之詩是也。生壽及朔，夷姜縊，宣姜與公子朔構急子，而使盜殺之莘。壽竊急子之旌以先，亦見殺，今〈二子乘舟〉之詩是也。衛莊之歿，不見《春秋》，而州吁之亂，宣公尚在邢也，州吁殺而宣公立，在魯隱公四年，其卒也在桓公十二年，則宣公在位纔十九年耳，即位而烝夷姜，必踰年而後生子，及子之可娶也，計己十五、六年矣，宣姜之生壽及朔，又必更歷二、三年，至宣公之卒，朔猶在襁褓，而能與其母構急子邪？壽長於朔僅一、二，而能載其旌以越竟邪？計急、壽之死，當在公子朔即位之後，不然，急子之譖獨宣姜爲之，而惠公不知也。魯史記事，或得于赴告，或得于傳聞，隱公初年未與衛親，記事容有不核者，（忠愼按：《皇清經解》本《詩說》作「記事容有核者」，漏一「不」字，茲據《借月山房彙鈔》本補）未可知也。（同前條）

首先要說明的是，《左傳》在敘述宣公、惠公諸人事迹時，並未指出此即《詩》之〈新臺〉與〈二子乘舟〉之本事，作《序》者引以說詩，可謂運用得體，是以說《詩》不爲《詩序》束縛之吳闓生，亦直指《序》之說《詩》，惟〈新臺〉最爲有據。（註一二〇）其次，司馬遷之撰《史記．衛康叔世家》，運用了《左傳》不少資料，〈桓公十六年〉的記載，他不但未嘗或疑，且在「盜並殺太子伋，以報宣公」之後，復言「宣公乃以子朔爲太子。十九年，宣公卒，太子朔立，是爲惠公。左右公子不平朔之立也，惠公四年，左右公子怨惠公之讒殺前太子伋而代立，乃作亂，攻惠公，立太子伋之弟黔牟爲君，惠公犇齊。衛君黔牟立八年，齊襄公率諸侯奉王命共伐衛，納衛惠公，誅左右公子。衛君黔牟犇于周，惠公復立。惠公立三年出亡，亡八年復入，與前通年凡十三年矣。二十五年，惠公怨周之容黔牟，與燕伐周。周惠王犇溫，衛、燕立惠王弟穨爲王。二十九年，鄭復納惠王。三十一年，惠公卒，子懿公赤立……」，若說魯史記事，或得於赴告，或得於傳聞，故記事有不核者，則司馬遷身爲太史令，「

紬史記、石室、金匱之書」(《史記・太史公自序》語),所據資料固不止魯史記而已,何以〈衛世家〉所述與《左傳》密合無間?

其實,宋儒洪邁老早就已懷疑衛宣公二子之事,不知惠周惕是否讀到:

衛宣公二子之事,《詩》與《左傳》所書,始末甚詳,〈乘舟〉之詩,爲伋、壽而作也。《左傳》云,宣公烝於庶母夷姜,生伋子。爲之娶於齊而美,公取之,生壽及朔。宣姜與公子朔譖伋子。宣姜者,宣公所納伋之妻,翻譖其過。公使諸齊,使盜待諸莘,將殺之。壽子告之,使行,不可。壽子載其旌以先,盜殺之,遂兄弟并命。案:宣公以魯隱四年十二月立,至桓十二年十一月辛,凡十有九年。姑以即位之始,便成烝亂,而伋子即以次年生,勢須十五歲然後娶。既娶而奪之,又生壽、朔,朔已能同母譖兄,壽又能代爲使者以越境,非十歲以下兒所能辦也。然則十九年之間,如何消破?此最爲難曉也。(註一二一)

惠周惕的質疑與洪邁可說毫無二致,凡此皆未能細讀《左傳》所使然,《傳》文明明指出「初,衛宣公烝於夷姜,生急子」,此一「初」字不容不予扣緊,前引楊伯峻推測「宣公與夷姜通奸,必在桓公或桓公時」之言,及是因其並未輕易放過《傳》文之「初」字,方能有此斬釘截鐵而又不容置喙之推論,洪氏與惠氏因誤認宣公即位而烝夷姜,故有「最爲難曉」及「記事容有不核」之結語,其實他們的懷疑根本就是多餘的。

第三節 《王風》《齊風》《魏風》與《唐風》

一、論〈黍離〉憂思之深

惠周惕有時隨興之所至，抽取詩篇一、二句，或疏釋，或抒感，這樣也構成《詩說》中的一條，且又不時出之以綜論性質，將《風》《雅》諸詩合併說明，如前引《詩說》卷中第十一條，七詩合爲一處；第十二條，《風》《雅》兩〈谷風〉相提並論；又如其論《王風・黍離》，將之與《小雅・蓼莪》合爲一條，以利解說：

「彼黍離離，彼稷之苗」，初以離離者爲黍矣，而不知實稷也，憂思之深，黍稷不能辨也。「蓼蓼者莪，匪莪伊蒿」，初以蓼蓼者爲莪矣，而不知實蒿也，哀痛之至，莪蒿有時眩也。（《詩說》卷中，第十六條）

〈黍離〉或爲行役者感時之作，（註一一一）《詩序》以「閔宗周也。周大夫行役，至于宗周，過故宗廟宮室，盡爲禾黍，閔周室之顚覆，彷徨不忍去，而作是詩也」釋之。詩之首章云：「彼黍離離，彼稷之苗。行邁靡靡，中心搖搖。知我者，謂我心憂；不知我者，謂我何求。悠悠蒼天，此何人哉！」《毛傳》於前二句僅釋「彼」爲「彼宗廟宮室」。《鄭箋》則云：「宗廟宮室毀壞，而其地盡爲禾黍。我以黍離離時至，稷則尙苗。」據此，黍與稷判然爲二物，詩中之人並未因憂思之深而致眼花，乃誤以稷爲黍也。《朱傳》謂「大夫行役至于宗周……，賦其所見黍之離離與稷之苗，以興行之靡靡、心之搖搖」，亦未有誤稷爲黍代表其人憂思之深之說。考惠氏「憂思之深」之說，與《韓詩》類似，或可釋爲不謀而合。薛君《韓詩章句》云：「離離，黍貌也。詩人求亡兄不得，（忠愼按：《韓詩》之說，昔尹吉甫信後妻之讒而殺孝子伯奇，其弟伯封求而不得，作〈黍離〉之詩。此與《毛詩》說全然不同）憂懣不識於物，視彼黍離離然，憂甚之時，反以爲稷之苗，乃自知憂之甚也。」（註一二三）薛君以爲詩中之人視黍爲稷，此與惠氏所言視稷爲黍相反，但藉由其人眼花以見憂思之深，二者的詮釋角度是完全一樣的。

明朝的何楷見詩首章「彼稷之苗」，到了二章寫成「彼稷之穗」，三章又寫成「彼稷之實」，特爲之解說，其說與《韓詩》薛君之解同遭清儒姚際恆駁斥：

> 黍、稷並言，黍同而稷異，說者以稷之「苗」、「穗」、「實」爲歷時所見，行役之久。嚴氏駁之曰：「使果爲行役之久，不應黍惟言『離離』也。」不知《毛傳》已言之。其曰「詩人自黍離離，見稷之苗、之穗、之實矣。」何玄子且曲爲實之曰：「『黍』有早晚三輩，則當離離時而或植稷之苗、稷之穗、稷之實。」殊鑿。又《韓詩》以爲「視黍爲稷」，亦鑿。大抵此爲一時所賦，稷之「苗」、「穗」、「實」合初、終言，以取變文換韻，而黍爲首句不變，與他篇格調多同，何必泥耶！且寫黍、稷處亦正見錯綜法。（註一二四）

何楷之穿鑿，與惠氏之說不相牽涉，可以不論。至如《韓詩》之解釋角度與惠氏同，似不宜以穿鑿視之，假若我們同意「彼黍離離，彼稷之苗」是「變遷之後的荒涼蕭條的物象」，（註一二五）那麼，由此到「行邁靡靡，中心搖搖」，描寫的大約是「由外物感觸內心，內心的痛苦又導致行動遲緩，中心搖搖不定」，（註一二六）如此，充其量我們只能說薛氏、惠氏之說似爲「過度詮釋」（over interpretation），譏爲穿鑿，或許有失公平。

另一方面，惠氏拿〈蓼莪〉的「蓼蓼者莪，匪莪伊蒿」與〈黍離〉詩句相提並論，實則二詩的寫作旨趣與手法是大相逕庭的。《朱傳》說〈黍離〉爲「賦而興」的寫法，這是很有意義的一種觀點，李仲蒙所說的「敘物以言情，謂之賦，情盡物也」，（註一二七）可以適用在〈黍離〉上，蘇轍的「意有所觸乎當時」、鄭樵的「所見在此，所得在彼」、王昭禹的「以其感發而比之」之興的解釋，（註一二八）也可適用在〈黍離〉上，此所以朱子謂〈黍離〉的表現手法爲「賦而興」。〈蓼莪〉，《毛傳》謂「興也」，可以斷言是錯誤的標舉，應仍以《朱傳》的「比也」之說爲是，並且《朱傳》的解釋〈蓼莪〉首章也是非常貼切的：「蓼，長大貌。莪，美菜也。蒿，賤草也。人民勞苦，孝子不得終養，而作此詩。言昔謂之莪，而今非莪也，特蒿而已。以比父母生我以爲美材，可賴以終其身，而今乃不得其養以死。於是乃言父母生我之劬勞，而重自哀傷也。」昔姚際恆嘗力攻《朱傳》，而爲近人熊翰叔所不解，（註一二九）今人甚且謂「《詩集傳》達不到作爲研讀《詩經》入門書籍的資格」，（註一三〇）實爲過甚其辭的批評，不足憑信。以《朱傳》之釋〈蓼莪〉來說，無疑是勝過毛鄭的，《毛傳》於詩之首章僅作「興也。蓼蓼，長大貌」之解，而《鄭箋》的解說，正是惠氏之所取資：「莪已蓼蓼長大，我視之以爲非莪，反謂之蒿。興者喻憂思，雖在役中，心不精識其事。」比較《鄭箋》與《朱傳》之說，高下當可立判，惠氏取前者以說詩，實爲失策。

二、論〈君子陽陽〉為刺詩

《王風》的〈君子陽陽〉只有二章：「君子陽陽，左執簧，右招我由房。其樂只且。（一章）君子陶陶，左執翿，古招我由敖。其樂只且。（二章）」《毛詩序》云：「〈君子陽陽〉，閔周也。君子遭亂，相招爲祿仕，全身遠害而已。」《鄭箋》：「祿仕者，可得祿而已，不求道行。」今文三家無異義。（註一三一）漢之四家說此篇，爲了配合《詩》教，於「其樂只且」句，不惜視若無睹。《鄭箋》不能不作解釋，乃解爲「君子遭亂，道不行，其且樂此而已」，牽強之甚，不足置辯。《朱傳》疑此篇亦〈君子于役〉之婦人所作，「蓋其夫既歸，不以行役爲勞，而安於貧賤以自樂，其家人又識其意而深歎美之，皆可謂賢矣，豈非先王之澤哉！」其以〈君子于役〉與〈君子陽陽〉爲同一組詩，又將詩旨歸之先王之澤，一則無據，再則說教氣味比之漢儒實不遑多讓，而「且樂」「歎美」云云，則較得詩之本義。

惠周惕說《詩》，少數如前引〈新臺〉、〈二子乘舟〉以及後面會討論到的《齊風．猗嗟》、《唐風．揚之水》和《小雅．節南山》、〈正月〉、〈雨無正〉之外，其餘都是尊重《詩序》的，〈君子陽陽〉也不例外：

周之東遷，君臣銜膽棲冰之日也，乃有執簧執翿以爲樂者，何哉？呼曰君子，箸其位以責之也。曰陽陽，本其心以刺之也。樂憂者，憂必及之，翟難所以復作也。（《詩說》卷中，第二一條）

這一段文字是從《王風》的整體時代背景著力。鄭玄在《詩譜》上說：「平王以亂故，徙居東都王城，於是王室之尊與諸侯無異，其詩不能復雅，故貶之謂之王國之變風。」又在《毛詩箋》上說：「平王東遷，政遂微弱，下列於諸侯，其詩不能復雅，而同於《國風》焉。」由於周室東遷後，畿土大爲削減，人民也因喪亂而窮困流散，更因王室的衰弱，政治重心也漸由王室轉移到列國，（註一三二）當時晉、齊、楚、秦……諸國的軍力無不遠在周室之上，從春秋初年周室尚有相當的勢力，其軍力卻已單薄得不堪鄭人一擊，（註一三三）即可看出問題的嚴重性。在這種「政遂危弱」的時代環境下，王城之詩被毛鄭視爲變《風》也就成爲理所當然，《序》之說《王風》，特將詩篇與撰述之背景緊密結合，自然亦是勢所必至。但《詩序》把《王風》十篇全部賦以「閔」「刺」「懼」「思」之義，（註一三四）此於〈黍離〉、〈君子于役〉、〈中谷有蓷〉、〈兔爰〉、〈葛藟〉等本身表現出傷時的詩篇，自然尚能密合無間，然對〈君子陽陽〉、〈采葛〉與〈丘中有麻〉等詩，其多繞之圈子所擁有的效果與說服力就頗令人懷疑了。《詩序》之所以不宜全盤接受，理由在此。

可惜的是，惠氏似乎並不明白這一層道理，他反對〈大序〉的部分觀點，卻對各篇〈小序〉維護有加，偶爾有所懷疑的，如上舉〈新臺〉與〈二子乘舟〉，也怪罪到《左傳》的頭上來，殊不知此二篇之〈序〉，（尤其是〈新臺〉）在整體《詩序》中，是相當能兼顧詩句本身與歷史背景的兩篇。也就因爲惠氏過於愛護《詩序》，所以他把〈君子陽陽〉詩中的「君子」、「陽陽」，都從反諷的角度來加以詮釋，這和《詩序》擅長的思古以諷今手法是如出一轍的，儘管他的解釋，後人可能會有啼笑皆非之感，但我們又豈能否認，這種說《詩》的方式又正符合《詩》教的傳統。

其實，對於擁《序》派的《詩經》學者來說，惠周惕的解說詩篇畢竟還不失平實，不信我們且以清初另一擁《序》名家陳啓源爲例，看他對於《詩序》之解《王風》數篇爲閔周之詩是怎麼說的：

〈君子陽陽〉、〈中谷有蓷〉、〈兔爰〉三詩，《敘》皆云閔周，今觀其詞所云，仳離啜泣，百罹百憂，其爲可閔無疑。至相招祿仕，陽陽自得，似難與彼二詩同論，而槩以爲閔周，敘《詩》者其知本乎！善人隱居下位，則當國者皆小人，內之徒足以病名，外之必至於召寇，政荒民散，納侮興戎，皆由此作，見幾之士作詩以紀之，詞雖樂，情實悲矣，《敘》云閔周，旨哉！（註一三五）

吾人無意比較陳、惠二家擁《序》之忠誠度，實際上以《毛詩稽古編》全面說《詩》的性質來說，惠氏三卷之《詩說》亦不具備跟他比較的條件，但片面地來說，陳氏堅持漢學，不容一語之出入，（註一三六）惠氏還不至於如他這般偏險的，僅以〈君子陽陽〉的詮釋角度而論，陳說的迂曲就較爲嚴重，不如惠氏「反諷」說來得俐落。而且，惠氏不僅對〈大序〉提出不少意見，〈新臺〉、〈二子乘舟〉、《唐風．揚之水》與《小雅．節南山》、《六月》、《雨無正》等篇之〈序〉說，他也不予認同，這些在陳氏書中是找不到的。

三、論《詩經》的兩篇〈揚之水〉

《詩》有三篇〈揚之水〉，《王風》、《鄭風》與《唐風》皆有之。除《鄭風》之外，其餘兩篇〈揚之水〉，惠氏《詩說》各闢一條加以討論。現在先說《王風》的〈揚之水〉，此詩共有三章：「揚之水，不流束薪。彼其之子，不與我戍申。懷哉懷哉！曷月予還歸哉！（一章）揚之水，不流束楚。彼其之子，不與我戍甫。懷哉懷哉！曷月予還歸哉！（二章）揚之水，不流束蒲。彼其之子，不與我戍許。懷哉懷哉！曷月予還歸哉！（三章）」《詩序》：「〈揚之水〉，刺平王也。不撫其民，而遠屯戍于母家，周人怨思焉。」《鄭箋》：「怨平王恩澤不行於民，而久令屯戍不得歸，思其鄉里之處者。言周人者，時諸侯亦有使人戍焉，平王母家申國，在陳、鄭之南，迫切彊楚，王室微弱而數見侵伐，王是以戍之。」此篇〈揚之水〉，惠氏讀後深有感觸：

> 平王東遷，申侯遷之也。何言乎申侯？申侯構西戎以入周，諸侯不與也。諸侯不與則申危，故遷王近申以自固也。何以知諸侯之不與也？〈揚之水〉曰「彼其之子，不與我戍申」是也。董卓之將築郿鄔也，遷帝于長安；曹操之將篡漢室也，遷帝于許下。申侯之意，其曹、董之知也與？（《詩說》卷中，第二十條）

根據《史記．周本紀》的記載，幽王寵褒姒，廢申后，去太子；申侯怒，與繒、西夷、犬戎攻幽王，大勝，遂殺幽王驪山下，虜褒姒，盡取周賂而去。於是諸侯乃即申侯而共立故幽王太子宜臼，是爲平王。平王立，東遷於雒邑，避戎寇。以上爲衆所周知之史事，但據呂思勉的研究，《史記》所述幽王之事不足爲據：

《史記》幽王之事，全係神話、傳說，不足爲據。以情事揆之：申爲南陽之國，逼近武關。繒，《正義》引《括地志》云：「繒縣在沂州承縣，古侯國，禹後。」此蓋誤以春秋時之鄫說之。承爲今山東嶧縣，安得與申、犬戎攻周？繒當亦荆、雍間國也。王子朝告諸侯之辭曰：「至於幽王，天不弔周，王昏不若。用愆厥位。攜王奸命。諸侯替之，而建王嗣，用遷郟鄏。」《杜注》曰：「攜王，幽王少子伯服也。」《疏》曰：「劉炫云：如《國語》、《史記》之文，幽王止立伯服爲大子耳。既虜褒姒，必廢其子，未立爲王，而得呼爲攜王者？或幽王死後，褒姒之黨立之爲王也。《汲冢書紀年》云：平王奔西申，而立伯盤以爲大子，與幽王俱死於戲。先是申侯、魯侯及許文公立平王於申，以本太子，故稱天王。幽王既死，而虢公翰又立王子余臣於攜。周二王並立。二十一年，攜王爲晉文公所殺。以本非適，故稱攜王。東晳云：案《左傳》攜王奸命，舊說攜王爲伯服。伯服，古文作伯盤，非攜王。伯服立爲王積年，諸侯始廢之，而立平王。其事或當然。」劉炫說億度無據。《紀年》、東晳，則僞造史實而已矣。申侯苟與繒、犬戎共殺幽王，則爲叛逆之國諸侯，安得即之而立平王？疑幽王之死，實非盡由於申，而與所謂攜王者，大有關係焉。至《史記》所傳，乃屬褒姒之事，既專述褒姒，乃亦億度殺幽王者必爲申后母家，而於攜王遂不之及。此據《左傳》本文，似可如此推測，惟不應妄說攜王爲何人耳。（註一三

七）

此說不乏疑似之辭，可以備覽，但不必盡信，而呂氏所強調之《史記．周世家》幽王一段，傳奇色彩稍濃，亦爲不爭之事實。如果幽王、平王與申侯之間的關係未必如《史記》所說，則惠氏之論先已搖搖欲墜。

錢賓四《國史大綱》述「幽王既死，周室遂分裂」之事，亦引《竹書紀年》攜王爲晉文侯所殺之記載，且云：

虢公立攜王，實爲主持正義。許與申爲同姓，故助平王，又今本《紀年》，同立平王者尚有鄭，鄭桓公爲周司徒，見周將亂，早謀東遷，鄭武公娶申后女，爲夫人，曰武姜，故鄭、申亦同謀。魯乃周室東方封建最親最主要之國家，故申、許、鄭三國乃假託其名義。晉文侯覬覦黃河西岸之土地，乃起兵殺攜王，自爲兼并，平王德其殺讎，而無力索還故土，立於申乃暫局，於是東遷洛邑。鄭武公則藉此并虢自大，故曰周之東遷，晉、鄭焉依。……平王宜臼乃申侯甥，申侯爲其甥爭王位，故聯犬戎殺幽王，凡擁護平王諸國，如許、申、鄭、晉、秦、犬戎等，皆別有野心，形成一非正義之集團……。（註一三八）

錢氏運用《紀年》與《左傳》之相關記載，幽王被殺之眞相幾已呼之欲出，而申國僅是「非正義集團」之一成員，更是可以肯定。事實上申國與西周王室之間的關係是相當密切的，申侯、犬戎與西戎之間的婚姻關係，就是周室安撫西戎的重要因素。（註一三九）這樣一說，好像原已搖搖欲墜的惠氏之說又可重新扶正，實則不然，惠氏所謂「申侯構西戎以入周，諸侯不與」之說，基本上已缺乏史實的支持，而他又自言之所以「知諸侯之不與」，係來自〈揚之水〉的「彼其之子，不與我戍申」之詩句。問題在於此詩一共有三章，「彼其之子，不與我戍申」只是第一章，二、三章另有「不與我戍甫」、「不與我戍許」之言，惠氏置二、三章於不顧，獨從首章「戍申」立論，其因爲何，不易索解，唯有解釋爲《史記》所述本事未見甫、許二國參與滅幽之大事了。

傅孟眞曾說：「〈揚之水〉，戍人思歸之詩。東遷之後，既亡西疆，而南國又迫于楚。周室當散亡之後，尙須爲南國戍。申、甫、許皆受迫害，而周更大困矣。此桓、莊時詩。桓、莊以前，申、甫未被迫；桓、莊以後，申、甫已滅于楚。」（註一四〇）此論或可謂獨具隻眼，故多爲今人所樂於接受，（註一四一）實則仍不足以駁平王時作之舊說；桓、莊以後，申、甫已滅，只可據謂此詩絕不能晚於此時，而平王之時，申、甫雖未被迫，但以南方楚國日以壯大，王室倍感威脅，乃派人前往申、甫、許等地戍守，以禦楚之虎視，此於周王室來說，純是基於自保之考量，未必是幫助申、甫等國戍守，（註一四二）故從《詩》教的立場來看，《詩序》「刺平王」之說仍可成立。而惠氏的以經說史，本不失爲治《詩》之一途，（註一四三）可惜他不但未能廣蒐旁證，即連僅可作爲孤零材料的〈揚之水〉，他都要斷章取義，這終使他的「遷王近申以自固」之說，從搖搖欲墜而致全部崩塌。

前面曾提到，《唐風》的〈揚之水〉，是惠周惕反對《序》說的少數詩篇之一，與前引〈新臺〉與〈二子乘舟〉不同的是，這一回他不再歸咎於《左傳》的記事不詳，而是直指《詩序》、《鄭箋》

以及歐陽修的《詩本義》，全部未有依據，首先他說：

〈揚之水〉，《序》謂（忠慎按：「謂」字《皇清經解》本《詩說》作「爲」，茲據《借月山房彙鈔》本改）「刺昭公也。昭公分國以封沃，沃盛強，昭公微弱，國人將畔而歸沃焉」。歐陽《詩本義》亦云：「揚之水，其力弱，以比昭公微弱不能制曲沃，而桓叔之強于晉國，如白石鑿鑿然見于水中，其民樂而從之。」余竊以爲不然。其詩雖刺昭公，實刺桓叔也。（《詩說》卷中，第二一條）

《序》謂〈揚之水〉刺晉昭公，其「昭公分國以封沃」句，《鄭箋》云：「封沃者，封叔父桓叔于沃也。沃，曲沃，晉之邑也。」說《詩》不時議論毛鄭的歐陽修《詩本義》，於此詩同意《序》說，並從比的寫作技巧予以詮釋。《朱傳》的說法，惠氏並未提到，或許是因《朱傳》與前人之說並無大異之故，其實朱子之說稍爲高明一些：「晉昭侯封其叔父成師于曲沃，是爲桓叔。其後沃盛強而晉微弱，國人將叛而歸之，故作此詩。言水緩弱而石巉巖，以比晉衰而沃盛，故欲以諸侯之服從桓叔于曲沃，且自喜其見君子而無不樂也。」朱子把《左》、《史》相關史料納入《集傳》中，卻又很有技巧地避開了刺昭公（昭侯）的鎖定，這使得說教氣味在《集傳》之釋〈揚之水〉中全然聞嗅不到。以上這一些，是惠氏所要推翻的，他認爲〈揚之水〉之爲刺詩毋庸置疑，但詩刺的是桓叔，而非昭公，《詩序》根本是張冠李戴，搞錯了對象。爲了表示這樣的說法有迹可尋，他接著又說：

桓叔之傾晉，惟潘父、欒賓之黨從之，國人弗予也。其謀已泄，微聞于晉，晉之臣如師服者已

知晉之不能久，特昭公弗知耳。故其時深識遠慮之人如師服者，作此詩以儆桓叔，蓋亦無謂秦無人意也。（同前條）

此一說法係得自《左傳》之啓迪，按〈桓公二年〉記載：「初，晉穆侯之夫人姜氏以條之役生大子，命之曰仇。其弟以千畝之戰生，命之曰成師。師服曰：『異哉！君之名子也！夫名以制義，義以出禮，禮以體政，政以正民，是以政成而民聽。易則生亂。嘉耦曰妃，怨耦曰仇，古之命也。今君命大子曰仇，弟曰成師，始兆亂矣。兄其替乎！』」師服僅由晉侯爲子命名之事，即知晉將有亂，這是見微知著的一種表現。〈桓公二年〉又記載：「惠之二十四年，晉始亂，故封桓叔于曲沃。靖侯之孫欒賓傅之。師服曰：『吾聞國家之立也，本大而末小，是以能固。……今晉，甸侯也，而建國，本既弱矣，其能久乎？』」此處所述稍嫌簡略，《史記．晉世家》云：「文侯仇卒，子昭侯伯立。昭侯元年，封文侯弟成師于曲沃。曲沃大於翼。翼，晉君都邑也。成師封曲沃，號爲桓叔，靖侯庶孫欒賓相桓叔。桓叔是時年五十八矣，好德，晉國之衆皆附焉。」這是更有助解讀〈揚之水〉的一段文字。〈桓公二年〉又記載：「惠之三十年，晉潘父弒昭侯而納桓叔，不克。晉人立孝侯。」〈晉世家〉：「昭侯七年，晉大臣潘父弒其君昭侯，而迎曲沃桓叔。桓叔欲入晉，晉人發兵攻桓叔。桓叔敗，歸還曲沃。晉人共立昭侯子平爲君，是爲孝侯。誅潘父。」從這些記載來看，《史記》說桓叔「晉國之衆皆附焉」，不免誇大，否則不會有桓叔兵變終歸失敗，「晉人共立昭侯子平爲君」之事，應該說曲沃與翼各有各的擁護者，蓋從《左》、《史》所述爾後曲沃與翼又發生數次戰爭，其中包括曲沃莊伯伐翼，弒孝侯，翼人立孝侯弟鄂侯，以及曲沃武公終於魯桓公八年春滅翼，周桓王乃命虢仲伐武公，立晉哀侯之弟緡為晉侯，（註一四四）可知曲沃可以與翼分庭抗禮，而且在武力上還略勝一籌，亦由此可以推知惠氏所說「桓叔之傾晉，惟潘父、欒賓之黨從之，國人弗予」，與《史記》之論各有所偏。

現在假設當時晉人果多反對桓叔之傾晉，亦不能據以推測師服即是作詩之人，就算被惠氏猜對詩的作者，詩句蘊涵之義，也必須解釋得令人心服口服，此則惠氏又說：

其曰「揚之水，白石鑿鑿」，言見之審也。水之渟蓄者能鑒物，激揚之水似無所見，然水中之石鑿鑿然不能掩也。桓叔之謀，豈可掩乎哉！故終之曰「我聞有命，不敢以告人」，則直指而明言之矣。「既見君子，云何不樂」、「云何其憂」，不直言樂，而言何不樂；不直言不憂，而言何其憂，皆抑揚其辭以見意也。人有異志，容止改常，見者必從而疑之，而彼又忌人之疑之也。故泄其謀者必不免，則假為喜樂于桓叔之前，詩人之所以免禍也。然其情迫，而其辭危矣，昭公卒不悟，所以見殺也。若云民樂而從，將為諱之不暇，而敢曰我聞有命乎？曲沃篡晉，（忠慎按：各本「篡」作「竄」，今改）晉人始終不予，及武公殺晉侯緡，盡以其寶器賂周僖王，王始命虢公命曲沃伯以一軍為晉侯，晉人始不得已而從之。故〈揚之水〉、〈椒聊〉、〈無衣〉悉是刺詩，而《序》謂國人叛而歸沃，君子見沃能修其政，《箋》謂國人欲從桓叔，歐陽謂其民樂而從之，恐皆未有據也。（同前條）

先聲明一點，詩無達詁是千眞萬確的事實，以《唐風》的〈揚之水〉來說，《詩序》雖有《左傳》、

《史記》之說為後盾，尊重《序》說的惠周惕仍免不了要提出不同的意見。他說《序》、《箋》與《詩本義》之論「恐皆未有據」，實則大家的依據沒有兩樣，一律來自《左傳》與《史記》，這就牽涉到詩的詮釋方式與面對詩的語言態度之差異了。

今天吾人若贊同《序》說，詩的首章可以作這樣的解釋：「激揚之水，波流湍息，動蕩不安之狀也。而其間白石鑿鑿然，在激蕩之水流中屹立，不僅強固，且甚鮮明也。因以喻晉之動蕩，及曲沃之強大，而曲沃之用心亦至明顯也。現晉之民衆，欲以素衣朱襮，獻於曲沃而從桓叔矣。彼民衆之心，傾向桓叔，既至曲沃，而見桓叔，則云何不樂？是謂衆心已趨沃而背晉，難於挽救也。」至於三章之「我聞有命，不敢以告人」，可以解釋為「直敘其心意，言我已聞彼曲沃有命，已在謀晉矣。但茲事體大，我不敢以告人也。謂我不敢告人者，是願桓叔之事成也」。透過這樣的解釋，《序》說不是完美無瑕了嗎？有趣的是，上面的引文出自王靜芝的《詩經通釋》頁二四三至二四四，而王氏說《詩》是標準的反《序》派的，這可從他的書中常有挖苦、批駁《詩序》的言論得知。反觀尊《序》的惠周惕，面對言之有據的〈揚之水〉《序》說，竟出人意表地唱起反調來，連鄭玄、歐陽修也都遭到池魚之殃，若非《朱傳》巧妙地避開了「刺昭公」的字眼，難保不被拖下水來，而觀之惠周惕對於〈揚之水〉的解說，卻也可以言之成理，這就是詩的語言之奧妙了。

今人有謂〈揚之水〉「《毛序》斷不可從，惠氏之說，全是臆測之言，亦不可信」者，乃改採嚴粲《詩緝》與方玉潤《詩經原始》之說，而謂「就其全篇詩義揆度之，當是詩人以微詞發潘父篡國之謀，欲昭公聞之而早爲之戒備之詩」，（註一四五）其實惠周惕之所以反《序》說，而改詩旨爲刺桓叔，正是「就其全篇詩義揆度之」的結果，他是不會平白無故，僅憑臆測就去動搖《詩序》的，從另一個角度來看，嚴、方二氏的「詩人發潘父之謀」說，何嘗不也是來自臆測？

因爲詩無達詁，《詩序》爲了《詩》教而發明的「刺昭公」說是站得住腳的，實際上此說一點也不離譜。《朱傳》不談美刺，而僅就史實解釋，那當然也可以，而且還可以使厭惡說教的人樂於接受。嚴粲、惠周惕與方玉潤之說也都各有所長，因爲面對詩的語言，大家的詮釋與感受不同，那是天經地義的事。甚至，日人白川靜在其《詩經研究》中，應用民俗學來研讀《詩經》，用「水占」之說來解釋〈揚之水〉，（註一四六），糜文開、裴普賢二氏受其影響，乃解《唐風·揚之水》爲「敘寫一個女子水占得吉兆，便秘密前去赴男友婚姻之約的詩」，（註一四七）這或許還比傳統之說更接近詩的本義——作爲獨立作品，未被採入《詩經》之前的〈揚之水〉的本義。

四、論葛與苓在二詩中的象徵意義

《王風》的〈采葛〉與《唐風》的〈采苓〉，以今人的眼光來看，是風馬牛不相及的兩篇，但作《序》的人可不這麼想。《詩序》：「〈采葛〉，懼讒也，」「〈采苓〉，刺晉獻公也。獻公好聽讒焉。」只因《序》於〈采葛〉言之過簡，《鄭箋》遂釋之云：「桓王之時，政事不明，臣無大小，使出者則爲讒人所毀，故懼之。」由於漢儒的以懼讒、刺讒說二詩，乃使惠氏將〈采葛〉、〈采苓〉予以串連，並特為解說葛與苓在二詩中的象徵意義：

> 葛蔓而善緣也，（原注：〈采葛〉）讒言之中人，善類之獲免者寡矣。苓甘而易食也，（原注：〈采苓〉。忠愼按：《借月山房彙鈔》本《詩說》，「易食」作「易入」，此據《皇清經解》本）讒言之纔人，君子之不茹者鮮矣。故臭香亂，蘭艾不能保其馨焉，喜怒易，則甘苦有時失其味焉。（《詩說》卷中，第廿二條）

詩之所以為詩，要素之一在其擁有特殊的語言風格。從前引惠氏的解說〈燕燕〉、〈氓〉等詩，與此處的解說〈采葛〉與〈采苓〉觀之，惠氏殆已擺脫前人名物之學煩瑣僵固之蔽，而改由名物品性在詩中的比喻與象徵作用來說詩，這在舊派學者來說，即便不能說是空谷足音，也是相當難能可貴的。不過，他雖抓住了詩的語言之特性，但就詩論詩，吾人仍不能不指出其過於牽就《詩序》而自縛手腳的缺失。

從道學主義者的觀點來看，三百篇當然不外是道德教訓與社會批判的詩。假若類似今日蓋洛普民意測驗（Galloppoll）的采詩制度確曾存在，（註一四八）則我們可以想像得到，對於作《序》者來說，要將采自民間各地的詩篇（或者說風謠），不論其原始意義為何，一律得賦予嶄新的、嚴肅的政教意義，這該是多麼困難、多麼具有挑戰性的工作。特別是那些「男女相與詠歌，各言其情」（朱子《詩集傳．序》語）的詩篇，避開了原始主題，而與道德和政治的意義搭配在一塊，要說其效果和說服力不會大打折扣，實在很令人懷疑。《王風》的〈采葛〉似乎就是這種類型中的一篇。此詩原文是：「

彼采葛兮。一日不見，如三月兮。（一章）彼采蕭兮。一日不見，如三秋兮。（二章）彼采艾兮。一日不見，如三歲兮。（三章）」假若詩人的感情是直截了當的，詩中並沒有什麼弦外之音，則《序》說距詩義實在太遠，難怪朱子於《詩序辨說》中直指《序》誤，而改以「淫奔之詩」釋之，當然朱說矯枉過正也是自不待言的。（註一四九）惠氏既接受了《詩序》之說〈采葛〉，而《鄭箋》又說不出所以然，於是他特別點出了「葛蔓而善緣」的物性以說詩，這比鄭說確實具體得多。作爲具體意象的葛，在古代中國人的筆下，確常用以表達某種抽象的觀念與情感，（註一五〇）如劉向〈九歎〉：「葛藟虆於桂樹兮，鴟鴞集於木蘭。」王逸《注》：「葛藟惡草，乃緣於桂樹，以言小人進在顯位。」葛爲惡草，古人以喻讒佞，這是信而有徵之說，與聞一多「《國風》中凡言魚皆兩性間互稱其對方之廋語」、「日月喻丈夫」、「水爲夫之象徵」……等尚待驗證之論，不可同日而語。（註一五一）可惜的是，惠氏能說葛，卻不能說蘭、艾，他的「臭香亂，蘭艾不能保其馨焉」之說，對於詩之解讀恐怕派不上用場。

這裡，我必須再聲明，《詩序》之說〈揚之水〉失之牽強是毋庸諱言的，若要從後人作品中找出葛、蘭與艾之象徵讒佞，應該也不是什麼困難的事，如〈九歌〉、〈離騷〉以及東方朔的〈七諫〉、張衡的〈思玄賦〉等等，都可以用來助讀詩篇，但我們有沒有考慮到，如以上材料之被馬瑞辰與日人竹添光鴻視若至寶者，（註一五二）可能就是在《詩》教先入爲主的認知之下，而將名物援引入其作品的，儘管《詩序》的寫作時代迄今未見定論，但可以確定西周已開始以詩爲教，（註一五三）及至春秋中葉，《詩》《書》編纂完成，（註一五四）聖門重《詩》教，《詩》兼四科，（註一五五）《詩》教殆已深入人心，在這種情況之下，我們以後人辭賦來疏釋《詩序》，恐怕不無本末倒置之虞。

〈采苓〉的情況倒是與〈采葛〉不太一樣，其原文為：「采苓采苓，首陽之巔。人之為言，苟亦無信。舍旃舍旃，苟亦無然。人之為言，胡得焉！（一章）采苦采苦，首陽之下。人之為言，苟亦無與。舍旃舍旃，苟亦無然。人之為言，胡得焉！（二章）采葑采葑，首陽之東。人之為言，苟亦無從。舍旃舍旃，苟亦無然。人之為言，胡得焉！（三章）」詩人本義躍然紙上，其為勸人勿聽信讒言之詩，絕無異議。此詩被采入《詩》中，對於作《序》者來說，處理起來可以輕鬆愉快，謂為刺晉獻公之詩，係其以美刺說《詩》的一貫立場，不足為怪。陳子展謂《序》說「未為不是，有《左傳》、《國語》可據，又詳《史記·晉世家》」，（註一五六）其實史書上固然有獻公聽驪姬讒言之記載，何嘗告訴我們這就是詩的本事？又何以見得晉國再也沒有第二個人會聽信讒言？我們固可從《詩》見史，借史釋《詩》，但《詩經》畢竟不是史書，不能把章學誠的「六經皆史」說，不問其意義就奉為說經的圭臬，應如同予同所言，「六經皆史料」，「史料」只是一大堆預備史家選擇的材料，而「史」卻是透過史家的意識而記錄下來的人類社會。（註一五七）程俊英則謂「舊說刺晉獻公，從詩的本身看不出一定是刺晉獻公的」，（註一五八）實則正因詩的本身看不出是刺誰，《詩序》才有機會將詩牽連到晉獻公的身上來，以使其《詩》教可以落實，並可利用此一鑑往知來之利基，向朝廷表示教勉警惕之意。漢代的王式以「臣以三百五篇諫」作為「亡諫書」的擋箭牌，就得以「減死」，進而「詔除下為博士」，（註一五九）可見《詩》教的功能早爲漢代朝廷與儒生所肯定。鄭振鐸的抨擊《詩序》，謂《詩序》「隨意亂說」，（註一六〇）可謂是因不明白《詩序》的時代精神與撰述旨趣而有的一種嚴重誤解。

《序》之說〈采苓〉是可以成立的，但苓、苦、葑在詩中所具有的意義，則先儒之說極不一致，漢儒之說不妨以毛鄭爲代表。《毛傳》於詩首章云：「興也。苓，大苦也。首陽，山名也。采苓，細事也。首陽，幽辟也。細事喻小行也，幽辟喻無徵也。」二、三章未作進一步的說明，但可以類推。《鄭箋》同樣也只解釋首章：「采苓采苓者，言采苓之人衆多非一也。皆云采此苓於首陽山之上，首陽山之上信有苓矣，然而今之采者，未必於此山，然而人必信之，興者喻事有似而非。」毛鄭以此爲興詩，由其解釋，則又以爲比詩。苓之一物，《毛傳》謂爲大苦，蔡卞釋爲「大苦也，所以和百藥之性，使之相爲用者也」，（註一六一）姚炳以爲即《爾雅．釋草》之「蘦」，大苦也，（註一六二）依此則惠氏謂苓甘而易食，似是無稽之談，然其既以苓之物性說詩，若無根據，當不致信口開河，以免貽笑大方，考《朱傳》於《邶風．簡兮》「山有榛，隰有苓」句謂「苓，一名大苦，葉似地黃，即今甘草也」，此或即惠氏之根據，然沈括《夢溪筆談》云：「《本草．注》引《爾雅》云：『蘦，大苦。注：甘草也。蔓延生，葉似荷，莖青赤。』此乃黃藥也，其味極苦，故謂之大苦，非甘草也。甘草枝葉悉如槐，高五六尺……。」（註一六三）若是則惠氏苓甘而易食之說並不可信，其下「讒言之饞人」云云，有如骨牌效應般全部應聲而倒，說《詩》不可不慎，由此可見一斑。

在支持《序》說的各家之中，馬瑞辰認爲苓、葑、苦三者皆非首陽山所宜有，而詩言采於首陽者，蓋說爲不可信之言，以證讒言之不可聽，即下所謂「人之僞言」也；這種闡釋很能令人首肯，惠氏之說與之相比實望塵莫及。不過馬氏又謂苓既爲大苦，亦爲甘草；苦爲苦荼，名苦而實甘；葑有美時，也有惡時；詩以三者取與，正以見讒言之似是而實非；（註一六四）這種說法之迂曲較之惠氏可就有過之而無不及了。

五、釋〈丘中有麻〉之「留子嗟」「留子國」

《王風》有篇〈丘中有麻〉，《詩序》以「思賢也。莊王不明，賢人放逐，國人思之，而作是詩也」釋之，朱子於《詩序辨說》謂詩語意不莊，非望賢之意，故《集傳》解爲婦人與男子私會之詩。（註一六五）此詩原文是：「丘中有麻，彼留子嗟。彼留子嗟，將其來施施。（一章）丘中有麥，彼留子國。彼留子國，將其來食。（二章）丘中有李，彼留之子。彼留之子，貽我佩玖。（三章）」如果不想多費腦筋，不妨逕把此篇視爲男女相悅或女與男約其相會之詩，子嗟、子國大約祇是歌謠中虛擬之辭，不必以爲眞有其人，這樣不是就可以免於招致郢書燕說、穿鑿附會的批評，且又深具批判、懷疑之精神了嗎？事情絕非這般單純的，除非，澈底否認傳統《詩》教的功能，直指《詩經》根本不配稱爲經書，它只是偶然流傳下來的登錄，和一般詩集沒有兩樣，絲毫沒有一定的立場或政治目的。問題是，這種說法能相信嗎？（註一六六）如果不能相信，則〈丘中有麻〉之《序》說不妨暫予保留，明儒季本「周之賢人隱居田園，而於丘中殖麻麥果實以生，國人思之而冀其來仕」之說，（註一六七）

亦可視爲《序》之羽翼而暫予接受。在這樣的情況之下，留子嗟、留子國就不再是虛擬之辭，而是國人所思的賢人。根據《毛傳》的解釋，「留，大夫氏。子嗟，字也。」「子國，子嗟父。」《毛傳》的說明，惠周惕提出了反對的意見：

「彼畱子嗟」，《傳》謂「畱，大夫氏」。按：《說文》「畱」從卯，戸開爲卯，卯爲春門，戸闔爲丣，丣爲秋門；則「畱」自從丣，丣爲酉之省文。董逌據此，謂畱不從亞，漢人言丣金刀者，緯書之附會也。許氏以劉爲鐂，其轉爲劉，以田易刀也；董氏又謂漢姓自當爲鐂，或爲畱；豈古文從省，畱與鐂通用邪？後世畱異，又謂系出畱侯，何邪？《左傳》士會歸晉，其處者爲劉氏，然周大夫有食采于劉者，豈又其別系邪？周故有劉氏，而詩言畱子，則許氏、董氏之說未爲據也。《傳》謂子嗟，畱子字；子國，畱子父；其言則近于鑿。嗟者，語助；國者，食邑也。畱仕于周，故有采地也。（《詩說》卷中，第廿三條）

按《說文》所收「畱」字，楷書作「留」，今本《詩經》「畱子嗟」多作「留子嗟」。爲了排版上的方便，下文若非必要，儘量使用「留」字。《說文》：「丣，古文酉。从卯。卯爲春門，萬物已出。丣爲秋門，萬物已入。一，閉門象也。」《段注》：「从卯，一以閉之。……凡畱、橊、驑、劉字，从丣。」《說文》：「畱，止也。从田，亞聲。」《段注》：「稽下曰：『稽，畱止也。』」《說文》無「劉」字，但有「鐂」字，徐鍇以爲鐂即劉，鐂又省作畱，故畱氏即劉氏。薛尚功《鐘鼎款識》有劉公簠，《積古齋鐘鼎款識》作畱公簠，馬瑞辰據此而謂留、劉古通用。（註一六八）在《毛傳》僅以

「大夫氏」釋留的情況下，從古器物來判斷留、劉古通用，說服力大約是足夠的，但如有若干旁證，更足以服人。王應麟《詩地理考》引曹氏之言，謂「留本邑名，其後大夫以爲氏」，（註一六九）這種說法的可能性是很高的，鄭樵《通志．氏族略》於〈以邑爲氏〉條，就舉了數十個這樣的例子，留氏亦爲其中之一，（註一七〇）此外，清儒黃中松說：「《說文》有鎦字而無劉字，徐鍇以爲鎦即劉，通作留，大夫采地，因氏焉。羅泌則謂堯長子考監明封於留，〈丘中有麻〉彼留子國者，彭城地，子房之封。馮嗣宗、陳長發皆從徐，蓋彭城楚地，《王風》所詠當爲周地，而河南緱氏縣有劉聚，周大夫劉康公、劉夏、劉摯皆食采於此，則毛說果不易矣。」（註一七一）前面提到的馬瑞辰，在確定留、劉古通用後，又說：「留即春秋劉子邑，《漢．地志》『河南郡緱氏縣』注，班固曰：『有劉聚，周大夫劉子邑。』《水經注》洛水云『合水北與劉水合，水出半石東山，西北流於劉聚，三面臨澗，在緱氏西南周畿內劉子國，故謂之劉澗』，此詩之留，蓋其地也。」（註一七二）在《詩經》學史上，地位可與馬氏等量齊觀的陳奐，於《詩毛氏傳疏》上說：「考《桓十一年．公羊傳》，古者鄭國處于留，鄭滅鄶在春秋前。《隱十一年．左傳》，王取鄔、劉、蔿、邘之田于鄭。《杜注》云：『河南緱氏縣西北有劉亭。』劉與留通。王，桓王也。春秋之前爲鄭邑，至桓王時爲周邑。定王時，劉康公始食采於劉，其後子孫世有其采地，劉夏、劉卷皆是矣。詩言留子嗟、留子國，是在桓、莊之際，留乃子國、子嗟之采邑。《傳》云『留，大夫氏』者，是其爲周之大夫，以邑爲氏，爲劉夏、劉卷之比也。」（註一七三）由以上諸說觀之，不可謂《毛傳》釋留全憑肊說，但說過簡略確是事實，我們可以作成這樣的說明，「劉字本作鎦，或省作留，詩云之留，即春秋之劉子邑也。其地初爲鄭有，至桓王時，始爲周邑，而爲周大夫劉子之采地，《漢書．地理志》所云之河南緱氏縣，班固注有劉聚，即其所在也」，（註一七四）此一結語應較惠氏之說來得清楚，證據也更齊全。

至於《毛傳》以子嗟爲大夫字，子國爲子嗟父，吾人若想從古籍上的記載給予支持，勢將徒勞無功，此中原因不出下列之三：其一，《傳》爲落實《序》說，不惜無中生有，自我作古，然此必待《傳》晚於《序》已成定讞，始有可能成立。（註一七五）其二，《傳》之言緣自師承。（註一七六）其三，如孔氏《正義》所言，毛時書籍猶多，或有所據，又如胡承珙所說，「不但毛公必有所據，《鄭箋》從毛，並無異說，亦必其時古籍尚存，有可徵信者。歐陽《本義》謂其人其事不見於《春秋》、《史記》，以毛爲附會。不知《詩序》《傳》所載人名，湮沒者多矣」。（註一七七）假設以上所述，頭一個原因正是事實眞相，則《傳》說如惠氏所譏「近于鑿」，但其不惜穿鑿的原因，和《詩序》同樣是出於以政治教育爲目的的《詩》教，因教學上有此要求，使受教者容易接受。（註一七八）但若二、三兩個原因才是實情，則惠氏之評就不能成立。

六、評朱子說〈敝笱〉之誤

根據古書上的記載，春秋時代的齊國文姜是齊襄公的妹妹，嫁給魯桓公爲妻，出嫁之後，她仍然和襄公私通，魯桓公更因而爲齊人所殺。文姜的兒子魯莊公即位之後，文姜淫行不改，還是不斷往齊國跑。（註一七九）齊人看不慣文姜與襄公之亂倫醜事，就寫詩諷刺他們。《齊風》的〈南山〉與〈載驅〉，《詩序》以爲刺的就是襄公鳥獸之行，〈敝笱〉則是刺文姜，後人對其說法，只能在細節上稍作修葺，爭議不大。（註一八〇）

《朱傳》之說〈敝笱〉，和《詩序》略有出入。《詩序》：「〈敝笱〉，刺文姜也。齊人惡魯桓公微弱，不能防閑文姜，使至淫亂，爲二國患焉。」《朱傳》：「齊人以敝笱不能制大魚，比魯莊公不能防閑文姜，故歸齊而從之者衆也。」《序》之首句謂詩刺文姜，底下推本至魯桓公之微弱。爲了敘述上的方便，首句不妨名之曰「古序」，其下申說之語可以稱作「續序」。（註一八一）《朱傳》不用《古序》之刺文姜說，又改《續序》之魯桓公爲魯莊公，此說則惠周惕深不以爲然：

> 〈敝笱〉《序》謂魯桓微弱，不能防閑文姜，朱子改桓爲莊，誤也。夫之能禁其妻，不猶愈于子之能禁其母乎？《春秋．桓十八年》「公會齊侯于濼公，與夫人姜氏遂如齊」，則姜氏之亂，桓公實導之，故曰「齊子歸止，其從如雲」，隱然桓公亦在從之之內矣。且〈南山〉刺齊襄，〈猗嗟〉刺魯莊，而桓公反無一辭及焉，豈理也哉！（《詩說》卷中，第廿六條）

《朱傳》之與《詩序》立異，可能除了詩句詮釋的角度不同之外，還包含了史評的爭論。惠氏把「其從如雲」解釋成隱然桓公亦在從之之內，牽扯略嫌過度，但謂「姜氏之亂，桓公實導之」，有《左傳》爲據，其說可立於不敗之地。《朱傳》改桓爲莊，若無更充分的理由，要想取代《序》說，實不容樂觀。

清初比惠周惕還要尊《序》的陳啓源，認爲詩言「齊子歸止」，定指于歸無疑，因責《朱傳》以歸爲歸齊，既失考證，義味亦短。（註一八二）陳氏之說，爲胡承珙採入其《毛詩後箋》中，胡氏且加一案語曰：「《首序》言刺文姜，是全詩本旨，其下云齊人惡魯桓微弱，不能防閑文姜，則因敝笱之興，而推原文姜淫亂之所由來。」（註一八三）此一析論深中肯綮，姑且不論《詩序》是否如唐儒成伯瑜所說，「子夏唯裁初句……，其下皆是大毛自以詩中之意而繫其辭」，（註一八四）可以肯定的是，《古序》與《續序》非出一人之手，（註一八五）就以《序》之解〈敝笱〉來說，《古序》之「刺文姜」是與詩義切合的，讀《序》者、尊《序》者，應把焦點擺在這裡。《續序》很明顯地是將「敝笱」在詩中的比興作用，推原至魯桓公的身上，這是絕對可以說得通的。設若如《毛傳》所言，這是一篇興詩，則如程俊英、蔣見元所說，「由於魯桓公的放縱，使文姜更加肆無忌憚地爲禽獸之行，這從笱敝魴逸的興句中也能看出」，（註一八六）若是一篇比詩，則如王靜芝所言，此乃以敝舊之笱不能制大而有力之魴鰥，喻魯桓公之弱，不能制文姜，觀齊女于歸之景象，從者如雲，聲勢極盛，實非魯桓公之福。（註一八七）透過了詩的比興作用，《續序》的「魯桓公微弱」說，可謂在史實的驗證上及詩句的詮釋上，都可以經得起考驗，《朱傳》的改桓爲莊，可說是多此一舉。

惠氏的「夫之能禁其妻，愈于子之能禁其母」，無甚意義，用以駁斥《朱傳》，力量是薄弱的：說桓公隱然亦在從之之內，如前所言，是一種牽扯；又說若〈敝笱〉非刺桓公，則齊襄、魯莊皆有詩刺，桓公獨無，「豈理也哉」，這種反詰實在問得不夠理直氣壯，《詩》是由寫詩者、采詩者、編詩者合力完成的，其得以成爲經書，還得加上序詩者、傳詩者的共同努力，既非成於一人，又非成於一時，於詩之美刺對象豈能顧慮到分配均衡、面面俱到之原則？信如惠氏之說，假若〈猗嗟〉非如《序》說的「刺魯莊公」，（註一八八）則〈敝笱〉究係刺誰，豈不又得重新考慮了？這實在是說不通的。

七、論〈猗嗟〉之詠魯莊公

上文提到的〈猗嗟〉，其詩句由首至尾俱是讚美之詞：「猗嗟昌兮，頎而長兮。抑若揚兮，美目揚兮。巧趨蹌兮，射則臧兮。（一章）猗嗟名兮，美目清兮。儀既成兮，終日射侯，不出正兮。展我甥兮。（二章）猗嗟孌兮，清揚婉兮。舞則選兮，射則貫兮。四矢反兮，以禦亂兮。（三章）」《詩序》由於視〈猗嗟〉與〈南山〉、〈敝笱〉、〈載驅〉為同一組詩，故特解為「刺魯莊公也。齊人傷魯莊公，有威儀技藝，然而不能以禮防閑其母，失子之道，人以為齊侯之子焉」，其基於《詩》教的立場，配合史實，從反諷的角度說詩，用心是良苦的。對於〈猗嗟〉之詠魯莊公，惠氏揚棄了反諷之說，並指出了詩篇的寫作年代：

〈猗嗟〉之詠魯莊公也，先辨其長短，次審其眉目，終得其趨蹌步武、彎弓執矢之狀，非親見而環觀之，不能詳悉如是，是為魯莊適齊時作可知也。按：莊九年，公及齊大夫盟于蔇，是時桓公尚未立也。十三年春，與齊侯會于北杏；冬，又盟于柯；十五年又會于鄄；皆未至齊也。二十一年，夫人姜氏薨，二十二年始如齊納幣，二十三年如齊觀社；莊公如齊惟此。以意求之，當在納幣之年，蓋文姜薨之明年也。公以嘉禮往齊，國人聚觀，固其恆情，而又親見文姜昔年淫亂，疑其類于襄公，于是注目諦觀，知其非是，而始恍然曰「展我甥兮」，則人言藉藉從此衰止，其詩之有關于魯莊者大矣。（《詩說》卷中，第廿七條）

在前面的討論中，我們知道惠周惕之反對朱子改〈敝笱．序〉，原因之一是〈南山〉刺齊襄、〈猗嗟〉刺魯莊，桓公反無一辭，於理不合，但在此處，惠周惕絕口不提〈猗嗟〉之《序》說，因爲他根本不認爲這是一篇諷刺詩，果然則前條之反詰應抽出才對，但他在〈答薛孝穆書〉中，坦承《詩說》有二條「無大關係，刪之可也」，前條並不在其中，（註一八九）這或許是因《詩說》出現前後異說，時人及他自己都未曾注意到。

現在假設此條之撰述時間晚於前條，而惠氏之所以不再採《詩序》刺魯莊公之說，正是「覺今是而昨非」，這樣，以下的討論才有意義。

首先肯定惠氏的兩點意見。其一，從詩中人物容貌技藝的具體鮮明形象來看，「非親見而環觀之，不能詳悉如是」，這絕非使用套語的作品所能比擬的。其二，從全篇皆爲讚美之詞來看，以之爲讚美詩，應該較爲接近詩的本義，有如方玉潤所說，這是「齊人初見莊公而歎其威儀技藝之美」的詩。（註一九○）當然，必須強調這只是「較爲接近」詩的本義而已，換句話說，《詩序》的說法也有可能才是詩的本義，縱使機率不是很大，至少我們無法澈底排除這個可能性，更何況以「莊公不能以禮防閑其母，失子之道」來說詩，在《詩》教上所形成的諷諫作用，應比視爲純粹的讚美詩要來得有意義。所以吾人一方面可以同意惠氏的意見，一方面卻也爲喜歡探索「詩人之微旨，《春秋》之筆法」的惠周惕，於

〈猗嗟〉的可能微寓刺意卻毫無興致，（註一九一）而感到有些許的納悶。

其次要討論〈猗嗟〉的寫作年代問題。前面已肯定魯莊公的威儀技藝是在齊人「親見而環觀之」的情況之下一覽無遺，而廣獲肯定的，因此哪一年魯莊公和齊人初次接觸，莊公且在齊人面前展露其百步穿揚的射技，當年應該即是〈猗嗟〉的寫作年代。

首先注意到這個問題的或許是明儒何楷，他的推論和惠周惕不一樣：

> 《春秋．莊四年》：「冬，公及齊人狩于禚。」此詩疑即狩禚事。蓋公朝齊而因以狩也。古者諸侯相朝，則有賓射，故所言者皆賓射之禮。又詩曰「展我甥兮」，自是莊公初至齊而人驟見之之語。（註一九二）

《春秋．莊公四年》「狩于禚」之記載，左氏不爲作《傳》，而《公羊》、《穀梁》「禚」字作「郜」，又以齊人爲齊侯，亦即襄公。這比惠周惕所斷定的如齊納幣早了十八年，當時莊公才十七歲。（註一九三）

姚際恆的《詩經通論》採用了何氏的意見，有趣的是，惠周惕之子士奇，也認同何氏之說：

> 莊四年春二月，夫人姜氏饗齊侯于祝丘。其年冬，公及齊人狩于禚。齊有〈猗嗟〉之詩，爲莊公狩而作也。（註一九四）

惠士奇一向服膺其父之學，他在《春秋說》中，於諸侯夫人歸寧特別強調非禮，並註明「見研谿先生《詩說》」，（註一九五）而於〈猗嗟〉之詩，則置其父之說於不顧，亦可謂以學術爲天下之公器之一種表現。

除了姚際恆、惠士奇之外，孔廣森與陳奐也都採用了何楷之說，（註一九六）但是惠周惕的意見也廣獲清儒的支持，這裡不說創見而說意見，是因在他之前的王夫之，已有類似的見地：

考魯莊當齊襄之代，未嘗如齊，二十二年如齊納幣，二十三年觀社，始兩如齊。其時襄公已殪，文姜已死，齊桓立十二年矣。……古者蓋呼妹壻爲甥，其云甥者，指魯莊娶哀姜而言之也。……盛其車，華其服，炫飾以惑婦人，蓋與此詩相合。則〈猗嗟〉之咏，因觀社而作矣。納幣之日，哀姜已得見于公，齊故留難未許，故復因齊觀民于社蒐軍實，炫其射御之能，趨蹌之麗，齊因喜之而終許焉。其曰「展我甥」者，展，誠也，齊人誇其誠足爲我之壻，終許其昏之詞也。（註一九七）

王氏以〈猗嗟〉作於魯莊公如齊觀社之年，即莊公二十三年，較惠氏所言晚了一年。若僅就將〈猗嗟〉鎖定在如齊納幣之年而論，可謂惠周惕之創見，但不可謂惠氏絕未受到王說之影響，而在惠氏之後，李惇的《羣經識小》也同意惠氏之說，魏源《詩古微》則傾向於王氏之說，胡承珙比較保守，他認爲〈猗嗟〉之作當在「二十二年如齊納幣，二十三年如齊觀社，二十四年如齊逆女」之時。（註一九八）

要從先儒之說中判定高下，當然殊非易事，目前我們只能比較誰的理由較充分而已，至於擁有較充分理由的見解，其提供的是否就是標準答案，平心而論，尚在未定之天。或許漢宋諸儒避開此一考證，反而是較聰明的作法。

王夫之的說法，瑕疵最爲明顯，若謂前二次莊公與齊人接觸，齊人皆未有詩，必待第三次接觸而後始作詩詠之，恐無此理。何楷的理論也不太穩固，莊公四年之「狩于禚」雖見於《春秋》，但事情的來龍去脈，以《左傳》未載，根本無人能知其詳。而且假設如楊伯峻所言，《杜注》以齊人爲齊之微者，無據，當依《公羊》、《穀梁》，以齊人爲齊侯，（註一九九）何楷之說恐怕還是不易成立，蓋《春秋》只記魯莊公與齊襄公狩於禚，而〈猗嗟〉說的卻是春秋時代的射箭活動，而這射箭活動還包括跳舞的項目。（註二〇〇）何氏亦有鑒於此，乃往上推說魯莊公先朝齊，諸侯相朝則有賓射，詩言是賓射之禮，射禮結束之後，才去狩獵，這樣說當然也有道理，但莊公朝齊之事卻爲《春秋》所不載，而且也忽略了魯莊與齊襄二人之間的微妙關係，若說襄公之敢公然亂倫，甚且爲此痛下毒手，殺害魯桓公，卻於與魯莊之相會，不敢不依禮行事，其誰能信？

惠周惕的見解就比較可以服人了。莊公八年，齊公孫無知弒齊襄公。九年，齊人殺無知，齊桓公即位。二十二年，莊公如齊納幣，這是莊公初次正式與齊人見面，與十八年前他與襄公的狩於禚的意義是完全不同的，就在這一年，齊人環觀莊公，於其威儀射技詳加品評，甚感滿意，特爲寫詩以詠之，此即《齊風》之〈猗嗟〉。至於此詩是否微寓刺意，前已說明，不再贅述。

由以上的比較與分析，可知惠同惕之論〈猗嗟〉，確有可取之處，對吾人之瞭解詩的時代背景，提供了很可信賴的線索。

八、讀〈伐檀〉、〈碩鼠〉與〈山有樞〉的一些感觸

惠周惕的《詩說》，論其內容，疏釋先儒諸說者有之，批判前人舊說者有之，探尋詩人微旨者有之，名物之學者有之，年代之考證者有之，除此之外，他也將讀《詩》的一些感觸收進《詩說》中，如：

> 儉非惡德，而魏以之亡國，何哉？蓋儉之極者必貪，〈伐檀〉、〈碩鼠〉所以作也。國小民貧，掊克不已，安得不亡？（《詩說》卷中，第二八條）

這是惠氏讀《魏風》的〈伐檀〉與〈碩鼠〉的感想。

依宋儒蘇轍之見，《魏風》所收為晉詩，孔子編《詩》，列之《唐》詩之上，亦如《邶》《鄘》《衛》之次，（註二〇一）這是相當嚴重的誤解，《魏風》所收凡七篇，無論吾人是否同意《序》說，都無法否認「魏詩多怨怒之音，一片政亂國危氣象」，（註二〇二）鄭玄《詩譜》謂其詩作於東周平桓之世，亦即東周初年姬魏之詩，應是不容置疑的。（註二〇三）

魏之〈伐檀〉共三章，寫作方法及內容沒有不同，只是換韻疊唱而已，茲逐錄首章：「坎坎伐檀兮，寘之河之干兮；河水清且漣猗。不稼不穡，胡取禾三百廛兮！不狩不獵，胡瞻爾庭有懸貆兮！彼君子兮，不素餐兮！」《詩序》：「〈伐檀〉，刺貪也。在位貪鄙，無功而受祿，君子不得進仕爾。」這是最貼切的解釋，乃有人為了反對《序》說，而謂此為「魏國女閔傷怨曠而作」，（註二〇四）捕風

捉影之談，何能取代《序》說？尊重《詩序》的惠周惕，於〈伐檀〉之《序》說無異議，自不待言。

〈碩鼠〉的性質與〈伐檀〉相近，而且也是三章，二、三兩章與首章的內容相同，換韻重言罷了，茲迻錄首章：「碩鼠碩鼠，無食我黍！三歲貫女，莫我肯顧。逝將去女，適彼樂土。樂土樂土，爰得我所。」《詩序》：「〈碩鼠〉，刺重斂也。國人刺其君重斂，蠶食於民，不脩其政，貪而畏人，若大鼠也。」如姚際恆所說，「此詩刺重斂苛政，特爲明顯」，（註二〇五）後人說此詩，有謂「託於碩鼠以刺其有司，未必以碩鼠比其君」者，（註二〇六）雖未能取《序》說而代之，但亦並未離譜，至若「晉用譎計以復士會，而託之魏叛以誘秦」之新說，（註二〇七）則有令人不知從何說起之歎了。惠氏之於〈碩鼠〉，理所當然是採《詩序》之說。

現在的問題是，此二詩在刺貪與刺重斂，惠氏何以從儉非惡德談起？原來他把讀《序》之說解其餘各篇所得的觀念運用進來了。「〈葛屨〉，刺褊也。魏地陿隘，其民機巧趨利，其君儉嗇褊急，而無德以將之」，「〈汾沮洳〉，刺儉也。其君儉以能勤，刺不得禮也」，「〈園有桃〉，刺時也。大夫憂其君國小而迫，而儉以嗇，不能用其民，而無德教，日以侵削，故作是詩也」，這些《詩序》之說，使惠氏心存「魏君尚儉」的觀念，其說〈伐檀〉與〈碩鼠〉，從儉非惡德談起，也就其來有自了。

不過「魏君尚儉」之先入爲主的觀念，卻未必合乎實情。古代說《詩》者多半同意朱子的說法，魏本舜禹故都，其地陿隘，而民貧俗儉，蓋有聖賢之遺風焉，（註二〇八）惠氏的「儉之極者必貪」與《朱傳》引張氏的「儉之過則至於吝嗇迫隘」，（註二〇九）其立止點都是一樣的，但是正如石夫先生所說，「其實國土狹隘，土地貧瘠的結果，固然會使得『民貧俗儉』，卻不見得就是『聖賢之遺風』；再則老百姓貧苦節儉，王公貴人卻不見得也貧苦節儉，反之，古今中外的史例都可以證明，越是國小民貧瀕於覆亡的國家，其主持政柄者越會窮侈極奢，唯其如此，纔會激起民衆的不平之鳴，促成國家的滅亡」，（註二一〇）魏君尚儉大約是無法從歷史上找到印證的，果然則惠氏之感慨就變成殊無意義。

除了〈伐檀〉與〈碩鼠〉之外，《唐風》的〈山有樞〉從內容來看，也有刺吝之意味，詩的首章說：「山有樞，隰有榆。子有衣裳，弗曳弗婁。子有車馬，弗馳弗驅。宛其死矣，他人是愉。」二章寫法相同，換韻重言。三章云：「山有漆，隰有栗。子有酒食，何不日鼓瑟？且以喜樂，且以永日。宛其死矣。他人入室。」此詩亦令惠氏感慨係之：

> 敬爾威儀，所以昭其文也。弗曳弗婁，則下民易之矣。修爾戎兵，所以詰其武也。弗馳弗驅，則四鄰侮之矣。夙興夜寐，洒埽庭內，所以無廢事也。弗洒弗埽，則門內無訾省矣。琴瑟酒食，燕樂嘉賓，所以無遺賢也。弗飲弗鼓，則在位皆解體矣。性嗇者愛及壺聚，好儉者不事邊幅，至于客坐生塵，宮縣不設，自謂減衣節口，生殖日繁矣。豈知死隨其後，而終身勞攘，卒爲他人地邪？（《詩說》卷中，第三十條）

惠氏在這裡賣弄了他引《詩》摭句爲證的技巧，但不知是不忠實於原文，抑或引經未查原典，全憑記憶，導致部分詩句與原文略有出入。如「敬爾威儀」與「夙興夜寐，洒埽庭內」語出《大雅．抑》，但原文「庭」作「廷」；「弗曳弗婁」、「弗馳弗驅」、「弗洒弗埽」爲〈山有樞〉原文無訛，「弗飲弗鼓」則爲「弗鼓弗考」（〈山有樞〉二章）之誤。「修我戎兵」句爲《詩》所無，唯《秦風·無衣》有「脩我戈矛」（首章）、「脩我矛戟」（二章）、「脩我甲兵」（三章）之句，《大雅·常武》首章有「以脩我戎」之句。「琴瑟酒食，燕樂嘉賓」可確定是隱括《小鳴·鹿鳴》詩句。以上所引詩句，當然除了〈山有樞〉之外，其餘都是出自刻意的斷章取義，只要有助說詩，不足爲病。至於從政治的角度抒發感慨，那是因《詩序》以《山有樞》爲刺晉昭公之詩，由於昭公性嗇好儉，「政荒民散，將以危亡，四鄰謀取其國家而不知，國人作詩以刺之」，爲了配合《序》說，惠氏才借用二《雅》詩句以利說詩。

第四節　《秦風》《陳風》《曹風》與《豳風》

一、論〈無衣〉之寫作時代及〈下泉〉之撰述意義

《秦風》的〈無衣〉與《曹風》的〈下泉〉，被惠周惕合在一處說明，兩詩本無實質上之關連，但〈無衣〉有「王于興師」之句，〈下泉〉有「四國有王」之句，兩詩皆言及周王，是以被惠氏併在同一條中：

《風》之言王者五，衛之詩曰「王事敦我」，又曰「爲王前驅」，晉之詩曰「王事靡盬」，秦

之詩曰「王于興詩」，而終以曹之詩曰「四國有王」，皆編《詩》之微旨也。（《詩說》卷中，第卅二條）

詩人之微旨、編《詩》之微旨，本爲《詩說》向所強調者，此處又以言及周王之五詩，謂內含編《詩》之微旨，但微旨究竟爲何，惠氏並未加以說明，他把詩篇的討論焦點擺在寫作時代上面：

> 以事求之，《衛．伯兮》《箋》言宣王從王伐鄭，于《邶》之〈北門〉則未有說，然《序》于〈匏有苦葉〉曰「刺宣公」，至〈新臺〉亦曰「刺宣公」，則自〈匏有苦葉〉以至〈新臺〉皆宣公時也。伐鄭之役，邶人或與焉，則〈北門〉與〈伯兮〉同是一時之詩，以其地異而分繫之也。晉之〈鴇羽〉在春秋前，其事無所攷，然周桓公謂我周之東遷，晉鄭焉依，則文侯以後，孝侯以前，或亦有事于王室也。（同前條）

這裡所提的證據是相當薄弱的，如果詩篇的排列次序可以作爲判定寫作時代的標準，則豈僅惠氏所提到的這幾篇，即其餘三百篇的撰述時代問題，何嘗不可以迎刃而解？不寧唯是，他的論〈鴇羽〉也有問題，《詩序》：「〈鴇羽〉，刺時也。昭公之後，大亂五世，君子下從征役。不得養其父母，而作是詩也。」《鄭箋》：「大亂五世者，昭公、孝侯、鄂侯、哀侯、小子侯。」惠氏如果相信《序》《箋》之說，就不會說〈鴇羽〉之事在春秋前。當然《序》所謂「大亂五世」是從史實上立論，據以說詩，未必恰當，但惠氏又以周桓王之語，判斷文侯以後、孝侯以前，或亦有事於王室，這就可見他雖揚棄漢儒之說，卻也提不出新說。按晉文侯十年，平王東遷，三十五年，文侯卒，子昭侯立；七年，昭侯被弒，孝侯立。十五年，孝侯被弒，鄂侯立。鄂侯二年，魯隱公初立。（註二一）孔子所寫《春秋》，即從此年開始，亦即平王四十九年。惠氏所謂〈鴇羽〉在「春秋」前，此一「春秋」係將平王四十八年以前的歷史排除在外，這與今人習慣把東周之初的四十八年劃入春秋時代不同，（註二二）但這不是重點，問題是從〈鴇羽〉之內容，沒有人可以判斷出詩的寫作年代，《詩序》所言是在說教，不必深信；惠氏推翻舊說，卻僅憑周桓王一句話，就把〈鴇羽〉之時代鎖定在文侯以後，孝侯以前，實亦未爲定論。

〈北門〉與〈鴇羽〉的寫作時代之說明，（〈伯兮〉依《鄭箋》，謂爲衛宣公時詩，不算在內）只能說是《詩說》此條的前言，我之所以未將之抽出置於本章二、三兩節之中，乃是基於此條之內容實不容分割之考量。在這一段「前言」之後，惠氏接著又說：

> 《秦·無衣》《序》不言秦何君，而《箋》謂此責康公詩，鄭蓋見前〈晨風〉詩爲刺康公，故亦以此爲康公也。然攷康公之即位，與晉戰者二，與楚滅庸者一，未嘗有事于王，而詩曰「王于興師」，曰「與子偕行」，則實有其事矣。按：僖二十四年，天王出居于鄭，使簡師父告于晉，左鄢父告于秦。二十五年春，秦伯師于河上，將納王。二十七年，又與晉侯及諸侯會于溫，天王因是狩于河陽，此皆穆公時事，疑此是穆公詩，而不在〈黃鳥〉前，或是編次之誤，未可知也。（同前條）

《詩序》謂「〈無衣〉，刺用兵也。刺其君好攻戰，亟用兵，而不與民同欲焉」，並未言及所刺者何君，這與說《秦風》其餘各篇者不同。〈車鄰〉美秦仲，〈駟鐵〉、〈小戎〉、〈蒹葭〉、〈終南〉詠襄公，〈黃鳥〉刺穆公，〈晨風〉、〈渭陽〉、〈權輿〉詠康公，此皆《序》所明言，唯獨介於〈晨風〉與〈渭陽〉之間的〈無衣〉未實指何君，《鄭箋》謂爲責康公詩，以未提出證據，可以推測係受前後二篇《序》說之影響，這是惠氏所反對的，他認爲鄭玄沒有考慮到詩中「王于興師」、「與子偕行」皆實有其事，這樣的詩句與康公不能搭上，因爲康王「未嘗有事于王」，而穆公與周王既有親切的關係，又有實質上的接觸，所以〈無衣〉或許是穆公詩，未置於〈黃鳥〉之前，可能是編次之錯誤。

詩篇的時代，未必與編次先後有關，此說前既已言，此處就毋庸辭費。現在把重點置於〈無衣〉究係作於何時這個棘手的問題上，爲了析論上的方便，先引胡承珙之說於後：

> 此詩自宋以來，諸家異議紛紜，金氏《前編》、何氏《古義》以爲秦莊公時；許氏《名物鈔》、季氏《解頤》則以爲襄公時；惠氏《詩說》、陸堂《詩學》又以爲穆公時，此皆泥詩中「王于興師」一語，以爲衰周之世，列國無有奉王命征伐者耳。不知莊公、襄公之奉王命伐西戎，皆以敵王所愾，穆公會晉納王，事見《史記》，亦勤王之事，皆可美，而何以云刺？觀「王于興師」《傳》云「天子有道，則禮樂征伐自天子出，可見此經「王」字乃思古之詞，所以刺康公非王法而興師，故《蘇傳》、《呂解》、《嚴緝》皆以爲陳古刺今之作，可謂善讀《毛傳》者。或謂定四年《左傳》秦哀公爲申包胥賦〈無衣〉，似非刺用兵者，然哀公之賦，祇取「與子同仇」

之意，不關此詩之美刺，乃王氏《稗疏》即以爲秦哀公時詩，夫《三百篇》豈有下至東周百年以後者乎？（註二一三）

先儒論述〈無衣〉寫作時代之異說，皆已被胡承珙所網羅，依年代先後排列，分別是莊公、襄公、穆公、康公、哀公。這些說法之中，王夫之《詩經稗疏》以爲是哀公時詩，其說最爲虛妄，可以毫不考慮。按秦哀公三十一年，吳王闔閭與伍子胥攻佔楚之郢都，申包胥往秦國求救，「七日不食，日夜哭泣」，哀公大受感動，乃賦〈無衣〉表示出兵之意，隨後秦發動戰車五百輛，力克吳軍，解楚之危，事見《左傳·定公四年》，而《左傳》中賦詩之例多是借詩言志，而非在作詩，並且賦詩的年代與作詩的時代往往相距甚遠，（註二一四）王夫之的說法是把賦詩與作詩之間畫上一個相等號，其說並不可信。再者，若依此說，「王」應是指秦哀公，子應是指申包胥。哀公在詩中自稱王，與禮不合，謂哀公與申包胥「同袍」「同澤」「同裳」，以及「同仇」「偕作」「偕行」，也難說通。（註二一五）因此，哀公作〈無衣〉之說應該是第一個被淘汰的，但其說之要害，胡承珙顯然沒有掌握住，主要是因胡氏陷入《詩序》刺詩之泥淖中而無法自拔，其實〈無衣〉之詩「可說是反映了《秦風》的典型風格。同袍同衣，同仇敵愾，慷慨從軍，奮勇殺敵的精神充溢全詩，正如鍾惺所云『有吞六國氣象』」，（註二一六）以之爲刺詩，雖有《詩》教上的意義，但其說教的說服力薄弱，是毋庸諱言的。前面曾說過，承認了《詩序》的價值，不表示每一篇《序》皆無瑕疵，〈無衣〉《序》說的瑕疵可說是相當明顯的。

《鄭箋》以〈無衣〉爲刺秦康公之詩，支持者除了胡承珙及其談到的蘇、呂、嚴諸家之外，不妨以《孔疏》爲代表：「康公以文七年立，十八年卒。《春秋》文七年，晉人、秦人戰於令狐，十年，秦伯伐晉；十二年，晉人、秦人戰于河曲；十六年，楚人、秦人滅庸。是其好攻戰也。」孔穎達只從歷史上的記載來證明康公好戰，但如惠周惕所說的，這些戰事都與周王無關，這樣對「王于興師」之詩句就照顧不到了。蘇轍、呂祖謙等人謂〈無衣〉爲陳古刺今之作，此爲胡承珙所稱譽者，但其實這是避重就輕之詞。陳古刺今固爲《詩》教之傳統，用以說〈無衣〉卻是扞格不通的。擁《序》者視《序》說爲天經地義，廢《序》者對《序》說嗤之以鼻，此皆說《詩》之極端，非正確研經之道。

除了康公、哀公二時代可以不必考慮之外，〈無衣〉有可能作於莊公、襄公、穆公之時，亦即諸說都有可能正確，也都有可能錯誤。胡承珙提到的何楷，他的主張莊公時作〈無衣〉，係根據金履祥的《通鑑・前編》：

〈無衣〉，復王仇也。周宣王以兵七千命秦莊公伐西戎，周從征之士賦此。據金履祥《通鑑・前編》，以此詩屬之莊公，今從之。（註二一七）

金氏、何氏之說是有根據的，《史記・秦本紀》云：「……周宣王即位，乃以秦仲爲大夫，誅西戎。西戎殺秦仲。秦仲立二十三年，死於戎。有子五人，其長者曰莊公。周宣王乃召莊公昆弟五人，與兵七千人，使伐西戎，破之。」此段記載使得〈無衣〉作於莊公之時之說不易推翻。問題是，假若憑「王于興師，脩我戈矛，與子同仇」之句，即可以此詩屬之莊公，那麼以之繫於襄公又何嘗不可？《史記・秦本紀》：「莊公立四十四年，卒，太子襄公代立。……西戎犬戎與申侯伐周，殺幽王酈山下。

而秦襄公將兵救周，戰甚力，有功。周避犬戎難，東徙雒邑，襄公以兵送周平王。平王封襄公爲諸侯，賜之岐以西之地。曰：『戎無道，侵奪我岐、豐之地，秦能攻逐戎，即有其地。』與誓，封爵之。……十二年，伐戎而至岐，卒。」此段記載不是與〈無衣〉詩中表現出來的共同禦侮、爲國從軍的慷慨激昂情緒，可以搭配在一塊嗎？由此看來，胡承珙提到的許謙《詩集傳名物鈔》、季本《詩說解頤》主張〈無衣〉爲襄公時作，理由也很充分。有人說此一主張是王先謙於《詩三家義集疏》中提出來的，（註二一八）這當然不對。

惠氏說〈無衣〉作於秦穆公時，只要能與詩的內容吻合，當然仍舊有可能成立。不過，襄公之後的文公，「有事於王」的實況，《史記》亦有記載，而胡承珙所引諸說中則未有言及的。惠氏不認爲〈無衣〉作於莊公、襄公、文王之時，時代只好再往後挪，文公之後的寧公、武公、德公、宣公、成公都不能考慮，因爲他們「未嘗有事於王」，接下來就是穆公了。秦穆公是第一個使秦國強盛的君主，也是春秋五霸之一，如惠氏所說，詩句套在他身上是未嘗不可的。然而這裡存在著一個令人困惑的問題，在穆公之前，秦人已有多次「有事於王」的實戰經驗，特別是秦襄公護衛周平王東遷乃秦史上的一件大事，這不正是創作慷慨激昂、同仇敵愾之詩的絕佳背景嗎？何以惠氏在《詩說》中隻字未提呢？

若說〈無衣〉爲穆公詩這樣的創見，是《詩說》卷中第二十二條的重頭戲，〈下泉〉的說明就是「尾聲」了：

〈下泉〉《序》謂共公。共公于魯僖九年即位，是時齊桓始霸，挾天子以令諸侯，凡齊桓會盟，共公幾于無歲不往，自晉文入曹之後，終共公世不與會盟，而曹遂自此不振，宜其思王與郇伯也。

《曹風》的〈下泉〉爲「風之言王者五」中的一篇，其時代殊難斷定，本書第二章討論到《詩經》中最晚之作時，曾說何楷、馬瑞辰諸人以〈下泉〉爲最晚之詩，這與惠氏所認爲的《陳風．株林》並不相同。〈下泉〉有四章：「冽彼下泉，浸彼苞稂。愾我寤嘆，念彼周京。（一章）冽彼下泉，浸彼苞蕭。愾我寤嘆，念彼京周。（二章）冽彼下泉，浸彼苞蓍。愾我寤嘆，念彼京師。（三章）芃芃黍苗，陰雨膏之。四國有王，郇伯勞之。（四章）」《詩序》：「下泉，思治也。曹人疾共公侵刻，下民不得其所，憂而思明王賢伯也。」此爲懷古傷今之舊說。「四國有王，郇伯勞之」句，《毛傳》：「郇伯，郇侯也。諸侯有事，二伯述職。」《鄭箋》：「有王，謂朝聘於天子也。郇侯，文王之子，爲州伯，有治諸侯之功。」惠氏接受了《序》之共公時代與《傳》《箋》釋郇伯之說，以爲自晉文公入曹之後，共公始終不與會盟，曹亦自此不振，是以曹人思王與郇伯。

唐宋諸儒於〈下泉〉之時代未有異說，明儒何楷則認爲是「曹人美晉荀躒納周敬王也」，（註二一九）馬瑞辰支持此一說法，（註二二〇）屈萬里、糜文開、裴普賢等也都同意，以屈氏之說最爲扼要，茲引於後：

此曹人美郇伯能勤王之詩。郇伯即荀躒，亦即知伯也。春秋昭公二十二年，王子朝作亂，晉籍談、荀躒帥九州之戎平亂，納敬王於王城；昭二十六年，知伯等復佐敬王入於成周。而昭公二十五年，晉人爲黃父之會，謀王室，具戍人；二十七年，會扈，令戍成周；曹人皆與焉。此詩所謂「四國有王」，而曹人所以有美郇伯之詩也。此本《易林》之說，何楷《詩經世本古義》及馬瑞辰證成之，其說蓋可信也。《詩》三百篇，殆以此詩爲最晚。（註二二一）

按《易林．蠱之歸妹》云：「下泉苞稂，十年無王：郇伯遇時，憂念周京。」此即何楷說詩所本。但此爲《齊詩》之說，（註二二二）能否取代《毛詩》似尚待研究。糜文開、裴普賢在《詩經欣賞與研究》中，節錄《春秋左氏傳》，參以何楷所述，將王子朝作亂的來龍去脈交待得清清楚楚，結論是〈下泉〉作於魯昭公二十六年，亦即曹悼公八年，晉軍納敬王於成周的那一年，那時孔子已三十多歲了，那麼，這〈下泉〉詩應該是在季札觀樂以後加入《詩經》的。（註二二三）

我在本書第二章中保留〈下泉〉時代的兩種說法，是因此二說都與《孟子》「王者之迹息而《詩》亡，《詩》亡然後《春秋》作」之言不衝突，此處也不想妄下斷語，但我覺得詩中「郇伯」是否就是「荀躒」實在很難確考，若只是從《左傳》中找根據，則魯僖公二十三年，曹共公對重耳有無禮之言語，後來重耳當了國君，是爲晉文公，爲了報共公之辱，乃於僖公二十八年發兵入曹，曹人傷亡慘重，由其恣意稱霸，欺凌弱國來看，這或許就是〈下泉〉產生的時代背景。今人王靜芝、張學波、李中華、楊合鳴……都是採取這個說法的，（註二二四）而這個說法可謂即是惠氏之說，因爲惠氏強調的是晉文入曹，曹遂不振，故曹人思王與郇伯；對於共公侵刻之說，他是完全避而不提的。我們也可因而認爲，除非〈下泉〉作於悼公之說能成爲定論，否則惠氏的說法仍可成立。

二、釋〈權輿〉之「夏屋」一詞

句式參差錯落的〈權輿〉，是《秦風》的最後一篇，詩僅二章：「於我乎！夏屋渠渠，今也每食無餘。于嗟乎！不承權輿。（一章）於我乎！每食四簋，今也每食不飽。于嗟乎！不承權輿。（二章）」《詩序》：「〈權輿〉，刺康公也。忘先君之舊臣，與賢者有始而無終也。」如果將其政教意義抽離，就成了《朱傳》所說的「此言其君始有渠渠之夏屋以待賢者，而其後禮意寖衰，供億寖薄。至是賢者每食無餘，於是嘆之，言不能繼其始也」。朱子解釋詩旨，使用了詩中的「夏屋」一詞，而「夏」字他是依《毛傳》釋爲「大」的，又解「渠渠」爲深廣貌，可見他以「夏屋」爲大的房屋。《毛傳》僅釋「夏」字，「屋」字未解，此正表示毛公以爲「屋」字即是房屋，不煩詁訓。《鄭箋》的解釋則較爲特殊：「屋，具也。渠渠，猶勤勤也。言君始於我厚，設禮食大具以食我，其意勤勤然。」於是「夏屋」就有了兩種解釋，一是寬大的房子，二是大具，猶言盛饌。那麼「於我乎！夏屋渠渠」的兩種解釋就是「以往我住的是寬廣高大的房子」與「他殷勤地爲我準備豐盛的食物」。惠周惕對於「夏屋渠渠」的看法是：

「夏屋渠渠」，《傳》不詳，《注》但云「夏，大也。」《箋》曰：「屋，具也。言君始于我厚，設禮食大具以食我也。」王肅謂屋則立于先君，食則受于今君，朱子《集傳》頗用王說，然以上下文理求之，王說終未安也。逸齋《補傳》謂《左氏》「有酒如澠，有肉如陵，有酒如淮，有肉如坻」，昔人尚以山川比飲食，則況以夏屋不爲過其言；似是發明鄭意，然未有證也。按：《魯頌》「籩豆大房」，《傳》曰：「大房，半體之俎也。」《箋》曰：「大房，玉飾俎也。其制，足閒有橫，下有柎，似乎堂後有房然。」《周語》「王公立飫，則有房烝」，《注》引《頌》詩謂半解其體，升之于房，則《風》之所謂夏屋，即《頌》之所謂大房也。以形似而比之房，即可以形似而比之屋也。（《詩說》卷中，第卅三條）

惠氏同意《鄭箋》「大具」之解，他且嫌宋儒范處義的發明鄭意「未有證」，於是他以經解經，把《魯頌．閟宮》「籩豆大房」之句用來印證鄭玄之釋夏屋。可是〈閟宮〉之大房是「半體之俎」，用於宗廟之祭，套用在〈權輿〉中，究爲不類，惠氏就再從《國語．周語》找證據，把《周語》中的房烝拿來說詩。然而房烝爲天子燕諸侯之禮，用以解說〈權輿〉，仍屬不倫，對此則惠氏另有解釋：

大房則宗廟之祭，房烝則天子燕諸侯之禮，非公所以食大夫者，意秦國僻遠，曾僭用是禮以饗大夫歟？（忠慎按：「歟」字，《皇清經解》本《詩說》作「與」，此據《借月山堂彙鈔》本）立飲之禮，設几而不倚，爵盈而不飲，非體解節折，可共飲食，或者其人始見之時，特設是禮以優異之，常食則否，故下章曰「每食四簋」，每食者，常食也。《儀禮》公食大夫設六簋，彼言食于公，此言食于家也。（同前條）

《魯頌》之大房與《周語》的房烝，分明與〈權輿〉詩中情況不合，惠氏既已發現，就該當機立斷，跳出《鄭箋》的侷限，他不此之思，硬要證成鄭意，只好推測秦君曾經僭禮，假若其說可以成立，「

夏屋」就不止兩個解釋了。我在前面說「大具，猶言盛饌」，是採竹添光鴻與高本漢、屈萬里之說，（註二二五）我相信這是鄭玄的本意，若他的見解如惠氏所疏釋，論理他就會在《箋》中明言，不待後人千辛萬苦地幫他發明。

其實惠氏之發明鄭意，窘態畢露，最大的原因是鄭玄的解釋出了問題。前人對鄭玄之解夏屋，頗多不滿，姚際恆從詩的寫作技巧以駁之，其說爲糜文開、裴普賢所採取，二氏且強調詩之二章乃詩文之簡省法：

> 詩中首章以居與食對舉，次章換韻疊唱，但略居而不提，均爲詩文的簡省法。鄭玄不解此意，「夏屋渠渠」句，以《箋》改《傳》意，訓「屋」爲「具」，訓「渠渠」爲「勤勤」，釋此句爲殷勤多具備食物。姚際恆駁之曰：「其上一言居，下皆言食者，以食可減而居不移故也。又『夏屋渠渠』句，即藏『食有餘』在內，故是妙筆。自鄭氏不喻此意，以『夏屋』爲食具，……知此詩意之妙者鮮矣。但我們玩味詩意，則『食無餘』『食不飽』，也即藏居已移在內了。（註二二六）

鄭玄的更改《傳》意，一則可能是因不明詩之妙筆，二則是根據《爾雅》的「握，具也」，鄭氏以爲「屋」是「握」的假借字。（註二二七）不過，他之所以不認爲「屋」字爲屋室常語，而改從《爾雅》之訓「握」，也是爲了要與下句「每食無餘」、二章「每食不飽」相應，所以兩個原因似也可以合而爲一。今人黃典誠先生之解〈權輿〉，謂夏屋爲廈屋，卻認爲「每食無餘」的「食」當作「宿」，「

餘」當爲「舍」，解爲「要住宿也沒有房子」，（註二二八）不明詩意之妙實非大過，吾人也不忍苛責，但他竟然改字以解經，這就令人不敢苟同了。

唐朝的孔穎達是支持《鄭箋》的，但這不能怪他，《傳》未明釋「屋」字，依「疏不破注」之原則，他只好聽鄭玄的，今人黃焯在批判《鄭箋》時，《孔疏》自然也逃不掉：

> 《傳》不解「屋」，宜謂屋宅。〈檀弓〉「見若覆夏屋者矣」，此詩夏屋當與之同。王逸《楚辭．招魂．章句》云：「夏，大屋也。」《九章．章句》云：「夏，大殿也。」皆引此詩。王延壽〈魯靈光殿賦〉「揭蘧蘧而騰湊」，李善《注》引崔駰〈七依〉曰：「夏屋蘧蘧，高也，音渠。」渠蘧字通。又《淮南．本經訓》高誘《注》：「夏屋，大屋也。」王、高皆習《魯詩》，是《魯》訓與毛同。王肅述毛云：「屋則立之於先君，食則受之於今君，故居大屋而食無餘。」其以屋爲屋宅，是也。《孔疏》申鄭，以「下章始則四簋，今則不飽，皆說飲食之事，不得言屋宅，故謂禮物大具」。實則古人行文，未必如此拘執。如《齊風．還》首章言「兩肩」，次章言「兩牡」，末章言「兩狼」，以專名通名相次爲用……。（註二二九）

《毛傳》雖未明釋「屋」字，但如前所言，毛係以屋爲室屋常語，不煩詁訓，《魯》訓與毛同，王肅的說解又能光大《序》說，相形之下，《鄭箋》確是乏善可陳的，《孔疏》申鄭，反遭拘執之評，這是意料中的事。

既然鄭玄之釋「夏屋」禁不起考驗，惠氏殫精竭慮地爲作疏解，當然也就勞而無功了。

三、申說〈東門之楊〉《序》義

今人通常認爲，《陳風》的〈東門之楊〉是「寫男女約會久候不至的詩」，（註二三〇）《詩序》則依其說詩之原則，爲之打上儒家美刺說之深刻烙印：「〈東門之楊〉，刺時也。昏姻失時，男女多違，親迎，女猶有不至者也。」此詩原文是：「東門之楊，其葉牂牂。昏以爲期，明星煌煌。（一章）東門之楊，其葉肺肺。昏以爲期，明星晢晢。（二章）」《儀禮．士昏禮》有「壻親迎，俟於門外。從車二乘，執燭前馬」的記載，或謂此即《毛序》所本，（註二三一）其實作《序》者爲了《詩》教，往往得多繞圈子，未必其說皆有所本。說者又謂詩中看不出爽約的是男子還是女子，何以見得一定是親迎而女不至？（註二三二）批判《詩序》豈能如此專挑細節？作《序》者既已強調「昏姻失時，男女多違」，一旦落實到親迎上面，除了「女猶有不至」之外，還能有何說？當然，《朱傳》解〈東門之楊〉爲「男女期會而有負約不至者」是比較接近詩的本義的，今人之所以多從《朱傳》，自然是因爲《序》說究竟稍嫌牽強。

惠周惕對於《序》之說〈東門之楊〉，倒是不曾懷疑，他並且借《易經》以解《序》：

> 〈東門之楊〉，《序》謂昏姻失時，女不從男也。《易．大過》：「九二，枯楊生稊，老夫得其女妻。」「九五，枯楊生華，老婦得其士夫。」二五皆陽，以楊象之，（忠慎按：「象」字，《皇清經解》本《詩說》作「家」，此從《借月山房彙鈔》本）則楊所以比男也。春氣之動，楊

最先發，所以比男先于女也。然楊易生亦易老，始而牂牂，既而肺肺，終則至于枯落，故曰後時也。（《詩說》卷中，第三四條）

在解說《周南・桃夭》與《召南・摽有梅》時，惠氏已利用《易・大過》以說詩，此處重施故技，其牽涉迂曲的程度較前實有過之而無不及。平心而論，此種爲維護《序》說而向旁枝曲徑上推演的說詩方式，豈僅無益於《詩》教，亦恐非作《序》者所樂見。林義光謂「古時男女年長不嫁娶，常爲風俗之害，非但淫風難制，女子之壯大而失所者亦必多」，（註二三三）此雖可以美其名爲尋求奧義微言，然淫風難制云云又豈是作《序》者所及料，凡此皆不如《孔疏》「經二章皆上二句言昏姻失時，下二句言親迎而女不至」之簡樸平實，然孔氏疏釋〈東門之楊〉之《序》說，其特色也僅止於此而已，仍爲不足。清儒顧廣譽解〈東門之楊〉，亦取《序》說，又謂：「此與〈丰〉皆親迎女不至。彼陳女子追悔之情，此述男子守候之狀，所從言不同，皆以極其刺。夫親迎行，而女不至，夫婦之倫敗敗壞已極，此爲民上者之責也。」（註二三四）若此始可謂爲善讀《詩序》者，亦可謂《詩序》之功臣，惠氏的借《易》說詩，於《詩序》實未能有絲毫助益。

四、從〈七月〉詩句證其為陳王業之詩

被姚際恆推崇爲「天下之至文」的《豳風・七月》，（註二三五）全詩共計三百八十三字，爲《國風》中最長的一篇。《詩序》：「〈七月〉，陳王業也。周公遭變，故陳后稷先公風化之所由，致

王業之艱難也。」惠周惕在《詩說》中未明言是否依從《序》說，但可以肯定他是支持《古序》的：

「同我婦子」，勤稼穡也。「爰求柔桑」，修女紅也。「女心傷悲」，重昏姻也。「載纘武功」，教戰事也。「塞向墐户」，居之安也。「采荼薪樗」，食之節也。「嗟我婦子」，幼有所長矣。「爲此春酒」，老有所養矣。「入執公功」，使民以時矣。「築場」「納稼」，萬寶告成矣。「獻羔祭韭」，癘疾不降矣。于是舉鄉飲而正齒位，入學校而賓賢能，彬彬乎王道之成矣。（《詩說》卷中，第三七條）

這是以點出〈七月〉十餘詩句所蘊涵深意的方式，證成《古序》「陳王業」之說。現在先得確定一點，《序》之說〈七月〉到底有幾分可信度？如果不太可信，則其說教之效果就得大打折扣，反之，惠氏把〈七月〉的詩句說得那麼具有嚴肅的意義，吾人就樂於接受。

譏刺作《序》者「正如山東學究，見識卑陋而胡說」的朱子，（註二三六）於《詩集傳》中謂〈七月〉乃「周公以成王未知稼穡之艱難，故陳后稷、公劉風化之所由，使瞽矇朝夕諷誦以教之」，這分明是爲《詩序》之說投了一張同意票。

曾經遭到惠氏點名批判，還被他弄錯姓氏的王柏，於《詩疑》中說《豳風》只〈七月〉一詩是本詩，周公以立國之本，衣食之原，朝夕誦於王前，可謂萬事教幼主之法。（註二三七）顯然在〈七月〉的解釋上，王、惠二氏的觀點頗爲一致。另一被惠氏譏爲「說詩穿鑿」的王質，於《詩總聞》中掙脫了《詩序》的束縛，直指〈七月〉爲「野田農民，酬酢往復之辭」，（註二三八）可以預料得到，這一定是惠氏心目中的穿鑿之解。

元、明、清三代的《詩經》學家，對於〈七月〉詩旨的意見，不必多引，十之八九都是同意《詩序》之說的，就算略有出入，也是微不足道，(註二三九)即連排《序》不遺餘力的方玉潤，也說〈七月〉是「陳王業所自始」的詩，(註二四〇)依此看來，《詩序》的說服力應該是不容置疑的。

不過，這樣說似乎又言之過早，民國以來，從另外的角度來看〈七月〉的學者頗不乏人，如郭沫若以爲這是一篇春秋末年或以後的農事詩，(註二四一)《中國詩史》說〈七月〉是描寫農家生活的詩，作者大約是西周中葉一個無名氏，他大約是一個受過文學訓練的農家子，(註二四二)屈萬里、王靜芝、糜文開、裴普賢、張學波、朱守亮、程俊英……的意見是大同小異的，即認爲這是「描寫農民一年四季的勞動過程和生活情況」的詩。(註二四三)至於時代，則除屈氏以爲似非西周初年作品，糜、裴二氏明指係西周初年豳人所作外，其餘諸位並不刻意去強調。(註二四四)另外，高亨、孫作雲、唐莫堯、孫以昭、郝志達……的見解又屬於另外一種類型，即認爲詩是寫農民的遭到壓迫，但對於作者的看法，大家並不一致，如高亨說這是西周時代農奴們的集體創作，郝志達卻認爲這是西周一個小奴隸主做的農事詩。(註二四五)要知道〈七月〉諸說之紛歧，由孫以昭先生的話就可略窺一二：

> 《豳風．七月》的寫作年代、作者和主題歷來有所爭議，近四十年來文史學者更是聚訟紛紜，眾說不一。簡言之，關於〈七月〉的時代與作者，說法有二：一是主張〈七月〉爲周公陳王業之詩，《詩序》主之，今文三家及宋朱熹《詩集傳》之說，皆與之無異；一是認爲此詩爲豳人

舊作，或者周公增損之，以詩說教。金履祥、嚴若璩、崔東壁、方玉潤諸家主之。關於〈七月〉的主題，分歧更大，近年來文學界有兩種截然相反的看法，一種意見認爲此詩是「周代的奴隸唱的農事詩」，或者說是「農奴淒慘生活的縮影」；另一種意見則認爲〈七月〉反映了西周的農家樂。近四十年來，史學界對〈七月篇〉的解釋出入很大，同樣利用這些材料，卻得出對西周社會性質完全相異的觀點……。（註二四六）

這實在是一個相當嚴重的問題，尊《序》者往往被反《序》者譏爲抱殘守缺，食古不化，而反《序》者的說詩，同樣是專家學者，大家的看法卻又經常大相逕庭，以〈七月〉爲例，尊《序》者（此謂尊〈七月．序〉，非典型之尊《序》派）充其量只能說詩非周公所作，這是理所當然之事，否則得投入反《序》之本營；反《序》者（此指反〈七月．序〉，非典型之反《序》派）則是各說各話，新解迭出，甚或自相矛盾，根本無法取得共識。我之所以不立刻表明贊同《詩序》「陳王業」之說，著眼點就是尊重反《序》者的意見，無如反《序》者異說層出不窮，令人無所適從，在未能獲致結論之前，要想利用〈七月〉作爲研究西周社會的基石，那根本無異緣木求魚。

我不妨在此下一個結論，從詩的內容來看，這是一篇歌詠農民生活情狀的詩，這些農民的生活是頗爲辛苦的，但要說他們是如何地被剝削、被壓榨，詩中是看不大出來的，若說是田家樂居之活動圖畫，那也未免誇張。雖然西周時代農業生產中的主要勞動者是農奴，但他們也有歸屬自己的土地，這種擁有自己的經濟的情況，是另一階層的被剝削者——奴隸——所終身不能擁有的，（註二四七）因此，歌詠其生活情況的〈七月〉，可以視爲西周的四時農家苦樂歌。至於其創作年代，可能是西周初年，（註二四八）亦即這是一篇完成於西周初年的歌詠農民生活情狀的詩篇。作者不是周公，周公生長世胄，位居冢宰，而〈七月〉所言皆農桑稼穡之事，與周公無深刻之關連，《朱傳》謂周公作此詩以戒成王，或恐非是，方玉潤說〈七月〉所言「非躬親隴畝，久於其道者，不能親切有味如是」，（註二四九）此亦未必盡然，從「同我婦子，饁彼南畝，田畯至喜」之詩句觀之，作者殆爲社會地位較高、經濟情況較佳的領主身分，（註二五〇）故能熟悉農桑稼穡之事。《詩序》說「〈七月〉，陳王業也」，這是相當高明的說詞，由於詩中的農夫是農奴，西周是封建社會領主制，（註二五一）農桑稼穡自然就是國之大事，所以用「陳王業」之說來闡明《詩》教是恰如其份的，絕不勉強。再者，詩雖非周公親作，但不可謂周公絕無陳詩之舉，假若〈七月〉在周公時代已被選輯在宮廷之中，則周公爲成王陳此詩，刻意強調致王業之艱難，這也是順理成章之事。

肯定了《詩序》「陳王業」之說，再回過頭來看惠氏的說〈七月〉，就可以瞭解，他爲詩句所賦的意義，不能說是過於嚴肅的，當然牽強的地方仍不能避免，如謂「『嗟我婦子』，幼有所長」，就令人有點不知所云，「『獻羔祭韭』，癘疾不降」，說亦略嫌誇大，這是《詩說》說〈七月〉的瑕疵。

【附註】

註一：〈竹竿〉二章「遠兄弟父母」句，或作「遠父母兄弟」，阮元〈毛詩注疏校勘記〉云：「『遠兄弟父母』，唐石經小字本同。閩本、明監本同相台本，作『遠父母兄弟』。毛本初刻『遠兄弟父母』，後改從相台本，誤也。《釋文》以『遠兄』二字作音可證。段玉裁云：『從唐石經，今本誤則非韻。』見《六書音均表》。」

註二：《穀梁》這種主張，在《傳》中出現八次，分別是〈莊公二年〉、〈五年〉、〈十五年〉、〈十九年〉、〈二十年〉、〈僖公五年〉、〈二十五年〉及〈三十一〉年。

註三：見王先謙《詩三家義集疏》卷一。

註四：王先謙《詩三家義集疏》引徐璈云：「……刈、濩、汙、澣，且以見婦功之教成也，故與〈摽梅〉並稱。是亦士大夫婚姻之詩，與何休謂『歸寧非諸侯夫人之禮』者義同，《魯》家之訓也。」

註五：「歸寧」一詞除了解爲女子既嫁，歸省父母之外，偶亦有作其他解釋的，如《儀禮．覲禮》云：「天子辭於侯氏曰：伯父無事，歸寧乃邦。」《鄭注》：「寧，安也。」雖然〈覲禮〉中的「歸寧」非關女子返家省親，但「寧」字仍舊是「安定」之意，而《後漢書，陳重傳》「同舍即有告歸寧者」之「歸寧」義爲歸家持喪，乃是後起之義；何況〈葛覃〉明明言「歸寧父母」，又豈可另生別解？

註六：引文爲宋葉夢得《春秋傳．自序》語。

註七：同前註。

註八：唐陸淳《春秋集傳纂例》引啖助曰：「二《傳》傳經，密于《左氏》；《穀梁》意深，《公羊》辭辨，隨文解釋，往往鉤深。但以守文堅滯，泥難不通，比附日月，曲生條例；義有不合，亦復強通，踳駁不倫，或至矛盾；不近聖人夷曠之體也。」

註　九：「《春秋》無達例」爲西漢《公羊》大師董仲舒《春秋繁露》之語。

註一〇：《禮記．仲尼燕居》：「禮也者，理也。」〈樂記〉：「禮也者，理之不可易者也。」

註一一：參閱竹添光鴻《毛詩會箋》，第一冊，《周南》之卷，頁十八。華國出版社印行。

註一二：引文見明儒朱善《詩解頤》卷一，〈葛覃．總論〉。

註一三：《毛傳》：「師，女師也。古者女師教以婦德、婦言、婦容、婦功。」明梁寅《詩演義》：「師氏，女師也。古者貴家之子，必以婦之賢淑者爲之師，稱之曰姆，教以婦德、婦言、婦容、婦功。女既嫁，則姆隨之爲姆者。」近人聞一多《詩經通義》：「古者婦人將嫁，師氏教以事人之道，所謂『婦德、婦言、婦容、婦功』是也。《白虎通．嫁娶篇》曰：『婦人所以有師何？學事人之道也。……國君取大夫之妾，士之妻，老無子，又明於婦道者，又祿之，使教宗室五屬之女。』《儀禮．士昏禮．鄭注》曰：『姆，婦人年五十無子，出而不復嫁，能以婦道教人者。』姆即師氏。如班、鄭所云，其既爲大夫之妾，士之妻，老而無子，又出而不復婦，則師氏之名，雖若甚尊，其職則甚卑。因知所謂德言容功者，亦不過倫常日用之委瑣細故，論其性質，直今傭婦之事耳。」（《聞一多全集》第二冊，《古典新義》，頁一一一）朱東潤《讀詩四論》：「〈葛覃〉三章：『言告師氏，言告言歸。』《毛傳》：『師，女師也。』班固《白虎通．嫁娶篇》：『婦人所以有師者何？學事人之道也。』王先謙《詩三家義集疏》：『〈內則〉：「大夫以上，立師慈保三母。」亦証此爲大夫家婚姻之事矣。』要之《毛序》稱爲后妃之本，后妃固不必親汙澣，後人稱爲民間之詩，民間何嘗有師氏？自以稱爲大夫之妻之詩爲當。」（頁二〇，〈國風出於民間論質疑〉。東昇出版事業公司印行）

註一四：屈萬里《詩經釋義》：「此婦人自詠歸寧之詩。由『言告師氏』之語証之，此婦似非平民。」（頁二七。中國文化大學出版部印行）張學波《詩經篇旨通考》：「此當是貴家婦人自詠歸寧父母之詩。」（頁四。廣東出版社印行）朱守亮《詩經評釋》：「此爲貴婦人自詠歸寧父母之詩。」（上冊，頁四二。學生書局印行）

註一五：見季本《詩說解頤·正釋》卷三。

註一六：《詩經》中的「女子遠行，遠父母兄弟」，意思當然都是一樣的。《鄭箋》於〈泉水〉「女子有行」句下云：「行，道也。女子有出嫁之道。」此說極爲牽強。馬瑞辰《毛詩傳箋通釋》卷四：「桓九年《左傳》：『凡諸侯之女行。』《杜注》：『行，嫁也。』《爾雅》如、適、之、嫁並訓往，行亦往也。《廣雅》『行，往也』是已。『女子有行』即謂女子嫁爾。」王靜芝《詩經通釋》：「行即行走之行。女子遠嫁夫家，出門而行，故曰行。實含嫁之意也。其下云『遠父母兄弟』，出行遠嫁之意甚明。行字固不必訓道，亦不必訓嫁也。」（頁一〇七。輔仁大學文學院叢書）

註一七：周何《古禮今談》：「已婚婦女回娘家，典籍上的記載有三種情況，一是歸寧父母……，『歸寧父母』，見於《詩經·周南·葛覃》，《毛傳》說：『寧，安也。父母在，則有時歸寧耳。』所謂有時，就是指

平日閒暇或逢年過節的時候，回娘家去探望父母，問候是否健康安寧。」（頁八五。國文天地雜誌社印行）

註一八：參閱糜文開、裴普賢合著《詩經欣賞與研究》，改編版，第一冊，頁二七。三民書局印行。

註一九：引文見姚際恆《詩經通論》卷一。

註二〇：詳歐陽修《詩本義》卷二，又清儒朱鶴齡《詩經通義》謂「此說甚好」，又謂「黃東發主此說」。

註二一：見竹添光鴻《毛詩會箋》，第一冊，《召南》之卷，頁二三。

註二二：同註一九。

註二三：見嚴粲《詩緝》卷三。

註二四：《詩序》：「〈羔羊〉，〈鵲巢〉之功致也。召南之國，化文王之政，在位皆節儉正直，德如羔羊也。」說教氣息至爲濃厚，這可以說是特定時代下的特殊說法，若不論《詩》教，則屈萬里《詩經釋義》以此爲「美官吏安適之詩」，（頁四三）應頗接近詩的本義。

註二五：詳司馬遷《史記・酷吏列傳》。

註二六：見《毛詩李黃集解》卷三。

註二七：黃氏言「詩人不形容其節儉正直之事」，係就《詩序》「召南之國，化文王之政，在位皆節儉正直，德如羔羊也」之言而立論，這一點，惠氏並未提到，但二氏所言之重點殊無二致。

註二八：見范處義《詩補傳》卷二。

註二九：呂祖謙《呂氏家塾讀詩記》卷三引王氏曰：「朝夕往來，出公門、入私門，出私門、入公門而已，終無私交之行也。」陳啓源《毛詩稽古編》亦強調這位官員「公正無私」。

註三〇：引文見季本《詩說解頤．正釋》卷二，季氏又曰：「此詩專重委蛇上。疊山謝氏曰：『中心無愧怍，故外貌有威儀，使胸中微有愧怍，其步趨非躁則急，不遲則速，安能委蛇委蛇哉！』」

註三一：見高亨《詩經今注》，頁二四。漢京文化事業公司印行。

註三二：見程俊英、蔣見元《詩經注析》，上冊，頁四三。北京中華書局印行。

註三三：見李中華、楊合鳴《詩經主題辨析》上冊，頁五一。廣西教育出版社印行。

註三四：崔述《讀風偶識》卷二謂〈羔羊〉「特言國家無事，大臣得以優游暇豫，無王事靡盬、政事遺我之憂耳，初無美其節儉正直之意，不得遂以爲文王之化也」，又說合觀〈行露〉、〈羔羊〉二詩，「明係太平日久，諸事廢弛之象，正如《金史》所云『宰相皆緩語低聲，以爲養相度，以致萬事不理』然者，豈得以爲文王至治之時詩乎！」

註三五：《孟子．萬章上》第四章：「……說《詩》者，不以文害辭，不以辭害志；以意逆志，是爲得之。」裴普賢先生《詩經研讀指導》：「因爲《詩序》本爲考求各詩的本旨而設，自可就各篇原文用孟子以意逆志法，並參考可靠資料，推求作詩的原意。」（頁二三。東大圖書公司印行）

註三六：見范文瀾《中國通史簡編．緒言》。北京人民出版社印行。

註三七：見李家樹《詩經的歷史公案》，頁七。大安出版社印行。

註三八：引文見朱守亮《詩經評釋》上冊，頁五八至五九。有待一提的是，這裡說「之子于歸」爲「女如于歸」，于歸於誰並沒有說清楚，從「已願秣馬以隨之」之語來看，朱先生之意大約如糜文開、裴普賢所譯的「這個女子嫁出去，情願爲她做馬夫」（《詩經欣賞與研究》，改編版，第一冊，頁三五），另一種說法是「這個美麗的姑娘如肯嫁給我，我甘心替她餵馬，當她的馬夫」，（引文者袁行霈語，見《詩經鑑賞辭典》，頁十七。河海大學出版）；兩說均可通，糜、裴二氏也保留此一說法，譯爲「有朝伊人肯嫁我，趕快備車餵飽馬」。

註三九：詳歐陽修《詩本義》卷一。

註四〇：參閱王關仕〈儀禮述要〉，收於高仲華主編之《群經述要》一書中。黎明文化事業公司印行。

註四一：見方玉潤《詩經原始》卷一。

註四二：引文見張學波《詩經篇旨通考》，頁十三。此處之所以不直接採用方玉潤之說，那是因爲方氏雖有「樵唱」之認識，但他又說〈漢廣〉係「江干樵唱驗德化之廣被也」，這是受《詩序》「德廣所及」之說的影響，有曲解附會之嫌。

註四三：見楊伯峻《春秋左傳注》，上冊，頁六八六。源流出版社印行。楊氏又云：「說參王紹蘭《經說》、劉文淇《舊注疏證》、于鬯《香草校書》。」

註四四：詳《毛詩正義》卷第一之三，頁四二。藝文印書館印行。

註四五：《國風》未必出於民間，當是事實，朱東潤〈國風出於民間論質疑〉言之極詳，可參。唯〈漢廣〉確是出自民間，朱氏於〈質疑〉中亦未能懷疑此篇之爲民間之詩。

註四六：見馬瑞辰《毛詩傳箋通釋》卷二。

註四七：至若《孔疏》云「昏禮不見用牲文，鄭以時事言之，或亦宜有也」，正見其欲蓋彌彰，事實上，「致禮饁」之說誠屬多餘，而且「之子于歸，言秣其馬」也有可能只是「寫男子設想，他渴望的女子出嫁時，情願給她做僕役，割草餵馬」（引文見王守謙、金秀珍《詩經評注》，上冊，頁二二，東北師範大學出版）而已；如果「秣馬、秣駒，即結婚親迎御輪之禮」，（引文爲魏源《詩古微》語）那也跟「致禮饁」無關。

註四八：見朱倬《詩經疑問》卷七。

註四九：見糜文開、裴普賢《詩經欣賞與研究》，改編版，第一冊，頁六五——六七。

註五〇：〈燕禮〉的記載與〈鄉飲酒禮〉相仿，只是〈燕禮〉不說「合樂」，而說「歌鄉樂」。

註五一：鄉飲酒禮有獻酢、歌樂、旅酬等儀節。《禮記・鄉飲酒義》：「三讓而后升，所以致尊讓也。盥洗揚觶，所以致絜也。拜至、拜洗、拜受、拜既，所以致敬也。」〈射義〉：「鄉飲酒之禮者，所以明長幼之序也。」鄉射禮也有獻酢、酬賓、合樂……等繁瑣儀式，《禮記、射義》：「故射者進退周旋必中禮，內志正，外體直，然後持弓矢審固，然後可以言中，此可以觀德行矣。」燕禮的儀節與鄉飲酒禮大致相同，它是諸侯親與的，《禮記・燕義》：「燕禮者，所以明君臣之義也。」

註五二：〈出車〉第五章：「喓喓草蟲，趯趯阜螽。未見君子，憂心忡忡。既見君子，我心則降。赫赫南仲，薄伐西戎。」

註五三：引文見王質《詩總聞》卷九。

註五四：引文見王靜芝《詩經通釋》，頁三五三。

註五五：王質《詩總聞》謂〈草蟲〉「與夫相別，不得共處」，（卷一）季本《詩說解頤》：「婦人因君子行役未歸，而思念之切也。」（〈正釋〉，卷二）屈萬里《詩經釋義》：「此婦人懷念征夫之詩。」（頁三九）

註五六：引文見竹添光鴻《毛詩會箋》，第一冊，《召南》之卷，頁六。

註五七：引文見糜文開、裴普賢《詩經欣賞與研究》，改編版，第一冊，頁九七。

註五八：說詳戴君仁〈毛詩小序的重估價〉，收於孔孟學會主編，黎明文化事業公司出版之《詩經研究論集》一書中。

註五九：《朱傳》：「吉士，猶美士也。」王先謙《詩三家義集疏》：「吉士，猶言善士，男子之美稱。」《鄭風·女日雞鳴》：「士日昧旦。」《孔疏》：「士，男子之美號。」

註六〇：其實〈野有死麕〉中的男士很可能只是個平民，現在有此看法的也頗不乏人，如王靜芝《詩經通釋》：「此山野男女相戀期會之詩。」（頁七三）朱世英：「這首詩由『死麕』入手，成功地描述了一段帶有山野風味的戀愛史。……這種情況似乎帶有普遍性，它大都表現在民間歌謠裡。」（《詩經鑑賞辭典》，頁五一。安徽文藝出版社）程俊英：「……男的是一位獵人，他在郊外叢林裡遇見了一位如花似玉的少

女，即以小鹿爲贈，終于獲得愛情。」（《詩經譯注》，頁三七。宏業書局印行）

註六一：見范處義《詩補傳》卷二。

註六二：范氏《詩補傳・自序》：「《補傳》之作，以《詩序》爲據，兼求諸家之長，揆之情性，參之物理，以平易求古詩人之意。」《四庫全書總目提要》：「南宋之初，最攻《序》者鄭樵，最尊《序》者則處義矣。」（卷十五）

註六三：見顧鎮《虞東學詩》卷一。

註六四：見胡承珙《毛詩後箋》卷二。

註六五：若如胡氏《毛詩後箋》「《詩》於昏禮，每言析薪。古者昏禮或本有薪芻之饋耳」之說，則又未免失之牽強。

註六六：見陳啓源《毛詩稽古編》卷一。

註六七：見季本《詩說解頤・正釋》卷二。

註六八：引文見王先謙《詩三家義集疏》卷二。

註六九：引文見程俊英、蔣見元合著《詩經注析》，上冊，頁五三。

註七〇：今本《毛詩》「禯」字依高本漢之說是個錯字，「由《說文》引《詩》而來」，《御覽》、《白帖》和《文選・注》引《毛傳》作「襛」。（見董同龢譯《高本漢詩經註釋》，上冊，頁六〇。國立編譯館中華叢書編審委員會印行）朱熹《集傳》逕作「襛」，惠周惕《詩說》也作「襛」。

註七一：見劉瑾《詩傳通釋》卷一。

註七二：同前註。

註七三：鄭玄《詩譜》將二《南》二十五篇列爲正《風》，定其年代爲文武之世，其中二十三篇作於文王之世，〈甘棠〉與〈何彼襛矣〉則作於武王之世。

註七四：參閱陳鵬翔〈解釋分析「何彼襛矣」〉，林慶彰主編《詩經研究論集》，第一冊，頁三〇九。台灣學生書局印行。

註七五：宋儒黃櫄說：「《書》稱文王爲寧王，則平王，平正之王也。《易》稱賢諸侯爲康侯，則齊侯，齊一之侯也。」（《毛詩李黃集解》卷四）顧炎武《日和錄》：「說者必欲以是西周之詩，於時未有平王，乃以平爲平正之王，齊爲齊一之侯，與《書》言寧王同義，此妄也。」（卷三）姚際恆《詩經通論》：「……其主文王之說，不通者有三。說者曰：『平王』猶《書》言『寧王』；『平正之王、齊一之侯』，益不通，不辨。按《周書》辭多詰曲，故其稱名亦時別，《詩》則凡稱人名皆顯然明白，不可以《書》例《詩》，一也。武王娶太公望之女，謂之邑姜，則武王之女與太公之子爲甥舅，恐不宜昏姻，二也。武王元女降陳胡公，若依媵禮，則其娣直媵陳，不當又嫁齊，三也。」（卷二）糜文開、裴普賢《詩經欣賞與研究》：「清人吳大澂研究周代鐘鼎文，……斷定《大誥》的「寧」字，原文實係「文」字。……《易．晉卦》卦辭「康侯」爲賢諸侯之說，也無所立足。王弼注：『康，美之名。』近人根據周代銅器康侯鼎，及河南濬縣出土的銅器康侯斧、爵、罍，以及奇形刀上的銘文，（見《雙劍誃吉金圖錄》）

己證知〈晉卦〉之康侯，即始封於康，後封於衛的康叔。此康爲地名，非美其爲賢諸侯也。然則引據寧王、康侯以證平正之王、齊一之侯，其不能成立，自不必辯矣。」（改編版，第一冊，頁一〇七）

註七六：屈萬里《詩經釋義》：「《春秋》書王姬歸于齊者二……，二者未詳孰是。或別有其事，而《春秋》未書。」（頁四八）

註七七：參閱糜文開、裴普賢《詩經欣賞與研究》，改編版，第一冊，頁一〇三——一〇五。

註七八：魏源《詩古微》、王先謙《詩三家義集疏》以鄭玄此說係用三家之義。

註七九：見馬瑞辰《毛詩傳箋通釋》卷三。

註八〇：在馬氏之前，顧炎武已有同樣的說法，但其說頗爲簡略，見《日知錄》卷三，〈何彼襛矣〉條。

註八一：不過，馬氏因以齊侯嫁女之詩不應附《召南》，故仍訓平王爲「平正之王」、齊侯爲「齊一之侯」，此說則前註七五已引各家之說駁斥其非矣。

註八二：劉師培《南北學派不同論》：「東吳惠氏亦三世傳經，周惕、士奇雖宗漢詁，然間以空言說經。」（《劉申叔遺書》第一冊，頁六六五。華世出版社印行）楊東蓴《中國學術史講話》：「周惕、士奇，雖宗漢詁，然有時仍以空言說經，至棟始弘布漢學……。」（頁三六一。盤庚出版社印行）

註八三：見方玉潤《詩經原始》卷三。

註八四：同前註。

註八五：詳趙制陽《詩經名著評介》，頁二〇九——二三七，〈方玉潤詩經原始評介〉，台灣學生書局印行。

註八六：引文見李家樹《詩經的歷史公案》，頁一七〇，〈清代傳統詩經學的反動〉。

註八七：聞一多《詩經通義》：「本篇（《邶風·谷風》）與《小雅·谷風篇》所詠一事，惟文詞詳略爲異，當係一詩之分化。……」（《聞一多全集》第二冊，頁一八九）

註八八：詳袁愈荌、唐莫堯《詩經新譯注》，頁三六六。木鐸出版社印行。

註八九：見屈萬里《詩經釋義》，頁二六九。

註九〇：見糜文開、裴普賢《詩經欣賞與研究》，改編版，第二冊，頁一〇一九。

註九一：引文爲陳祖美先生語，見金啓華、朱一清、程自信主編《詩經鑒賞辭典》，頁八八。安徽文藝出版社印行。

註九二：參閱陳登原《中國婦女生活史》，第二章，〈古代的婦女生活〉，河洛圖書出版社印行。

註九三：見陸璣《毛詩草木鳥獸蟲魚疏》卷上。

註九四：見嚴粲《詩緝》卷四。

註九五：此爲萬斯同《群書辨疑·詩序說》語。

註九六：詳陳大章《詩傳名物集覽》卷七。

註九七：參閱拙文〈從大雅的幾篇史詩看周民族的興起〉，《孔孟月刊》第二十五卷，第六期，頁七——十三。

註九八：黃永武〈怎樣研讀詩經〉：「……在讀《正義》時，必須留神毛鄭的異同，其中也往往就是毛與三家的異同。」（孔孟學會主編《詩經研究論集》，頁三二一）

註　九九：詳馬瑞辰《毛詩傳箋通釋》卷二四。

註一〇〇：見糜文開、裴普賢《詩經欣賞與研究》，改編版，第三冊，頁一二三〇。但裴普賢先生於《詩經評註讀本》下冊，頁三九六中，僅以「菜名」二字釋菫。（三民書局印行）

註一〇一：見陳大章《詩傳名物集覽》卷十。

註一〇二：陳子展《詩經直解》：「古文《毛序》以爲『止奔』，從正面說教，蓋用采詩者之義，或序《詩》者之義。」（頁一五六。書林出版有限公司印行）

註一〇三：王先謙《詩三家義集疏》卷三中：「〈蝃蝀〉，《韓序》曰：『刺奔女也。』……《後漢・楊賜傳》：「有虹蜺晝降於嘉德殿前，賜書對曰：『今殿前之氣，應爲虹蜺，皆妖邪所生，不正之象，詩人所謂蝃蝀者也。』……」李《注》引《韓詩序》曰……。賜用《魯詩》，以爲『妖邪所生，不正之象』，足證《魯》、《韓》同意。」

註一〇四：參閱陳子展《詩經直解》，頁一五六。

註一〇五：同前註。

註一〇六：見屈萬里《詩經釋義》，頁八二。

註一〇七：見《藝文類聚》二引蔡邕《月令・章句》。

註一〇八：詳王先謙《詩三家義集疏》卷三中，「蝃蝀在東，莫之敢指」〈疏〉。

註一〇九：詳王先謙《詩三家義集疏》卷三中，〈蝃蝀〉詩旨〈疏〉。

註一一〇：見章太炎《國學略說》，頁七四。河洛圖書出版社印行。

註一一一：見李惇《群經識小》，〈三傳〉條。

註一一二：見徐復觀《中國經學史的基礎》，頁一五四。台灣學生書局印行。

註一一三：見王先謙《詩三家義集疏》卷三下。

註一一四：見糜文開、裴普賢《詩經欣賞與研究》，改編版，第一冊，頁二九二。

註一一五：見王靜芝《詩經通釋》，頁一四四。

註一一六：參閱拙著《宋代之詩經學》，頁一四。國立政治大學中國文學研究所七十三年六月博士論文。

註一一七：詳林慶彰〈陳奐詩毛氏傳疏的訓釋方法〉，此為一九九二年十二月，中央研究院中國文哲研究所籌備處主辦「清代經學國際研討會」之一論文。

註一一八：引文為黃永武語，見孔孟學會主編《詩經研究論集》，頁一九——三三。

註一一九：見楊伯峻《春秋左傳注》上冊，頁一四五。

註一二〇：詳吳闓生《詩義會通》，頁三三。洪氏出版社印行。

註一二一：見洪邁《容齋五筆》卷十，〈衛宣公之二子〉條。

註一二二：崔述《讀風偶識》卷三：「今玩其詞，乃似感傷時事。」屈萬里《詩經釋義》：「此行役者傷時之詩。」（頁一〇〇）

註一二三：見王先謙《詩三家義集疏》卷四。

註一二四：見姚際恆《詩經通論》卷五。

註一二五：引文爲耿百鳴語，見程俊英主編《詩經賞析集》，頁一〇六。巴蜀書社印行。

註一二六：引文爲孔凡章語，見任自斌、和近健主編《詩經鑒賞辭典》，頁一四〇。河海大學出版社印行。

註一二七：見王應麟《困學紀聞》卷三引。

註一二八：王昭禹《周禮詳解》：「有述事而陳之，謂之賦；以其所類而況之，謂之比；以其感發而比之，謂之興。」

註一二九：詳熊翰叔〈孔子詩教與後世詩傳〉，孔孟學會主編《詩經研究論集》，頁一〇。

註一三〇：見李家樹《詩經的歷史公案》，頁一二四，〈宋朱熹詩集傳簡評〉。

註一三一：參閱王先謙《詩三家義集疏》卷四。

註一三二：參閱傅樂成《中國通史》，頁四九。大中國圖書公司印行。

註一三三：參閱童書業《春秋史》，頁九七——九八。台灣開明書店印行。

註一三四：《詩序》謂〈黍離〉「閔宗周也」，〈君子陽陽〉、〈中谷有蓷〉與〈兔爰〉「閔周也」，〈君子于役〉、〈揚之水〉「刺平王也」，〈葛藟〉「王族刺平王也」，〈大車〉「刺周大夫也」，〈采葛〉「懼讒也」，〈丘中有麻〉「思賢也」。

註一三五：見陳啓源《毛詩稽古編》卷五。

註一三六：參閱《四庫全書總目提要》卷十六，〈毛詩稽古編三十卷〉條。

註一三七：見呂思勉《先秦史》，頁一四八——一四九。台灣開明書店印行。

註一三八：詳錢賓四《國史大綱》上冊，頁三二。台灣商務印書館印行。

註一三九：參閱許倬雲《西周史》，頁二八五。聯經出版事業公司印行。

註一四〇：見《傅斯年全集》第一冊，頁二八一，《詩經講義稿》。聯經出版事業公司印行。

註一四一：屈萬里《詩經釋義》、王靜芝《詩經通釋》、糜文開、裴普賢《詩經欣賞與研究》、張學波《詩經篇旨通考》、朱守亮《詩經評釋》……，皆採傅氏此說。

註一四二：參閱陳連慶《中國古代史研究》上冊，頁二六。吉林文史出版社印行。

註一四三：王陽明在《傳習錄》中說「五經亦史」，依此，則作爲五經之一的《詩》的權威性似乎亦告瓦解；章學誠《文史通義》也說「六經皆史也」，後人對此一口號或者說法有不同的詮釋與分析，但實齋說得很清楚，「古無經史之別，六藝皆掌之史官，不特《尙書》與《春秋》也」，（參見章學誠著，王重民通解《校讎通義通解》，頁一六二。上海古籍出版社出版）再加上他在《文史通義．詩教上》所說的「古未嘗有著述之事也，官守其典章，史臣錄其職載，……聖人書同文以平天下，未有不用之於政教典章，而以文字爲一人之著述者也」，可見林安梧說得對，「『六經皆史』指的是『古無經史之別』，因一切都統歸於史官之手，而實齋亦因之而論『以吏爲師』乃秦以前就有的『三代舊法』。……」（參閱林安梧〈章學誠「六經皆史」及其相關問題的哲學反省〉，此爲一九九二年十二月，中央研究院中國文哲研究所籌備處主辦「清代經學國際研討會」之一論文）至於陽明的「五經亦史」，林氏亦特別指出，「『五經亦史』是說明我們是經由經史來理解道、彰顯道的，並不是就將五經銷歸於史，也不是說去發現了經籍的歷史性」。據此，則認爲經書無異史籍的人可謂失去了立論的靠山，其實就算王陽明、章實齋眞的視經書爲史籍，也不能改變《詩》《書》成立之目的乃在由義理而來的教戒的這個事實，換句話說，六藝之得以作爲經學有其時代背景與基本條件存在，這是稍有經學史的概念的人都知道的。但是，吾人也必須承認，《詩》的主要作用是「經」，副次作用是「史」，「把《詩》《書》《禮》樂連成一組，正反映出這是出於在古代史料中所作的一種選擇，這種選擇，只能推測是出於周室史官之手」，（見徐復觀《中國經學史的基礎》，頁四）既然如此，惠氏的以《詩》說史，亦不失爲治《詩》之一途，有如傅孟眞《詩經講義稿》所說的，我們可以拿《詩經》當一堆極有價值的歷史材料去整理。

註一四四：詳《左傳》桓公二年、三年、七年、八年，以及《史記・晉世家》、〈魯世家〉。

註一四五：見張學波《詩經篇旨通考》，頁一四二。

註一四六：詳白川靜著，杜正勝譯《詩經研究》，頁二二一——二三〇。幼獅文化事業公司印行。

註一四七：見糜文開、裴普賢《詩經欣賞與研究》，改編版，第一冊，頁五三三——五三九。

註一四八：《漢書・藝文志》說：「古有采詩之官，王者所以觀風俗，知得失，自考正也。」采詩之制應是可信的，《左傳・襄公十四年》、《禮記・王制》、《漢書・食貨志》以及《孔叢子・巡狩篇》都有類似的記載；崔述《讀風偶識》雖疑此爲後人臆度，但實疑所不必疑，李曰剛《中國文學流變史》第三冊

與葉慶炳《中國文學史》上冊，於崔說有所駁斥，可參。（前者見頁六——九，聯貫出版社印行。後者見頁九，學生書局印行）

註一四九：參閱拙著《南宋三家詩經學》，頁二一〇。台灣商務印書館印行。

註一五〇：張健《文學概論》：「象徵是一種暗示，就是一種高度的隱喻。……查得威克（C.Chadwick）爲象徵下定義：『使用具體的意象，以表達抽象的觀念與情感。』簡言之，以具體代抽象。」（頁八五。五南圖書出版公司印行）。

註一五一：關於聞一多之《詩經》新解，廖元華〈聞一多與詩經研究〉一文可參閱。（林慶彰主編《詩經研究論集》，第一冊，頁四四五——四六八）。

註一五二：馬瑞辰《毛詩傳箋通釋》卷七：「……《楚辭．九歌》：『采三秀於山間，石磊磊兮葛蔓蔓。』《五臣注》：『芝蘗仙草，采不可得，但見葛石耳，亦猶賢哲難逢，諂諛者衆也。』劉向〈九歎〉：「葛藟虆於桂樹兮，鴟鴞集於木蘭。」王逸《注》：「葛藟惡草，乃緣於桂樹，以言小人進在顯位。」是葛爲惡草，古人以喻讒佞。又《楚辭．離騷經》：『戶服艾以盈要兮，謂幽蘭其不可佩。又何昔日之芳草兮，今直爲此蕭艾也。』東方朔〈七諫〉：『蓬艾親日御于牀笫兮，馬蘭踸踔而日加。』張衡〈思玄賦〉：『珍蕭艾於重笥兮，謂蕙芷之不香。』並以蕭艾爲讒佞進仕之喻。」此處所舉之例爲竹添光鴻一字不漏採入其《毛詩會箋》中，又未明言爲馬氏之說，實爲剽竊之舉。

註一五三：詳徐復觀《中國經學史的基礎》，頁六。

註一五四：同前注，頁七。

註一五五：陳蘭甫《東塾讀書記》卷二：「聖門重《詩》教，子夏言《詩》，固爲文學之科，然『思無邪』則德行之科也；達於政而能言，則政事、言語之科也，是《詩》兼四科也……。」

註一五六：見陳子展《詩經直解》，頁三六九。

註一五七：詳周予同〈怎樣研究經學〉，黃章明、王志成編《國學方法論叢・分類篇》，頁一五。學人文教出版社印行。關於章學誠「六經皆史」說的意義，已見註一四三。

註一五八：引文見程俊英《詩經譯註》，頁二一六。

註一五九：詳《漢書・儒林傳》王式本傳，本書二章註七一有引。

註一六〇：詳鄭振鐸〈讀毛詩序〉，林慶彰主編《詩經研究論集》，第二冊，頁四〇九——四二九。台灣學生書局印行。

註一六一：見蔡卞《毛詩名物解》卷四。

註一六二：見姚炳《詩識名解》卷八。

註一六三：見沈括《夢溪筆談》卷二六，〈藥議〉。

註一六四：詳馬瑞辰《毛詩傳箋通釋》卷十一。

註一六五：拙著《南宋三家詩經學》頁一六五於朱子之解〈丘中有麻〉有所評論，請參閱。

註一六六：李家樹《詩經的歷史公案》：「如果片斷地以爲《詩經》是偶然流傳下來的登錄，絲毫沒有一定的立

場或政治的目的，那是不夠說服力的……。」（頁七）

註一六七：見季本《詩說解頤．正釋》卷六。

註一六八：詳馬瑞辰《毛詩傳箋通釋》卷七。

註一六九：見王應麟《詩地理考》卷二。

註一七〇：詳鄭樵《通志》卷二七，〈氏族三〉。

註一七一：見黃中松《詩疑辨證》卷二。

註一七二：同註一六八。

註一七三：見陳奐《詩毛氏傳疏》卷六。

註一七四：引文見任遵時《詩經地理考》，頁五八。自印本。

註一七五：王肅《家語．注》、陸璣《毛詩草木鳥獸蟲魚疏》、孔穎達《毛詩正義》、陸德明《經典釋文．序錄》……皆謂子夏作《詩序》，若是則《序》在《傳》前，然此非定論。程大昌、朱子、何楷、崔述……皆同意《後漢書．儒林傳》謂衛宏作《序》之言，《宋史．藝文志》引曹粹中《放齋詩說》，謂《序》爲毛公之門人所作，若是則《傳》在《序》前，然後者非定論，前者則由一九七七年出土的阜陽漢簡，其中有三片《詩序》，埋入地下在漢文帝時，可以確定已不能相信。再者，《序》之首句與其後申說之語，殆又非出同一人、同一時之手，這就使得《序》與《傳》之先後關係益形複雜，若信徐復觀《中國經學史的基礎》之說，《古序》（或稱《首序》），但徐復觀則名爲《小序》，而以首句以下申說之語爲《大序》）爲古代史官所作，則《古序》在《傳》前；《續序》（即徐復觀所謂之《大序》）到毛公始告完成，則《續序》與《傳》同時；王禮卿也是反對子夏作《序》的，他以爲《詩序》不分大小古續皆出國史之手，依此則不僅《序》在《傳》前，且在孔子、子夏之前；（王氏有〈詩序辨〉一文，載孔孟學會主編《詩經研究論集》，頁四二三——四四六）李家樹〈漢毛詩序的存廢問題〉以爲《詩序》不分大小古續皆在《毛詩》傳世以後才出現；（《詩經的歷史公案》，頁二四）文幸福《詩經毛傳鄭箋辨異》以爲《古序》確在毛公之前，而《續序》則不出於一人之手，一時之間，時代在毛公之後，其檃括《毛傳》者甚多。（頁三三六。文史哲出版社印行）除了以上各說之外，古今學者參與此一問題之討論者不勝枚舉，茲不一一。既然大家對於《序》與《傳》的時代問題無法取得共識，則〈丘中有麻〉之《傳》是否爲了落實《序》說，不惜無中生有，自我作古，也就成了一未知數。

註一七六：陸德明《經典釋文．序錄》：「《毛詩》者，出自毛公。河間獻王好之。徐整云：『子夏授高行子。高行子授薛倉子。薛倉子授帛妙子。帛妙子授河間人大毛公。……一云：『子夏傳曾申。申傳魏人李克。克傳魯人孟仲子。孟仲子傳根牟子。根牟子傳趙人孫卿子。孫卿子傳魯人大毛公。」吳承仕《疏證》以爲《序錄》所引一說，蓋本於陸《疏》，徐整以子夏四傳而及毛公，世次疏闊，又謂大毛公爲河間人，似不如陸《疏》之諦。（參吳承仕《經典釋文序錄疏證》，頁八七——八九。崧高書社印行）徐復觀則以爲這兩說都是《毛詩》在被抑壓之下，有人僞造出兩種單傳統緒以自重，其不足信，至爲顯然。（《中國經學史的基礎》，頁一五一）

註一七七：詳胡承珙《毛詩後箋》卷六。

註一七八：由於《詩序》是出於以政治教育爲目的的《詩》教，假若《毛傳》係在落實《序》說，則其「近於蠻」的原因當然也是爲了配合《詩》教。

註一七九：參閱《左傳》桓公十八年、莊公二年、四年、五年之相關記載。

註一八〇：參閱張學波《詩經篇旨通考》，頁一二六、一二七、一二九、一三〇、一三一。李中華、楊合鳴《詩題主題辨析》，上冊，頁二九六——二九八，三〇三——三〇八。郝志達《國風詩旨纂解》，頁三七三——三七六，三八二——三八九。南開大學出版社印行。

註一八一：「古序」之名始於程大昌《詩論》，二程則謂之「前序」，（《二程集》，第一冊，《河南程氏遺書》卷第二上，頁四〇。北京中華書局印行）郝敬《毛詩原解》與胡承珙《毛詩後箋》則名之曰「首序」。「續序」之名也是始自程大昌的《詩論》，（文幸福《詩經周南召南發微》以爲「續序」之名始自清儒龔橙《詩本誼》，此爲錯誤之說）鄭樵《六經奧論》則謂之《下序》，范家相《詩瀋》則名之曰「后序」。這些名詞的語意都很清楚，而徐復觀《中國經學史的基礎》以《詩序》首句爲「小序」，其下申說之語爲《大序》，這是採用范處義《詩補傳》之說，容易滋生誤會，不宜採用。

註一八二：詳陳啓源《毛詩稽古編》之說〈敝笱〉，《皇清經解》卷六五。

註一八三：見胡承珙《毛詩後箋》卷八。

註一八四：見成伯璵《毛詩指說·解說第二》。

註一八五：裴普賢《詩經研讀指導》：「《毛詩．小序》首句也字以下，乃申說首句者，又爲傳《毛詩》者所增益……，首句與續文非出一人之手。」（頁二五）姚榮松〈詩序管窺〉：「《小序》之首句，有一部分爲毛萇以前古傳，然未必篇篇皆有之，其後經師續加補足或引申，乃爲現在《小序》，至於今傳《小序》首句以下，是否出於一人之手，已不可斷定，然其全部完成，則不能在《毛傳》之前……，凡《小序》之附會史實，硬指某公而人所未言者，則爲毛公以後經師所益無疑……。」（孔孟學會主編《詩經研究論集》，頁四五六）

註一八六：見《詩經注析》上冊，頁二八一。

註一八七：詳王靜芝《詩經通釋》，頁二二二。

註一八八：姑且不論〈猗嗟〉是否如方玉潤所言，「美魯莊公材藝之美」，即連惠周惕本人也是反對〈猗嗟．序〉說的，從下一條的討論可確定此一事實。

註一八九：惠周惕〈答薛孝穆書〉：「……足下謂僕之可刪者，蓋豔妻、鳶魚二條，其說無大關係，從足下刪之可也。」（《詩說．附錄》）

註一九〇：見方玉潤《詩經原始》卷六。

註一九一：呂祖謙《呂氏家塾讀詩記》卷九：「說者或謂詩人諷莊公當用以禦亂，非也。是詩譏刺之意皆在章外……，嗟嘆再三，而莊公所大闕者不言可見矣。」姚際恆《詩經通論》卷六：「《小序》謂刺莊公，是。《大序》曰：『人以莊公爲齊侯之子焉。』蓋本《公》、《穀》二傳爲說。……」魏源《詩古微》

卷九：「《猗嗟》，刺魯莊公婚仇也。」

註一九二：見何楷《詩經世本古義》卷二一。

註一九三：莊公生於魯桓六年，即位之時僅十三歲，「狩于禚」之年爲十七歲。

註一九四：惠士奇這一段文字，爲陳奐採入《詩毛氏傳疏》中，用以解說〈猗嗟〉之年代，張學波《詩經篇旨通考》頁一三一亦加以引用，並謂士奇之說鑿鑿有據。

註一九五：《春秋說》之說諸侯夫人歸寧，詳《皇清經解》卷二二八。（漢京文化事業公司之「重編本」，在第十二冊，頁八〇六八——八〇六九）。

註一九六：詳孔廣森《經學卮言．毛詩》，〈展我甥兮〉條，《皇清經解》卷七一三，以及陳奐《詩毛氏傳疏》卷八。

註一九七：詳王夫之《詩經稗疏》卷一。

註一九八：詳李惇《羣經識小》卷三，魏源《詩古微》卷九，胡承珙《毛詩後箋》卷八。

註一九九：見楊伯峻《春秋左傳注》上冊，頁一六三。

註二〇〇：程俊英、蔣見元《詩經注析》釋「舞則選兮」云：「選，讀去聲，《韓詩》作纂，整齊。按古代射箭活動包括跳舞的項目。《韓詩》云：『言其舞則應雅樂也。』這句意爲，跳舞的步伐與音樂的節奏整齊合拍。」（上冊，頁二八八）

註二〇一：詳蘇轍《詩集傳》卷五。

註二〇二：引文見屈萬里《詩經釋義》，頁一三九。

註二〇三：參閱拙著《宋代之詩經學》，頁一八〇——一八二。

註二〇四：引文爲何楷《詩經世本古義》之語。

註二〇五：見姚際恆《詩經通論》卷六。

註二〇六：引文爲朱子《詩集傳》語，崔述《讀風偶識》從而申論之。

註二〇七：同註二〇四。

註二〇八：詳朱子《詩集傳》卷五。

註二〇九：《朱傳》：「廣漢張氏曰：『夫子謂「與其奢也，寧儉」，則儉雖失中，本非惡德。然而儉之過則至於吝嗇迫隘，計較分毫之間，而謀利之心始急矣。』」

註二一〇：見林慶彰編著《詩經研究論集》，頁三三二。

註二一一：參閱《史記·晉世家》。

註二一二：傅樂成《中國通史》：「所謂『春秋時代』，大致指東周的前半期，從周平王四十九年起，至周敬王三十九年止，凡二百四十二年。……如果完全按照這種分法來分，東周初的將近五十年便沒法安置。但歷史分期的目的，不過爲便利研究，自不必過分拘泥，所以東周初的四十八年，未嘗不可劃入春秋時代。」（頁四六。大中國圖書公司印行）

註二一三：見胡承珙《毛詩後箋》卷十一。

註二一四：參閱朱自清《詩言志辨》及何定生《詩經今論》中有關賦詩之討論。又周滿江《詩經》：「春秋時賦詩，多取現成的歌謠演唱，賦詩的時代與作詩的時代往往相距甚遠。……此詩（按指《秦風．無衣》）當在哀公賦詩前就流行於秦地，也可能是秦的軍歌。」（頁八〇）

註二一五：參閱《詩經鑒賞辭典》，頁三二四。安徽文藝出版社印行。

註二一六：引文見程俊英、蔣見元《詩經注析》上冊，頁三五七。

註二一七：見何楷《詩經世本古義》卷十七。

註二一八：見《詩經鑒賞辭典》，頁二六三。河海大學出版社印行。

註二一九：何楷《詩經世本古義》卷二八謂「周敬王之世詩一篇」，此篇即《曹風．下泉》，亦即《詩》中最晚之作。

註二二〇：見馬瑞辰《毛詩傳箋通釋》卷十五。

註二二一：見屈萬里《詩經釋義》，頁一八五——一八六。

註二二二：參閱王先謙《詩三家義集疏》卷十二。

註二二三：詳糜文開、裴普賢《詩經欣賞與研究》，改編版，第二冊，頁六八一——六八六。

註二二四：詳王靜芝《詩經通釋》，頁三〇七；張學波《詩經篇旨通考》，頁一七八；李中華、楊合鳴《詩經主題辨析》，上冊，頁四六二——四六三。

註二二五：見竹添光鴻《毛詩會箋》，第四冊，《秦風》，頁三一；《高本漢詩經注釋》，上冊，頁三三四；屈萬里《詩經釋義》，頁一六九。

註二二六：見糜文開、裴普賢《詩經欣賞與研究》，改編版，第一冊，頁六一三。

註二二七：參閱《高本漢詩經注釋》，上冊，頁三三四。

註二二八：詳黃典誠《詩經通釋新詮》，頁一五七。華東師範大學出版社印行。

註二二九：詳黃焯《毛詩鄭箋平議》，頁一二三——一二四。上海古籍出版社印行。

註二三〇：引文見程俊英、蔣見元《詩經注析》上冊，頁三七二。

註二三一：詳程俊英、蔣見元《詩經注析》上冊，頁三七二。

註二三二：同前註。

註二三三：見林義光《詩經通解》，頁九一。台灣中華書局印行。

註二三四：見吳闓生《詩義會通》，頁一〇七引。

註二三五：見姚際恆《詩經通論》卷八。

註二三六：引文見朱鑑《詩傳遺說》卷二引〈答呂祖謙〉書。

註二三七：詳王柏《詩疑》卷一。

註二三八：見王質《詩總聞》卷八。

註二三九：參閱張學波《詩經篇旨通考》及郝志達《國風詩旨纂解》中關於〈七月〉一詩之討論。

註二四〇：見方玉潤《詩經原始》卷八。

註二四一：參閱郝志達《國風詩旨纂解》，頁五七四所引郭沫若〈由古代農事詩討論到周代社會〉之文。

註二四二：李中華、楊合鳴《詩經主題辨析》與郝志達《國風詩旨纂解》皆引用《中國詩史》這一段話，但查陸侃如之書，實無此語，詳情有待進一步查證。這裡照引其語，只是表示有學者對於〈七月〉的作者有這麼一種看法。

註二四三：引文見程俊英、蔣見元《詩經注析》上冊，頁四〇六。

註二四四：參閱屈萬里《詩經釋義》，頁一八六；糜文開、裴普賢《詩經欣賞與研究》，改編版，第二冊，頁六九九。

註二四五：參閱高亨《詩經今注》，頁一九九；孫作雲《詩經與周代社會研究》，頁一八五——二〇三；唐莫堯、袁愈嫈《詩經新譯注》，頁二三八；安徽出版社《詩經鑒賞辭典》，頁三七〇——三七三；郝志達《國風詩旨纂解》，頁五七四。

註二四六：見安徽出版社《詩經鑒賞辭典》，頁三七〇。

註二四七：參閱閻方英、尹英華《中國農業發展史》，頁五七。天津科學技術出版社印行。

註二四八：參閱孫作雲《詩經與周代社會研究》，頁二〇二。

註二四九：同註二四〇。

註二五〇：參閱郝志達《國風詩旨纂解》，頁五七四；閻方英、尹英華《中國農業史》，頁五七。

註二五一：參閱孫作雲《詩經與周代社會研究》，頁七五——一六四。

第四章 《詩說》說《雅》詩析評

前章所討論的一些《國風》詩篇，收在惠周惕《詩說》卷中，其卷下則爲《雅》《頌》諸詩之解說。以篇幅而論，《雅》詩佔有卷下之八成，故亦可謂《詩說》之另一重點。

第一節 《小雅・鹿鳴之什》《南有嘉魚之什》《甫田之什》與《魚藻之什》

一、論《小雅》屢言燕饗之故，與先王行禮之所以儉而易行

朱子在《詩集傳》中曾以「燕饗之樂」與「會朝之樂」區分正《小雅》與正《大雅》，由於認定「正《小雅》」乃「燕饗之樂」，所以朱子又以「正《小雅》」諸詩「歡欣和說，以盡群下之情」，（卷九）此種由詩之音聲以別大小二《雅》的方式，大致爲惠周惕所採用，但對於朱子未能離乎《序》之所謂政，惠氏仍表示了他的不滿，此皆見於《詩說》卷上首條，本書二章業已討論過，而在卷下中，惠氏則特闢專條以論《小雅》屢言燕饗飲食之故：

燕饗，小節也，而禮詳載之；飲食，細故也，而《詩》屢言之；何也？先王所以通上下之情，而教天下尊賢親親之意也。〈鹿鳴〉燕群臣，〈常棣〉燕兄弟，〈伐木〉燕友朋，群臣、兄弟、友朋得其所，而天下治矣。于是爲之賓主以晝其懽，爲之揖讓百拜以習其禮，爲之琴瑟鐘鼓以和其心，爲之酒監酒史以防其失，爲之司射誘射以分別其賢不肖，蓋明示以歡欣交愉之情，而隱折其驕悍不馴之氣，使之反情和志，怡然自化而不自知，此聖人治天下之微權也。自宴享之禮廢，而上下之情不通，〈賓之初筵〉作，于是天子無嘉賓；〈頍弁〉之詩作，于是天子無兄弟；〈瓠葉〉之詩作，于是天子無友朋；懷疑抱隙，相怨一方，而天下遂自此多故矣。誰謂飲食乃細故哉！（《詩說》卷下，第廿一條）

《小雅》中確實不乏燕饗飲食之詩，其中，〈鹿鳴〉既是《小雅》首篇，也是燕饗之樂的代表，（註二）〈常棣〉與〈伐木〉亦爲此類作品之名篇。惠氏認爲，《詩》屢言燕饗飲食，此中自有「先王所以通上下之情，而教天下尊賢親親之意」在，我們從〈鹿鳴〉的飲酒奏樂，君臣盡歡，〈常棣〉的標榜「凡今之人，莫如兄弟」，〈伐木〉的渲染親朋歡宴的熱鬧氣氛（註二）來看，這些作品的編入《詩》中，不應說是沒有深意的。《詩序》說：「〈鹿鳴〉，燕群臣嘉賓也。既飲食之，又實幣帛筐篚，以將其厚意，然後忠臣嘉賓得盡其心矣。」又在「〈伐木〉，燕朋友故舊也」下說：「自天子至于庶人，未有不須友以成者。親親以睦，友賢不棄，不遺故舊，則民德歸厚矣。」這就是惠氏所說的，「通上下之情」、「尊賢親親」。

惠氏又以〈賓之初筵〉〈頍弁〉與〈瓠葉〉爲「宴享之禮廢，而上下之情不通」之作，這是同意《詩序》而有的一種論說。《詩序》：「〈賓之初筵〉，衛武公刺時也。幽王荒廢，媟近小人，飲酒無度，天下化之。君臣上下，沈湎淫液，武公既入，而作是詩。」此說後人多認爲並無確據，《朱傳》謂爲衛武公飲酒悔過之作，後人同樣也謂「亦無確據」。（註三）假如以「無確據」來挑剔《詩序》，那麼《詩序》可信的恐怕百不得一。以作《序》者身負說教的重責大任的背景來看，他們把握住了〈賓之初筵〉三章至五章關於醉態的描摹，落實到衛武公刺幽王之飲酒無度，即使不無瑕疵可議，（註四）亦可謂完成了任務。《詩序》又說：「〈頍弁〉，諸公刺幽王也。暴戾無親，不能宴樂同姓，親睦九族，孤危將亡，故作是詩也。」「〈瓠葉〉，大夫刺幽王也。上棄禮而不能行，雖有牲牢饔餼，不肯用也。故思古之人不以微薄廢禮焉。」這些當然也都逃不過後人牽附過遠之譏，（註五）但以惠氏一貫尊重《詩序》的立場，其借《序》說以論飲食非細故，乃屬天經地義，吾人若由《詩序》之未必盡合詩義，而來對惠氏之說洗垢求瘢，似顯多此一舉了。

惠氏又據若干詩句，而論先王行禮之所以儉而易行：

〈天保〉之言祭也，曰「吉蠲爲饎，是用孝享」；〈六月〉之言燕也，曰「飲御諸友，炰鱉膾鯉」；〈楚茨〉之獻皇祖也，曰「中田有廬，疆場有瓜」；〈瓠葉〉之酌君子也，曰「有兔斯首，炮之燔之」；至于《風》之〈采蘩〉、〈采蘋〉，《雅》之〈行葦〉、〈洞酌〉，何其儉而易行與？先王之意，非不知備物之爲貴，多品之爲誠，而如是止者，以爲後將不可繼也。後

不可繼，天下必有因此而廢禮者，則何如儉而屢行之爲愈也。」（《詩說》卷下，第廿六條）

此處引以論說之詩，以《小雅》爲主，而亦旁及《召南》與《大雅》。〈天保〉據《序》所云係「下報上」之詩，「君能下下以成其政，臣能歸美以報其上焉」。其四章云「吉蠲爲饎，是用孝享」，言取吉日潔身獻酒食爲祭，乃用孝享。（註六）〈六月〉之主題如《序》所云是「宣王北伐也」，而季本「尹吉甫伐玁狁成功而歸，以飲御諸友，故在朝之君子作此以美之」（註七）之說更爲完整。其末章有「飲御諸友，炰鱉膾鯉」之語，這是說「爲歡燕諸位親友，吃的是蒸鱉與鮮魚」。（註八）〈楚茨〉「極言祭祀，所以事神受福之節，致詳致備」，（註九）但惠氏所云獻皇祖有「中田有廬，疆場有瓜」之句，係在同屬《谷風之什》的〈信南山〉中，當爲惠氏一時筆誤。（註一〇）〈信南山〉「意義與〈楚茨〉略同，皆因祀事而作，特溯其本始而先從田功言之」，（註一一）又因此詩有「獻之皇祖」等語，當是王者之祭禮。（註一二）其四章云「中田有廬，疆場有瓜。是剝是菹，獻之皇祖」，此謂以農穫祭祀。〈瓠葉〉爲《小雅》中典型之燕飲之詩，（註一三）宴客之君子除了「有酒」之外，其待客之道是「幡幡瓠葉，采之亨之」（一章）、「有兔斯首，炮之燔之」（二章），誠如方玉潤所言，「不以物薄廢禮也」，「大抵古人燕賓，情眞而意摯，不以豐備而寡情，亦不以微薄而廢禮」。（註一四）至於〈采蘩〉、〈采蘋〉中所採用在「公侯之事」、「公侯之宮」的蘩、蘋與藻，皆微不足道之薄物，〈行葦〉述祭畢而燕父兄耆老，（註一五）亦不過云「醓醢以薦，或燔或炙。嘉殽脾臄，或歌或咢」而已；由上觀之，先王行禮似如惠氏所言，儉而易行。又依惠氏之說，先王倒非不知備物爲貴，多品爲誠，唯慮及後世難乎爲繼而廢禮，故寧可力求簡約以使後人能履行之。平心而論，惠氏作此推測，雖無大病，畢竟純屬意必之言，無甚意義。抑有進者，要討論先王之行禮，《詩》固是不容忽視的典籍，但亦絕不可僅憑此就要來論古代的禮物、禮儀或禮意，（註一六）即使再加上《三禮》也不夠，最起碼要做到顧頡剛所說的「應當從甲骨文中歸納出眞商禮，從金文、《詩》、《書》《春秋》《左傳》《國語》中歸納出眞周禮，《史記》《漢書》中歸納出漢禮，而更以之與儒家及諸子所傳的禮書禮說相比較，庶幾可得有比較眞的結論」，（註一七）這其實就是朱子早已提示過的，「須是且將散失諸禮錯綜參考，令節文度數一一著實，方可推明其義」，（註一八）沒有辦法做到這樣的工夫，再怎麼努力解說古禮恐猶未達一間。

除此之外，我在這裡未曾言及《大雅．泂酌》，是因惠氏用此詩以說先王行禮儉而易行，應當是誤解了詩義。〈泂酌〉是盼望國君愛民之詩，（註一九）首章云：「泂酌彼行潦，挹彼注茲，可以餴饎。豈弟君子，民之父母。」可能是「可以餴饎」之句誤導了惠氏。可以確定這是興的寫作方式，或謂此章「言遠酌彼流潦之水，以注於此則可以蒸飯爲酒食也。謂蒸飯酒食之事，當須遠至行潦，泂而注之；至若君子，爲民之父母，固當有豈弟慈祥之心，多施恩澤，勤政愛民，民始能歸之也」，（註二〇）或謂「舀取路邊積水，灌在盛器中澄清後用來蒸飯菜或洗滌器皿，這可能是古代乾旱的西北地區人們的生活習慣，詩人擷取以爲興句。其興意在于，以水在生活中的重要，象徵君子『爲民父母』，在百姓心目中的崇高」，（註二一）不論何者爲詩人本義，皆不能取以說明先王之行禮儉而易行，惠氏將〈洞酌〉納入本條中，以與〈天保〉諸詩相提並論，殊為無當。

二、〈常棣〉與〈伐木〉之比興之義

前文提到〈常棣〉與〈伐木〉乃是《小雅》燕饗之作的名篇，惠氏認為前者有比喻的技巧在，後者則為興詩：

> 比常棣于兄弟，一本之榮，無偏萎也；興伐木于友朋，眾力之聚，無廢功也。故安樂而棄兄弟，是自斃其本矣，富貴而棄友朋，是自翦其助矣。（《詩說》卷下，第一條）

在第二章中，我們曾討論過惠周惕的「興、比、賦合而後成詩」，在此處或因用字過少，看不出惠氏如何以「興、比、賦合而後成詩」的理論詮釋〈常棣〉與〈伐木〉二詩。事實上，與其說這裡討論的是詩的作法，不如說是討論詩的意義。如果只是純粹就詩論詩，說〈伐木〉是興詩應該不會有何異議，但要說〈常棣〉是比詩，難免會引來一些不一樣的看法。《毛傳》在〈常棣〉「常棣之華，鄂不韡韡」句下註明這是興詩，《朱傳》以為此篇八章中，一、三兩章「興也」，其餘各章「賦也」。嚴粲《詩緝》也標此篇為興詩。何楷《詩經世本古義》標一章為興，三章為比，其餘各章為賦。姚際恒《詩經通論》標一章為興，三章「興而比」，其餘各章為賦。似乎要找到強調〈常棣〉首章是比的寫作手法的反倒很困難，唯有鄭玄為《毛詩》作《箋》，解釋《毛傳》之「興也」說：「興者，喻弟以敬事兄，兄以榮覆弟，恩義之顯，亦韡韡然。」由於《鄭箋》說明興義，多用「興者喻」三字開頭，而《毛傳》

於《唐風．葛生》、〈采苓〉、《小雅．黃鳥》等篇，也以喻字說明興義，因此也有人稱毛鄭的興義爲興喻之說，（註二二）如果此說可以成立，我們也可以說，惠氏的興義是不僅是興喻之說，也是興賦之說，因爲他在《詩說》卷上第五條中明言「興兼比賦」、「言興而比賦在其中」，既然如此，他說「比常棣於兄弟」就是認爲〈常棣〉有比喻的技巧，但仍爲興詩；興詩而以比喻釋之，自然會招來一些反對之聲，（註二三）其實這些反對是不必要的，賦、比、興是後人歸納的《詩》之創作技巧，三百多篇的作品豈是三種方式所能一網打盡的？比興可以各自有其界說，但不表示二者不容許有其交集之處，朱子以爲興有兼比以取義之興，也有不兼比不取義之單純之興，（註二四）呂祖謙也說：「興與比相近而難辨，興多兼比……，興之兼比者，徒以爲比，則失其意味矣；興之不兼比者，誤以爲比，則失之穿鑿矣。」（註二五）這不但不是和稀泥，反倒是較開明通達的論見，即如譏評《詩集傳》「所謂興、比、賦的詩篇，是定得再凌亂糊塗沒有的」的近人鍾敬文，也不得不承認興詩有「純興詩」與「興而帶有比意的詩」兩種；（註二六）而認爲「若比而可爲興，興而可爲比，則比興尚有何分別？」的王靜芝，其釋〈常棣〉首章是這樣的：「第一章，由常棣之華，鄂不韡韡起興：言常棣花開，其所以燦然可觀者，以其承華之鄂，及鄂足之爲拊者，相互連綴扶持，而成其光明也。因以喻兄弟手足之親，相關連理，若能念及常棣之華與鄂拊間相關之義，則知今之人，莫如兄弟之相親者也。」（註二七）我無法不爲王氏的解說〈常棣〉首章叫好，也由此而對他的比興一定要判然可分的主張感到困惑。

關於賦、比、興三者之間的可以有交集之處，葉嘉瑩有一段話是可以成立的：

我們在討論「賦、比、興」三種不同性質之詩歌時，就必須既注意到其理論方面之可以區分的差別性，也同時注意到其本質上之可以相通的共同性，這才是一種比較周全而正確的認識，同時也是我們在討論中國古典詩歌中的形象與情意之關係時，所當具有的一種最基本的認識。（註二八）

有了這樣的認識，對於某些詩篇究竟是賦、比、興中的那一種手法，學者的看法常有出入，我們也就大可不必咄咄稱奇了。何況「比」「興」兩者有逐漸結合的趨勢，早已形成一個新的詞語，代表一個新的觀念，（註二九）我們又怎能武斷地說比興非涇渭分明不可呢？

明乎此，可以知道惠氏以比說〈常棣〉，以興說〈伐木〉，要無可非議，然由此而強調的不可因安樂富貴而棄兄弟友朋，實是卑之無甚高論。

三、論周家防禦之失

二《雅》中不乏優秀的史詩，史詩可以說是人類早期的藝術範本，是集民族口頭藝術之大成的創作結晶；（註三〇）閱讀史詩，使人更加了解祖先的活動歷程，當然，也容易使人讀後感觸良多。惠周惕在《詩說》中特闢一條，抒發他閱讀〈采薇〉等詩之後的感慨：

> 文王之於混夷也，始命南仲伐之，既城朔方禦之，又遣戍役以守衛之，觀〈采薇〉、〈出車〉、〈杕杜〉三章，經畫之次第，防禦之精密，尚可想而知也。自是以後，一壞於穆王，再壞於宣王。穆

王之北伐也，遷畎夷于太原，則朔方之險，吾與彼共之，而防禦不足恃矣。宣王之北伐也，僅至太原，不修城隍，不設戍兵，其計固已疎矣，而又東征西討，以自挫其威于千畝，則畎夷有不窺其隙而動其心者乎？幽王之禍，吾固于宣王時卜之矣。（《詩說》卷下，第二條）

研讀史詩若不能扣緊其背景，則其可以爲史的功能即不復存在，遺憾的是，惠氏對於〈采薇〉、〈出車〉與〈杕杜〉三詩，緣於受到《詩序》的誤導，弄擰了詩的時代背景，抒發了不必要有的慨歎。《詩序》視〈采薇〉等三篇爲同一組詩：

〈采薇〉，遣戍役也。文王之時，西有昆夷之患，北有玁狁之難，以天子之命命將率，遣戍役以守衛中國。故歌〈采薇〉之遣之，〈出車〉以勞之，〈杕杜〉以勤歸也。

《鄭箋》對此的說明是「文王爲西伯服事殷之時也。昆夷，西戎也。天子，殷王也。戍，守也。西伯以殷王之命，命其屬爲將率，將戍役禦西戎及北狄之難。歌〈采薇〉以遣之。〈杕杜〉勤歸者，以其勤勞之故，於其歸，歌〈杕杜〉以休息之」。鄭玄以《序》之所謂天子爲殷王，是否爲作《序》者本意不得而知，但文王既未曾自命爲王，則其說似可成立。《孔疏》亦云：「文王之時，西有昆夷之患，北有玁狁之難，來侵犯中國。文王乃以天子殷王之命，命其屬爲將率，遣屯戍之，役人北攘玁狁，西伐西戎，以防守捍衛中國，故歌〈采薇〉以遣之。」此一說法與《逸周書．敘》「文王立，西距昆夷，北備玁狁，謀武以昭威懷，作〈武稱〉」之說是相合的，故朱右曾注曰：「昆夷，畎夷。玁狁，北狄。《詩．采薇．序》與此略同。」《逸周書》雖然可能是先秦古籍，（註三一）但絕無法保證其所述之古事全然可信，即如眞正出自先秦的伏生《尚書》二十九篇亦是如此。

朱子《詩序辨說》疑〈采薇〉「未必文王之詩」，何楷謂詩作於季歷之世，汪梧鳳與魏源謂作於宣王之世，王先謙則據《魯》、《齊》遺說，以爲今文三家說〈采薇〉爲懿王之世之詩，並以此評《毛序》「可謂謬矣」，今人陳直展則謂玁狁患周非止一世，《詩序》之說未爲不可，（註三二）由此觀之，於《詩序》之說，後人意見頗多紛歧，然而，《詩序》之說終究不可深信，屈萬里之釋〈采薇〉即云：「此當是戍役者所自作。又按：玁狁一名，西周中葉以後始有之，殷末周初稱鬼方（王國維有說，見所著〈鬼方昆夷玁狁考〉）。詩中屢言玁狁，知此乃西周中葉以後之詩；舊謂作於文王時者，非也。以〈出車〉及〈六月〉諸詩證之，此詩蓋作於宣王之世。」（註三三）既然西周中葉以後始有玁狁一名，而〈采薇〉、〈出車〉又屢言玁狁，自然不會作於文王之世，《漢書·匈奴傳》以〈出車〉爲宣王時詩，豈非無據？（註三四）假若不去確指〈采薇〉諸詩的時代，則至少可以認定《詩序》文王時作之說爲不可相信。既然如此，惠周惕說文王於混夷也，經畫如何如何，防禦如何如何，就變得毫無意義。

在《詩說》此條中，穆王、宣王成爲被撻伐的對象。穆王是西周中期的一位採取征伐政策的天子，其主要敵人爲西方之犬戎，其西征據史書記載有二次，一次是《國語·周語》所載的穆王征犬戎，獲四白鹿、四白狼以歸，一次是《後漢書·西羌傳》說的穆王西征犬戎，「獲其五王，遂遷戎于太原」，兩次都有收獲，可算是勝利。（註三五）雖然如此，惠氏之謂「遷畎夷于太原，則朔方之險，吾與彼共之」，仍是可以說得通的，這是他個人讀史的一點意見，與《詩》無涉。至於他的力斥宣王更是讓人首肯。宣王時代周人最大的敵人是西北方的犬戎、北方的玁狁，以及西方的西戎。他命秦仲討伐西戎，命尹吉甫討伐玁狁，命方叔征荊蠻，命召穆公伐淮夷，又親率六師以征伐徐戎，武功之強大，博得「宣王中興」之名，但周之國勢至此亦已成強弩之末，國庫爲此而空虛不少，並且犬戎之禍也未根本解決，宣王三十九年，千畝之戰，且爲姜氏之戎所敗，這些可以說是衆所周知的西周歷史常識。惠氏「自挫其威于千畝」、「幽王之禍，吾固于宣王時卜之矣」的議論均是諦評。但是，這些感慨都必須在〈采薇〉、〈出車〉、〈杕杜〉作於文王時方有意義，以近人通過考證而將〈采薇〉、〈出車〉等詩歸之於宣王時代來看，惠氏《詩說》此條恐怕是可以刪除的。

四、從〈車攻〉「搏獸于敖」之「敖」談起

《南有嘉魚之什》的〈車攻篇〉三章云：「之子于苗，選徒囂囂；建旐設旄，搏獸于敖」，《毛傳》：「之子，有司也。夏獵曰苗。囂囂，聲也。維數車徒者爲有聲也。敖，地名。」《鄭箋》：「于，曰也。敖，鄭地，令近滎陽。」且不論《毛傳》之解釋是否可取，其僅謂敖爲「地名」，確是失之過簡，《鄭箋》謂敖爲鄭地，令近滎陽，（註三六）已算具體，王應麟《詩地理考》旁徵博引，說明了敖之所在：「《郡縣志》：『敖山在鄭州滎澤縣西十五里，春秋時，晉師在敖、鄗之間（二山名，在滎陽縣西北）。』……《括志地》：『滎陽故城在鄭州滎澤縣西南十七里，殷時敖地，周時名北制，

在放山之陽。」《水經》「濟水東逕敖山北」，《注》云：「《詩》「薄狩于敖」，山上有城，殷仲丁所遷，秦置倉於其中，亦曰敖倉城。」……呂氏曰：「晉師救鄭，在敖、鄗之間，設七覆于敖前，則敖山之下平曠可以屯兵翳薈，可以設伏，東有甫草，即此地。《郡國志》：『河南滎陽有敖亭，周宣王狩于敖。』」」（註三七）按敖本山名，地在河南滎澤縣附近，本爲周有，後鄭強而周弱，遂爲鄭所強佔，東都朝會，田獵之禮因而不行。（註三八）惠周惕在《詩說》中也爲敖之一地特闢一條：

> 敖在鄭州滎澤縣西十五里，《左傳》所謂設七覆于敖前是也。又《左傳》「晉師在敖、鄗之間」，《郡縣志》：「敖、鄗，二山名。」《通鑑地里通釋》引《詩》爲證，而《外傳》又有「杜伯射王於鄗」之文，《周春秋》亦言「宣王會諸侯田于圃，杜伯從道左射王」，豈圃即圃田，鄗即敖、鄗之鄗邪？（原注：《鄭箋》「甫草」即「圃田」）第《周春秋》又云：「射王中心，折脊而死。」考之詩辭，與此不類，以意度之，杜伯者，公子彭生之類也。襄公見彭生未嘗死，杜伯射王當亦未必死也。且《外傳》第言射王，不言王死，豈《周春秋》附會以言死與？韋昭《注》：「鄗，鄗京。」不知何據？姑存此以俟博雅者論定焉。（《詩說》卷下，第三條）

由於王氏《詩地理考》於敖之說已極周詳，惠氏未能再提出新的資料，但《詩說》此條從敖談到鄗及其他相關之記載，這就牽涉到《詩序》及〈車攻〉首二章之文字了。《詩序》：「〈車攻〉，宣王復古也。宣王能內脩政事，外攘夷狄，復文武之竟土；脩車馬，備器械，復會諸侯於東都，因田獵而選車徒焉。」詩首章云：「我車既攻，我馬即同。四牡龐龐，駕言徂東。」二章：「田車既好，四牡孔皐。東有甫草，駕言行狩。」《墨子·明鬼篇》有「周宣王合諸侯而田於圃田」之語，《詩序》蓋本此爲說。詩二章的「甫草」，《毛傳》以甫爲大，《鄭箋》則云：「甫草者，甫田之草也。鄭有甫田。」《朱傳》：「今開封府中牟縣西圃田澤是也。」嚴粲認爲此詩言獵於敖地，不應又言圃田，（註三九）陳啓源則認爲「義亦可通」：「圃田澤在今開封府中牟縣西北七里，敖山在今開封府鄭州河陰縣西北廿里，計二地相去僅百餘里，各舉一名，互見其所在，義亦可通。」（註四〇）敖、鄗與圃田，地本相近，出現在〈車攻〉中，無可非議。惠氏以《國語》及《周春秋》中的圃即圃田，鄗即敖、鄗之鄗，應是事實。另《國語·周語上》韋昭《注》引《周春秋》曰：「宣王殺杜伯而不辜，後三年，宣王會諸侯田于圃，日中，杜伯起於道左，衣朱衣，冠朱冠，操朱弓、朱矢射宣王，中心折脊而死也。」一家之言，未可深信。至於《韋注》以「杜伯射王於鄗」之鄗乃是鄗京，惠氏謂不知何據，從前引文獻觀之，韋昭之誤何庸置疑？胡承珙嘗有「圃即圃田，鄗即敖、鄗之鄗，韋昭以鄗爲鄗京，誤矣」之說，（註四一）可謂直截了當。

第二節 《小雅·鴻鴈之什》與《節南山之什》

一、釋〈鴻鴈〉之「之子于征，劬勞于野」

《詩序》以〈鴻鴈〉爲贊美宣王之詩，又說：「萬民離散，不安其居，而能勞來還定安集之，至于矜寡，無不得其所焉。」《朱傳》之說與此略有出入：「舊說，周室中衰，萬民離散，而宣王能勞來還定安集之，故流民喜之而作此詩，……未有以見其爲宣王之詩。」這兩說自宋至今各擁有相當多的支持者。要裁定《詩序》與朱子孰是孰非，得先看原詩：「鴻鴈于飛，肅肅其羽。之子于征，劬勞于野。爰及矜人，哀此鰥寡。（一章）鴻鴈于飛，集于中澤。之子于垣，百堵皆作。雖則劬勞，其究安宅。（二章）鴻鴈于飛，哀鳴嗸嗸。維此哲人，謂我劬勞；維彼愚人，謂我宣驕。（三章）」從字面上來看，淺顯易解，關鍵句在「之子于征，劬勞于野」、「之子于垣，百堵皆作」，究竟詩之「之子」指的是誰？此一問題一旦確認，篇旨即迎刃而解。

《毛傳》：「之子，侯伯卿士也。劬勞，病苦也。」《鄭箋》：「侯伯卿士，謂諸侯之伯與天子卿士也。是時民既離散，邦國有壞滅者，侯伯久不述職，王使廢於存省諸侯，於是始復之，故美焉。」毛、鄭以「之子」爲周王之使臣，「劬勞」指使臣勤勞於安撫流民，依此，「之子于征，劬勞于野」的意思是周宣王的使臣出使遠方，安撫流民，勞苦於野外；「之子于垣，百堵皆作」是說使臣率領流民去築牆，而成百堵。由於勞苦功高的使臣爲周宣王所派出，肯定他們的辛勞也可視爲贊美周宣王。《朱傳》釋「之子」爲「流民自相謂也」，於是詩中的「之子于征」、「之子于垣」就變成強調流民的辛苦、可憐了。朱子在《集傳》中還說「其劬勞者，皆鰥寡可哀憐之人」，這與《鄭箋》所說的「王之意不徒使此爲諸侯之事，與安集萬民而已。王曰當及此可憐之人……，使有所依附」也截然不同。朱子之說深深影響了現代的學者，臺灣的屈萬里、王靜芝、張學波大抵同意朱子之說，以〈鴻鴈〉爲流民喜得安定之所而作之詩，（註四二）大陸的程俊英、蔣見元採用朱子的見解，而說〈鴻鴈〉是流民自敘悲苦的詩，余冠英肯定「這是詛咒徭役的詩。爲了統治階級的需要，這些矜人，甚至包括鰥寡，都不得不『劬勞于野』」，高亨也強調這是一首民歌，「一個奴隸主下令徵集他的農奴、工匠來給他建築城邑或莊園。勞動人民在徭役中唱出這首歌。」（註四三）這樣，〈鴻鴈〉就有了美刺二種不同之說了。

惠周惕對於「之子」爲「流民自相謂」之說是不敢苟同的，他說：

> 〈鴻鴈〉（按《皇清經解》本《詩說》作「〈鴻雁〉」，此據《借月山房彙鈔》本）「之子于征」，《傳》云：「侯伯卿士也。」《詩本義》云：「使臣也。」朱子《集傳》云：「流民自相謂也。」按：《周禮．地官》：「縣都之委積，以待凶荒。」「旅師……，用粟，春頒而秋斂之。凡新甿之治皆聽之，使無征役。」廩人掌九穀，以治年之凶荒，令邦移民就穀。旅師、遺人皆士，廩人有下大夫二人，則賑貸存恤之事必有大夫、士以主之，即詩所謂之子者也。「劬勞于野」，言之子拊循流民，身新勞勸之事，所以美之也。若流民相謂，豈特劬勞而已邪！
>
> （《詩說》卷下，第四條）

惠氏從《周禮．地官》上來找資料，認爲周代負責賑貸存恤者必有大夫、士以主之，〈鴻鴈〉之「之子」指的就是這些人，其說可以存參，但他的駁朱子之說，祇在「若流民相謂，豈特劬勞而已」數字，似乎不足以服人。然則「之子」也者，毛、鄭與朱子孰說爲是？其實，只要將詩多讀幾遍，即可明白以

「之子于征」爲流民自相謂，殊爲不類；姚際恆曾根據〈鴻鴈〉中的人物關係，考察詩義及作者，其說是無可挑剔的：

> 《小序》謂「美宣王」。謂宣王，亦近是；然美之者何人乎？《集傳》因以爲「流民喜而作此詩」，非也。「哀此鰥寡」，此者，上之人指民而言，未有自以爲「此」者也。「之子」明指他人，今以「之子」爲流民自相謂，亦不類。嚴氏謂「流民美使臣之詩」，然以首章「劬勞」指使臣，下二章「劬勞」自相謂，亦非。陳道掌曰：「〈鹿鳴〉至此二十餘篇，皆朝廷制作；不應採民謠一篇雜入其中。」其說是也。此詩爲宣王命使臣安集流民而作，「之子」，指使臣也。篇中三「劬勞」皆屬使臣言；末章「謂我劬勞」，亦代使臣「我」也。「宣驕」，即「可與圖終，難與慮始」之意。（註四四）

姚氏從〈鴻鴈〉中的人物稱謂，確認了此詩非爲流民之作，其說是可從的。他並且解決了〈鴻鴈〉三章「維此哲人，謂我劬勞；維彼愚人，謂我宣驕」的「我」字費解的問題，（註四五）可見《詩序》及《傳》《箋》之說是可以成立的。

今人翟相君在〈鴻鴈非民歌〉一文中，考定「鴻鴈于飛」比喻的是流民；「之子」是指單數的周宣王使臣，不是指複數的流民；（《詩經》中的「之子」除了〈鴻鴈〉外，還有〈桃夭〉、〈漢廣〉……等十篇，沒有一篇的「之子」是指庶民百姓的）「爰及矜人，哀此鰥寡」是說周宣王的使臣，安撫可憐的流民以及鰥寡老人；「維此哲人，謂我劬勞」是說明白事理的人說使臣的工作辛苦；「維彼愚人，謂我宣驕」是指那些不懂事理的人說使臣的行爲驕傲。（三章的兩個「我」字都是詩人代使臣自稱，可釋爲「我的使臣」）（註四六）翟氏之作證據確鑿，〈鴻鴈〉舊說實不宜貿然推翻，惠周惕反對《集傳》之釋〈鴻鴈〉「之子」是應該的。

二、讀〈斯干〉的聯想

《詩序》謂〈斯干〉「宣王考室也」，《朱傳》云：「築室既成，而燕飲以落之，因歌其事。」詩有九章之多，其六、七兩章爲頌禱之詞：「下莞上簟，乃安斯寢。乃寢乃興，乃占我夢。吉夢維何？維熊維羆，維虺維蛇。」「大人占之，維熊維羆，男子之祥。維虺維蛇，女子之祥。」惠氏對此頗有意見：

> 「維熊維羆」，兆幽王之禍；「維虺維蛇」，兆褒姒之亂，安在其爲祥哉！豈宣王末年，好言符瑞，大人所以有是占與？此端一開，〈無羊〉遂有牧人之夢，〈正月〉亦有故老之占，紛紛藉藉，相率而爲訛言矣。」（《詩說》卷下，第五條）

〈斯干〉爲築室初成，頌禱祈吉之單純之詩。《小雅》自〈六月〉以下，《詩序》皆以爲宣王之詩，未知是否有所根據，又有謂成王營洛時作，若朱鬱儀、何玄子，或謂武王考室者，如鄒肇敏，皆臆斷之說，教人如何相信？（註四七）茲假設作詩時代在宣王，「維熊維羆」與「維虺維蛇」亦皆僅單純之句，牽涉及幽王之禍、褒姒之亂，實是反應過度。〈無羊〉與〈正月〉之扯入題中，並歸咎於宣王末年好言符瑞，此又豈非憑空臆造？不僅此也，惠周惕還要據此大肆發揮：

> 周室之亡，訛言亡之也。「民言無嘉」，訛言起于下矣；「具曰予聖」，訛言煽于上矣；「婦有長舌」，訛言及婦人矣。蓋訛言興，則是非眩；是非眩，則邪正淆；邪正淆，則讒譖行；讒譖行，則禍亂及；必至之勢也。齊之稷下，漢之月旦，晉之清談，南北之詩妖，皆訛言類也。〈五行志〉曰：「君炕陽而暴虐，臣畏刑而箝口。」怨謗之氣發于歌謠是也。（同前條）

「民言無嘉」，語出〈節南山〉，此爲家父刺大師及尹氏之詩，句謂民衆對師尹之政，已無好話，這豈是訛言？「具曰予聖」，語出〈正月〉，《詩序》以爲刺幽王之詩，句謂故老和占夢者各自以爲聖，（註四八）這確可以說是訛言。「婦有長舌」，語出《大雅．瞻卬》，此爲刺幽王寵褒姒致亂之詩，直指褒姒爲長舌婦，詩有「婦有長舌，維厲之階」句，謂有此長舌多言之婦，實爲惡之所由至也。（註四九）說訛言及婦人是可以的，但以下卻又大作文章，甚至把齊之稷下，漢之月旦，晉之清談，不論其性質與內涵，一律視爲訛言，這眞可謂是謬悠之說了。而且，惠氏讀《詩》，能從〈斯干〉的頌禱之詞，聯想到妖言之亡國，這豈僅是大放厥詞而已？說是驚世駭俗亦不爲過。

三、辨〈節南山〉等三篇為平王時詩

《詩經》中絕大多數的詩篇，無法確考其時代，這是無可奈何之事。《詩序》的作者道出了不少詩篇的時代，或者逕指刺某君、美某君等等，其出發點無非是便於說教，未必禁得起嚴苛的挑剔，以尊《序》的惠周惕來說，他對於《序》所指出的詩的時世，也不免有直斥其非的時候：

〈節南山〉、〈正月〉、〈雨無正〉，《序》俱謂刺幽王；鄭謂〈十月之交〉以下當刺厲王；孔氏又謂〈雨無正〉斬四國，《箋》云諸侯妄相侵伐，指厲王時；〈沔水〉《箋》云諸侯妄相侵伐，指宣王時，而《論語注》征伐自諸侯出，從平王爲始；三家之說已乖剌不相合矣。（《詩說》卷下，第六條）

《詩序》以〈節南山〉爲家父刺幽王之詩，〈正月〉、〈十月之交〉、〈雨無正〉爲大夫刺幽王之詩，《鄭箋》於前二篇無意見，後二篇則認爲當是刺厲王之詩；孔氏之疏《箋》說，前後又有不同的說法，《序》《箋》《疏》之乖剌不合，正表示〈節南山〉等詩的時代，《詩序》系統的學者們意見不能一致。惠氏指出了這個事實之後，又從詩句本身提出幾個疑點：

詩言亦有可疑者四焉：幽、厲之將亡也，召公知之，芮良夫知之，伯陽父知之，然猶曰其與幾何，曰周室將亡，皆懼而誠其將然之辭。今曰「國既卒斬」，曰「周宗既滅」，直是已然之事矣。若未斬未滅，而以斬滅期之，不幾病風喪心，作詛天子乎？里巷小民爲此言者，猶將隱其姓氏以免禍，不應直言家父作頌也，其可疑一也。檿弧箕服之謠，雖聞于諸侯，然及褒姒之存，王室大夫亦何敢言？今曰「赫赫宗周，褒姒滅之」，其可疑二也。春秋桓八年，天王使家父來聘，十五年，使家父來求車，是家父歷幽、平、桓三王，不應若是之壽，其可疑三也。「謂爾遷于王都」，《箋》以爲王都爲彘，刺群臣之不從王者。厲王之流彘也，宣王在召公之宮，國人圍之，召

公以子代宣王，乃得解厲王之流。宣王尚不能從，而謂群臣能從之乎？且彘不聞有都之名，其可疑四也。（同前條）

〈節南山〉首章有「國既卒斬，何用不監」之語，顯係作於東周之辭。〈雨無正〉二章有「周宗既滅，靡有止戾」之語，周宗，宗周也，（註五〇）「周宗既滅」當指幽王被犬戎所弒而東遷之事。若國家未斬未滅，以上之語無由而作。

〈正月〉八章云：「赫赫宗周，褒姒威之。」（「威」，滅也，惠氏《詩說》引作「滅」）誠如惠氏所說，在褒姒還健在時，王室大夫豈敢出此言？王靜芝先生也說：「意謂或幽王之時，作者意指褒姒之行，可以滅周，故爾。然當幽王之際，以褒姒之盛，誰敢直陳而言？且竟以滅國指之，誠不合理。」（註五一）〈正月〉既有褒姒滅宗周之語，自不可能作於西周。

〈節南山〉末章云：「家父作誦，以究王訩。」（「誦」字，惠氏誤引作「頌」）家父即此詩之作者。《春秋．桓公十五年》有「家父來求車」之記載，歐陽修《詩本義》、季本《詩說解頤》、何楷《世經世本右義》……之主張〈節南山〉為東周桓王時作，皆以此為主要根據，蓋魯桓公十五年即東周桓王二十三年也。惠氏也認為作詩的家父是東周時人，不可能歷幽、平、桓三世。不過，孔穎達在《正義》中提出了一些實證，春秋以前古人同名者甚多，這倒也是事實，作詩的家父是否即求車的家父，殊難斷定，主張是詩作於東周者，似可不必執著於此一證據。

〈雨無正〉末章述勸大臣還王都被拒，詩云：「謂爾遷于王都，曰予未有室家。」《毛傳》：「

賢者不肯遷于王都也。」《鄭箋》：「王流于彘，正大夫離居，同姓之臣從王，思其友而呼之，謂曰：女今可遷居王都，謂彘也。其友辭之云：我未有室家於王都可居也。」此詩鄭玄以爲刺厲王，據《史記・周本紀》記載，厲王無道，大失人心，其後發生民變，厲王出奔於彘，（註五二）太子靜（宣王）匿召公之家，國人聞之，乃圍之，召公以其子代太子，太子竟得脫。惠氏掌握了這一段記載，又以不聞彘有王都之名，以駁鄭玄，其說應是可取的，鄭玄以〈雨無正〉爲刺厲王之詩，未必可信。

在揭舉了舊說的幾個疑點之後，惠氏對於〈節南山〉等詩提出了自己的意見：

今按：〈節南山〉爲家父刺尹氏，而《春秋・隱三年》書平王崩，是年即書尹氏卒，則詩之尹氏即《春秋》之尹氏，其爲平王時無疑矣。《公羊》於尹氏卒爲譏世卿，其說與家父之詩合。家父之求車也在十年之後，其作詩也在十年之前，亦爲不甚懸隔矣。驪山之禍，振古未有，作詩示誡，正宜明言，曰既斬，曰烕之，亦殷鑒不遠之意也。且褒姒于平王爲讎，陳其惡而歸罪焉，亦平王意中之事，無慮其直而罹罪也。〈雨無正〉卒章明刺群臣之不從遷者，《左傳》：「瑕禽曰：昔平王東遷，吾七姓從王。」從王而止七姓，則不從者亦多，何必紛紛曲爲之解也。劉公瑾謂〈節南山〉、〈正月〉、〈雨無正〉皆東周之變雅，其後《雅》亡于上，而《國風》作于下，于是《春秋》託始于隱公之元年，實平王之四十九年，其言甚偉，因廣其意而詳辨之。

（同前條）

在《詩說》此條中，惠氏先破後立，但所破者舊說，所立者亦爲舊說；在反對〈節南山〉諸詩爲西周末年所作的舊說中，或謂詩作於平王之世，或謂詩作於桓王時代，惠氏主張前者，其說大致可信，理由至簡，〈節南山〉有「國既卒斬」語，〈正月〉有「赫赫宗周，褒姒威之」語，其爲東周初年詩更有何疑？〈雨無正〉有「謂爾遷于王都，曰予未有室家」之句，王都蓋謂王城（在洛邑西），東周京都所在之地也，此詩豈非東遷之際，詩人傷時之作？（註五三）至於有相當多的人不願追隨平王東遷，據古本《竹書紀年》，幽王既死，而虢公翰又立王子余臣於攜，周二王並立，亦即二王各自有其擁護者，而平王東遷也頗有一段顛沛之苦，其扈從並不多，平王依賴的就是這些共患難的從亡之士，（註五四）因此〈雨無正〉所說的「謂爾遷于王都，曰予未有室家」，反映的正是當時的事實。惠氏以〈節南山〉等三詩爲東周平王時作，吾人理當接受。

爲〈節南山〉諸詩的時代下了結論之後，惠氏又有兩段設問之辭，其一：

> 或曰：子謂〈節南山〉以下俱是平王時詩，其下〈小宛〉、〈小弁〉，一刺宣王，一刺幽王，安有平王之詩而在幽、宣之前邪？曰：詩體本是歌誦，口相傳授，遭秦滅學，失其倫次者多矣，鄭氏《小雅譜》固云，〈十月之交〉、〈雨無正〉、〈小旻〉、〈小宛〉諸詩，漢初師移其第，〈十月〉《箋》亦云；則簡帙錯亂，非本來之舊明矣。〈節南山〉一篇安知不在移之之中邪？
>
> （《詩說》卷下，第十條）

說《三百篇》失其倫次者多矣，是不爭的事實，不過，惠氏根本不應說「〈節南山〉以下俱是平王時詩」這樣的話，《詩經》的時代沒有人不知道，但每篇作品的完成時候或者登錄時候，是難以確考的。任何一篇詩，只要能約略推測出其創作時代，就已是難能可貴之事，像「〈節南山〉以下俱是平王時詩」的話，是萬萬說不得的，惠氏既出其言，又明知〈小宛〉等詩非平王時詩，於是不得不特爲解說一番，搬磚砸腳之後再設法補救，實非明智之舉。另一段設問之辭是：

> 或曰：節南山舊謂終南山，終南似宜在岐周地，不應在東都也。曰：《詩》言南山屢矣，五在《雅》，二在《風》。在《風》者，《召南》、《齊風》是也。以南山爲終南，則《齊風》亦言終南邪？且《秦風》「終南何有」，則終南自有名稱，何不直指，而改言南山也？又詩曰：「我徂東山」，曰「陟彼北山」，曰「北山有楊」，何以不言東山、北山爲何名也？意《詩》言南山，猶門言東門，國言南國之類，凡在南者，皆可曰南山也，何必指爲終南乎？（《詩說》卷下，第十一條）

《詩》言南山之處頗多，惠氏云「二在《風》」，其實除《召南・草蟲》言「陟彼南山，言采其蕨」、〈殷其靁〉言「殷其靁，在南山之陽」、「在南山之側」、「在南山之下」、《齊風・南山》言「南山崔崔，雄狐綏綏」之外，《曹風・候人》亦言「薈兮蔚兮，南山朝隮」。《毛傳》解〈草蟲〉「南山」爲「周南山」，尹繼美以爲周南山即終南山，又謂《詩》之南山皆指終南，（註五五）這是廣爲後人接受的一種說法，而陳奐則以爲〈草蟲〉之南山爲太一山，即太白山，其說自有其根據。（註五六）《毛傳》又於《齊風》之「南山」曰：「齊南山也。」陳奐與朱右曾皆謂此南山爲牛山，在今山東省臨淄縣南，近人張其昀則謂南山爲泰山山脈。（註五七）《毛傳》又於《曹風》之「南山」曰：「曹南山也。」《元和郡縣志》以爲在曹州濟陰縣東二十里，《寰宇記》則謂在縣東南八十里。（註五八）由此可見《詩》之「南山」所在，學者說頗紛歧，《雅》之「南山」可以不必再一一標示學者異說，蓋其主張與《風》同，不外：㈠《詩》之南山皆指終南山，㈡各篇南山各有所指。對於這兩種說法，惠周惕的主張又與其不同，他認爲《詩》之南山與東山、北山一樣，並未有特定的對象，凡在南者皆可謂之終南，這種見解是正確的，豈有不同地方的作者都喜以「終南山」入詩？又豈有言及太一山、牛山、泰山等不同地方之名山，一律名之曰「南山」？這一條設問之辭，不僅穩住了〈節南山〉時代的定論，也解決了《詩》之南山衆說紛紜的問題。研究《詩經》地理的任遵時以爲，詩人之作多即景取興，南山也者與陶靖節詩「采菊東籬下，悠然見南山」的南山，意正相同，不必實有，更不必強指某山爲南山，這是正確的認識，和惠周惕的說法也沒兩樣，可是他卻因齊境之高山可以稱「崔崔」者唯泰山，乃同意了張其昀之說，以《齊》之「南山」爲泰山山脈，（註五九）這是很可惜的。

四、關於〈十月之交〉

〈十月之交〉是《節南山之什》的第三篇，也是《三百篇》中唯一可以推算確切年月日之作品，至足珍貴。《詩序》以此爲刺幽王之詩，《鄭箋》云：「當爲刺厲王，作《詁訓傳》時，移其篇第，因改之耳。」欲知〈十月之交〉刺的是幽王或是厲王，得從曆法來推算才行。詩首章云：「十月之交，朔月辛卯，日有食之，亦孔之醜。彼月而微，此日而微，今此下民，亦孔之哀。」由於古人以爲日月之食乃天之異變，必緣國之失道，乃有此災異，故首章自天變說起。發生天變之日爲「十月之交，朔月辛卯」，據鄭玄之說，此十月爲「周之十月，夏之八月」，惠周惕是反對這個說法的：

> 鄭氏謂〈十月之交〉是夏八月，蘇子由謂陽月是夏十月，孔氏及孫莘老是鄭說，朱文公及嚴華谷是蘇說。是蘇說者則以《左傳》二至二分日有食之不爲災，又漢歷（按此條所有「歷」字，《皇清經解》本《詩說》皆作「厤」，此據《借月山房彙鈔》本）無幽王八月朔日食之事，惟唐歷有之，出後人附會。是鄭說者則以《春秋．昭七年》四月甲辰朔日有食之，其年八月衛侯惡卒，十一月季孫宿卒，以此知雖在分至亦有災，又漢歷、古歷有差，古歷無推日蝕者，王基獨言周無八月辛卯交會之事，不足信；以此兩說牴牾。……余謂《詩》志歲時皆是夏正，此無俟遠引，即觀下「燁燁震電」之句，已知鄭說之誤，豈有八月震電而詩人詑爲災異者哉！（《詩說》卷下，第七條）

這裡必須先糾正惠氏所犯的一個嚴重的錯誤，所謂「《詩》志歲時皆是夏正」，實爲無稽之談，以《豳風．七月》爲例，詩中的「七月」、「九月」、「四月」、「五月」……等皆指夏曆而言，「一之日」、「二之日」、「三之日」、「四之日」等則均指周曆而言，「一之日」即周曆一月，當夏曆十一月，「二之日」、「三之日」、「四之日」分別相當於夏曆之十二月、一月、二月，詩人夏周二曆混用，這是讀《詩》者應有的常識，不意惠氏竟說出「《詩》志歲時皆是夏正」這樣不合事實的話，委實令人萬分訝異。

《鄭箋》謂〈十月之交〉之「十月」乃是周十月，夏之八月，蘇子由以夏正爲言，謂十月純陰，故稱陽月，陰壯之甚，古尤忌之；朱子宗其說，謂詩之「十月」以夏正言之，建亥之月也。（註六〇）萬充宗力駁蘇、朱之說云：「〈昏義〉云：『男教不修，陽事不得，適見於天，日爲之食。……日食則天子素服而脩六官之職，蕩天下之陽事。』是凡日食皆爲變也，故《春秋》必書，〈莊二十五年〉夏六月日食，此建巳月也，《左傳》稱，唯正月之朔，慝未作，日有食之，於是乎用幣於社，伐鼓於朝，其餘則否。〈昭十七年〉夏六月日食，太史曰：『在此月也，日過分而未至，三辰有災，於是乎百官降物，君不舉，辟移時，樂奏鼓，祝用幣，史用辭。』由是觀之，日食皆爲災，而在正陽巳月爲尤甚，未聞以純陰亥月並言也。蘇氏殆因《爾雅》『十月爲陽』句，而附會此詩，以爲夏正之十月，違《左傳》特異正月不異餘月之義，故知〈十月之交〉即周正建酉之十月，不必指爲夏正之十月也。」（註六一）此說甚是，除非能提出更有力的證據，否則〈十月之交〉之「十月」仍解爲周之十月爲宜。

同意了《鄭箋》之釋「十月」，並不表示連帶也承認〈十月之交〉刺的是厲王，事實上，以曆法推之，厲王二十五年十月朔辛卯，及幽王六年十月朔辛卯，皆有日食，而幽王二年，西周三川皆震，此與詩之三章所述「爗爗震電，不寧不令。百川沸騰，山冢崒崩。高岸爲谷，深谷爲陵。哀今之人，胡憯莫懲」非常吻合，以此證之，則此詩當作於幽王之世，此則清儒阮元早已詳加論證，（註六二）戴震亦從《國語》所載幽王時代西州三州皆震，三川謁，岐山崩，而謂「詩繫之幽王，《國語》亦其一證」，（註六三）由此可以確定詩並非在刺厲王，《鄭箋》之說不宜相信。此外，〈十月之交〉四章有「艷妻煽方處」之語，史書並無厲王寵信艷妻之記載，而幽王之寵愛褒姒，則史書記之甚詳，此亦詩作於幽王時之一旁證。

不過，說〈十月之交〉作於幽王時代，也不表示《詩序》謂「大夫刺幽王也」就一定可信，就詩本文觀之，「前三章言災異之變，四章言致災由於小人，而皇父，小人之魁也，故五、六章專言皇父之惡。七章言小人在位，天降之災，則天變生於人妖也。八章言己之憂勞。而一篇之義終矣」，（註六四）此一篇之義，一言以蔽之，即是刺皇父等當政之人。關於〈十月之交〉之所刺，惠周惕亦以為是皇父：

> 〈十月之交〉，刺皇父也。皇父世為卿士，又握兵柄，曾與司徒、艷妻之輩惑亂幽王，以致亡國。及至平王，尤驕恣不臣，天子不敢問，下民不敢言，詩人特歷數其罪而切責之，艷妻以上，數其前日之惡也。抑此以下，數其今日之罪也。「胡憯莫懲」，所謂天變不足畏也。「不即我謀」，所謂人言不足卹也。曰作，言始自皇父也。曰擇，非命于天子也。不遺一老，有強劫之勢焉。以居徂向，有不奉朝請之心焉。平王乘亂東遷，依人立國，所以容此跋扈之臣，若幽、厲雖衰，威令尚行，未必如此不振也。（《詩說》卷下，第九條）

有如惠氏所分析的，皇父的確是跋扈專權、恣睢自用之人，不僅目無餘子，連天子都不放在眼裡；所謂天災人禍，在詩人看來，天災即是來自人禍，而為害人間之人，就是詩三章所說的「皇父卿士，番維司徒，家伯維宰，仲允膳夫，棸子內史，蹶維趣馬，楀維師氏，艷妻煽方處」這幫人，尤以皇父為罪魁禍首，所以說〈十月之交〉所刺者爲皇父等當政之人，惠氏所言極是。當然，以〈十月之交〉爲刺幽王之詩也不是毫無道理，畢竟皇父之一意孤行，幽王不能說沒有責任，或謂「此詩刺皇父等當政之人，所以刺幽王之昏憒，用人不當，致民生困苦，天怒人怨也」，（註六五）這確是最周延的說法。

〈十月之交〉六章有「皇父孔聖，作都于向」之語，「向」之一地，惠氏也特闢一條予以說明：

> 「皇父孔聖，作都于向」，孔氏曰：「《左傳》桓王與鄭十二邑，向在其中。」按：《隱・二年》「莒人入向」，《杜注》：「向，小國。譙國龍亢縣東南有向城。」《晉書・地理志》：「魏武分沛立譙郡，統縣七，譙、城父、酇、山桑、龍亢、蘄、銍。」是在晉豫州之城也。又《十一年》「王與鄭人蘇忿生之田，溫、原、絺、樊、隰郕、欑茅、向、盟、州、陘、隤、懷」，《杜注》：「向，軹縣西有地名向上。」《晉書・地理志》：「河內郡，漢志，統縣九、野王、州、懷、平皋、河陽、沁水、軹、山陽、溫。」（忠慎按：「漢志」爲「漢置」之誤）「軹」小注：「故周原邑。」是在晉司州之域，河內之地也。今據《正義》及諸說，則皇父之都是河內之向，非龍亢之向矣。河內于東都則近，于西周則遠。皇父若爲幽王卿士，何爲食采遠地？其爲平王時無疑。（《詩說》卷下，第八條）

《毛傳》「向，邑也」的解釋，當然不能滿足清代漢學家的要求，惠氏於是根據《正義》及《左傳・杜注》及《晉書・地理志》之說來找答案。由於他認爲皇父之都是河內之向，距西周較遠，故作都于向乃平王時之事。接著，他還有一段設問之辭：

或曰：周封卿士，安得盡以近地予之？如山甫在樊，蘇公在溫，非皆河內之地乎？曰：王命仲山甫，式是百辟，《書》曰：「司寇蘇公，以長我王國。」皆言諸侯也。諸侯之國，遠近惟命，非若卿士采邑，必近王室也。且都之與國固有閒矣，曰樊、曰蘇，皆國名，未聞河內有向國也。若前所謂龍亢之向，又不在河內矣。（同前條）

依惠氏之意，周封卿士，盡以近地封之，山甫、蘇公之封遠地，乃因二人爲諸侯，遠近惟命，但向爲邑名，非國名，其爲皇父之采邑無疑，故皇父作向事在平王時，若此說可以成立，則〈十月之交〉作於平王時代，非復前文所說的幽王之時，問題是，事實眞的如此嗎？

卿士所食之采邑，主要集中在王畿之內，王畿之內的土地分爲公邑與私邑兩部分，公邑是由王室委派官吏進行管理的田邑，私邑即周王封給公卿大夫的采邑。在西周時代，王畿千里，這是周王直接管轄的行區域，可是到了西周晚期，犬戎等西方政權不斷入寇，蠶食王畿，幽王時代的詩人已經發出了「今也日蹙國百里」的慨嘆，東遷以後，周王室已無力管轄西都王畿，不得已而賜給秦國，而王畿已不及原來的十分之四，采邑的封授權力也由周天子轉移到大國諸侯手中，（註六六）由此可知，在幽王時代權傾一時，胡作非爲的皇父，平王還要在王畿大幅縮小之後，對他百般禮遇，讓他在向邑經營建設，這實在是很難理解的。何況，天災人禍發生在幽王時代，詩人早已忍無可忍，卻要到平王東遷才來作詩諷刺皇父這批人，這如何能令人相信？

現在再說向邑究在何處。向之名見於《春秋》，而地猶可考者凡五，兩處在今河南，兩處在今山東，一處在今安徽；在山東及安徽之向（後者即〈隱二年〉「莒人入向」，《杜注》以爲在譙國龍亢縣東南之向城，而爲惠氏所否定者），皆去周畿過遠，不太可能是皇父所建設之向，（註六七）而在河南的兩處之向，一在今河南濟源縣西南，即桓王與鄭十二邑中之向邑，而杜預以爲在河南軹縣西之向上者，此說爲惠氏所同意，在此之前，明儒朱朝瑛早已據此爲言，當然他並未因此而以爲〈十月之交〉作於東周。（註六八）另一在今河南尉氏縣西南四十里，即〈襄十一年〉「諸侯伐鄭師於向」，而爲惠氏所忽略者。兩處之向，何者爲當年皇父所作？兩地相隔不遠，原本不易判斷何者爲詩所言之向，但濟源之向，周初爲蘇子邑，桓王與鄭，尚繫之蘇忿生，其前不得別封他人，則皇父所都當爲尉氏之向，（註六九）惠氏之說恐非是。

要之，〈十月之交〉確作於幽王之世，詩六章所言「皇父孔聖，作都于向」，係屬反諷；「擇三有事，亶侯多藏。不憖遺一老，俾守我王。擇有車馬，以居徂向」者，誠如顧炎武所言，「王室方騷，人心危懼。皇父以柄國之大臣而營邑於向，於是三有事之多藏者隨之而去矣，庶民之有車馬者隨之而去矣。蓋亦知西戎之已偪，而王室之將傾也」。（註七〇）屈萬里先生以爲，「皇父此舉，蓋先作避亂之準備也」，（註七一）其說甚是。

五、〈小旻〉與〈何人斯〉二詩句引發的感想

《小雅・小旻》據《朱傳》說是「大夫以王惑於邪謀，不能斷以從善，而作此詩」。詩四章云：

「哀哉爲猶！匪先民是程，匪大猶是經；維邇言是聽，維邇言是爭。如彼築室于道謀，是用不潰于成。」《朱傳》：「言哀哉今之爲謀，不以先民爲法，不以大道爲常，其所聽而爭者，皆淺末之言。以是相持，如將築室而與行道之人謀之，人人得爲異論，其能有成也哉！」惠氏對於〈小旻〉的「維邇言是聽」之句，有下面的一段觸發之言：

出話不然，則「邇言是聽」矣，邇言者，諂諛之階也。爲猷不遠，則細娛是玩矣。細娛者，禍亂之伏也。何曾侍武帝，宴退而告其子曰：國家應天受命，創業垂統，未聞經國遠圖，惟說平生常事，及身而已，後嗣其殆乎！此子孫之憂也。（《詩說》卷下，第廿七條）

在上者不能採納善謀，「維邇言是聽」，國勢必然淩遲衰頹，此衆所周知，毋庸強調。惠氏認爲邇言乃諂諛之階，爲猷不遠則細娛是玩，而細娛正是禍亂之伏，又引晉何曾事加重其憂慮之深，如此也構成《詩說》中的一條！從頭到尾都是老生常談，了無新意。

〈何人斯〉的「出此三物」之句，惠氏在《詩說》中也特闢一條專門處理：

君子屢盟，諸侯盟之漸也。「出此三物」，大夫盟之始也。《穀梁傳》曰：「誥誓不及五帝，盟詛不及三王。」盟詛興而政教號令始不行于天下，故《詩》以是刺，《春秋》以是貶也。（《詩說》卷下，第十二條）

《詩序》說〈何人斯〉「蘇公刺暴公也。暴公爲卿士，而譖蘇公焉，故蘇公作是詩以絕之」。《序》說未詳何據，但《淮南子·精神訓》說：「延陵季子不受吳國，而訟閒田者慙矣。」《高注》：「訟閒田者，虞、芮及暴桓公、蘇信公是也。」《詩序》以〈何人斯〉為蘇公刺暴公之作，諒不會是嚮壁虛造，無論如何，此為與友人絕交之詩，文義至顯。

詩第七章云：「伯氏吹壎，仲氏吹篪。及爾如貫，諒不我知。出此三物，以詛爾斯。」據《鄭箋》之說，詩是以伯仲喻兄弟，言「我與女恩如兄弟，其相應和為壎篪，以言俱為王臣，宜相親愛」，「我與女俱為王臣，其相比次如物之在繩索之貫也」。又《毛傳》：「三物，豕、犬、雞也。民不相信則盟詛之。」依此則後三句意謂誠不我知，則出豕犬雞三物以為盟詛。此種刺動物取其血以盟詛之方式，古今屢見，詩言「出此三物，以詛爾斯」，純粹是詩人在面對好友竟然不能瞭解他的情況下，氣急敗壞而有的正常反應，絕不含任何諷刺之意味，這和春秋時代周王室權威衰落，諸侯勢力崛起，各國相互牽制，動輒歃血為盟的情況豈可混為一談？《穀梁傳》說：「誥誓不及五帝，盟詛不及三王。」春秋諸侯明爭暗鬥，爾虞我詐，盟誓之多，指不勝屈，孔子書《春秋》，於此或有貶意，但惠氏「盟詛興而政教號令始不行于天下，故《詩》以是刺」之語，殊非實論。

六、《小雅》言「敬」之深意

「敬」字在《小雅》中出現五次，除了惠周惕之外，大約不會有人認為這是《詩》中值得注意之處：

〈沔水〉詩曰：「吾友敬矣，（忠慎按：《詩》原文作「我友敬矣」）讒言其興。」〈雨無正〉曰：

「凡百君子，各敬爾身。」〈小宛〉曰：「各敬爾儀，天命不又。」〈小弁〉曰：「維桑與梓，必恭敬止。」〈巷伯〉曰：「凡百君子，敬而聽之。」《小雅》言敬，惟此五篇，所以示人處亂弭謗之道，可謂簡而盡矣。（《詩說》卷下，第十三條）

〈沔水〉詩句之意是「我友于今必當儆戒之矣，若今世亂，讒言必將興矣！宜早愼避其害也」，〈雨無正〉說的是「凡百君子，爾皆王之左右，宜各敬爾之身，以行善道，以救國家」，〈小宛〉說的是「宜各自愼謹其威儀，勿失其道。蓋有一失，則天命以去；天命一去，則不可復來也」，〈小弁〉說的是「桑與梓之樹，是我家父母所植而以養蠶製器者也。以其爲父母所植所用，故我必恭敬之也」。〈巷伯〉則是說「凡爲君子，聽而儆之，勿以我人之卑微而不經意也」。（註七二）以上詩句確實都有勸人謹言免禍或自警戒愼之意，惠氏說《小雅》言敬所以示人處亂弭謗之道，可謂平妥之論，但還談不上是什麼精警的見解，在《詩說》中獨立一條另眼相看，似也小題大作。

第三節 《小雅．谷風之什》

一、〈大東〉的解說

〈大東〉是《小雅》七十四篇中極爲精彩的作品之一，分爲七章，每章八句，全篇共二二七字。《詩序》：「〈大東〉，刺亂也。東國困於役而傷於財，譚大夫作是詩以告病焉。」《鄭箋》：「譚國在東，故其大夫尤苦征役之事也。魯莊公十年，齊師滅譚。」作詩年代，鄭玄、孔穎達均定為周幽王時詩，《漢書・古今人表》次譚大夫於厲王世，若是則〈大東〉應是厲王時之作品。從各章的內容來看，此詩可斷言是代表東國人民在久役重賦的苦痛中，對西方周室貴族的不平之鳴。作品時代，從寬判定，則是西周厲王至幽王之世，不會遲於平王的東遷。（註七三）

〈大東〉二章云：「小東大東，杼柚其空。糾糾葛屨，可以履霜。佻佻公子，行彼周行。既往既來，使我心疚。」這是寫東國之困窘，西人之浮奢。（註七四）東國因賦斂之重，杼柚之上空無一物，夏日之葛屨，尚且行走在冬日之霜上，人民之困窮至此。詩中的「小東大東」，《毛傳》未作解釋，《鄭箋》說：「小也，大也，謂賦斂之多少也。小亦於東，大亦於東，言其政偏，失砥矢之道也。」《朱傳》則說：「小東大東，東方小大之國也。自周視之，則諸侯之國皆在東方。」李光地《詩所》則以之為東都大小國邑。（註七五）以上之解說，以《朱傳》最受後人認同。惠周惕對於詩之「小東大東」自有其心得：

「小東大東」，言東國之遠近也。《魯頌》「遂荒大東」，《箋》云：「極東也。」《周禮・大司徒》：「以土圭之灋測土深，正日景……，日東則景夕，多風。」《注》謂「大東，近日也」。《賈疏》云：「鄭意以日出東方而西流，故言東表為近日。」以極東為大東，正與《魯頌》之辭合矣。遠言大，則近言小又可知矣。譚在濟南平陵縣，實是東國，因其國而及其鄰封，故言「小東大東」也。（《詩說》卷下，第十四條）

從《魯頌・閟宮》「遂荒大東」的《鄭箋》之解，到《周禮・大司徒》的《鄭注》與《賈疏》，我們可以發現，惠氏謂「小東大東」言東國之遠近是信而有徵的，這個見解爲《朱傳》所不及，應該可視作「小東大東」的正詁。程俊英、蔣見元在其合著的《詩經注析》中，於「小東大東」之解釋，就是採用惠氏《詩說》的意見，他們說：「小東大東，指東方各諸侯國。離周京遠的稱大東，稍近的稱小東。」（註七六）〈大東篇〉的「小東大東」之句原本就是這麼簡單。

對於詩的第四章，惠氏也表達了他的意見：

> 「舟人之子」，《傳》曰：「舟楫之人。」鄭曰：「舟當作周。」朱子《集傳》用毛說。按：《集古錄》庚父敦銘有伯庶父作王孤舟尊敦，或謂舟爲丹，又以爲井，董廣川以爲朱鮪集字舟爲古文周字，顧野王釋亦引《詩》爲證。又史伯碩父鼎銘亦有「王母舟母」四十二字，則舟即爲周，「舟人之子」即上文「西人之子」也。又按：《外傳》：「禿姓舟人，則周滅之。」韋昭《注》：「舟人，國名。」《韓詩外傳》：「文王舉太公于舟人。」舟人見經傳者惟此，姑存以備參考。（《詩說》卷下，第十五條）

〈大東〉四章云：「東人之子，職勞不來。西人之子，粲粲衣服。舟人之子，熊羆是裘。私人之子，百僚是試。」前四句是說「東人所主職事，雖勞苦而不加撫慰。西人京師之人，則鮮盛其衣服，游娛自樂」，（註七七）這是本章中最無爭議之處。第五句的「舟人之子」則毛鄭說異，一以「舟」爲「舟楫之人」，一謂「舟當作周」。若依毛說，則詩後四句意爲「至於操舟者之子，亦以熊羆爲裘，私家賤人之子，亦皆試用而爲官僚」；（註七八）此以西人之卑賤者亦得享美服厚祿，以凸顯東人之慘遭剝削。若依鄭說，則舟人之子無異前句之「西人之子」，於詩義只能勉強說通，雖然另有古文字爲證，但惠氏據而判定鄭說爲是，吾人恐怕不能立即接受。同時，鄭玄又以「裘」當作「求」，此一改字之舉是否明智，也有待斟酌。

舟、周有時可以通用，除了有古文字爲證之外，古書的舟與周有互借例，也使鄭玄之說廣受今人肯定，如《說苑・立節》之華舟，《左傳・襄公二十三年》作華周，《考工記・總目》「作舟以行水」，《鄭注》：「故書舟作周。」皆音近互借。（註七九）

然而，舟、周可以互借，不表示詩之「舟人之子」非解爲「周人之子」不可，還得看用借字說解是否一定勝過舊說。前面我已說過，《毛傳》之說正可凸顯東人之慘遭剝削，若依《鄭箋》「舟當作周，裘當作求」，則此中的強烈對比立即蕩然無存，有無必要借字或改字以解經，不是很清楚了嗎？清儒陳啓源說：「舟楫之人、私家之人，亦各就一事指陳之，而鄭獨謂舟當作周，此處忽明出周字，是何文理！」（註八〇）胡承珙說：「若作周人，仍與西人無別，且經言人不言臣也。舟人私人，自即於西人之中特舉其卑賤者，以見官之師旅不勝其富耳。」（註八一）日人竹添光鴻也說：「『舟人之子，熊羆是裘』者，上西人之子謂在官者，舟人私人當有所指，言廝役之賤，皆濫冠裳，享祿食。熊羆是裘，熊羆非裘制所有，益見其踰侈。鄭易舟爲周，裘爲求……，西人即謂周人，何得又以舟爲周？上言衣服，下言裘，本一例，何得別爲求？《箋》改字以此爲最多事。」（註八二）上述批評《

鄭箋》之說，絕非無的放矢，惠氏從古文字上來找依據，充其量僅能證明周、舟早有互用之情事，若因此而裁定鄭說勝過《毛傳》，恐言及過早。

除上所言「小東大東」與「舟人之子」之外，〈大東〉的五、六、七章更是惠氏《詩說》著力之所在：

〈大東〉五、六、七章，刺當時君臣后妃也。劉向曰：「天官列宿在位之象。」則星辰無虛名者，此詩人不敢直陳而託之星象也。曰「維天有漢，監亦有光」，譏臣失度，而君不明也。《爾雅》：「天漢，析木之津。」〈天文志〉：「天漢起東方，經箕尾間，分南北二道。《石氏》曰：『天漢，天一所生，所以爲東南西北之限。』」其行其合，其起其止，皆有常度，猶人臣之有常職，越度曠職則人君爲虛位，猶天漢之徒明矣。織女，刺後宮也。〈天文志〉：「織女三星在河北，天紀、東端、天女也。」《晉書》：「杜皇后未崩之前，三吳女子相與簪白花，傳言天公、織女死，爲之著服，至是后崩。」故知織女爲後宮也。此章前後詩俱刺幽王，〈大東〉所謂織女，豈即艷妻之類邪？（《詩說》卷下，第十六條）

〈大東〉在前四章已發出了一連串的不平之鳴，第五章再以「或以其酒，不以其漿。鞙鞙佩璲，不以其長」，來加深西人貪得無饜和驕奢淫逸的印象。至此已無可再寫，下半章忽然仰觀天象，以「維天有漢，監亦有光。跂彼織女，終日七襄」，展露出異想天開的瑰奇文章來。（註八三）詩人仰天感歎，即就天象抒寫其悲哀，當然是本詩令人拍案叫絕之處，唯是，天漢、織女及後兩章的牽牛、啓明、天畢……等等。是否都有特定的隱喻作用，則又是仁智互見的問題，姚際恒就說：「『維天有漢，監亦有光』，此二句不必有義。蓋是時方中夜，仰天感歎，適見天河爛然有光，即所見以抒寫其悲哀也。又跂織女，不覺動『杼柚其空』之意。」（註八四）詩人的聯想由人間突然轉到天上，由地上一下飛到星空，又由星光轉入人間，奇幻莫測之筆法，在《三百篇》中堪稱一絕！假設詩人在夜間仰視天河，粲然有光，引起他萬千感慨，再看那織女之星，終日有七襄之移，想到其東國卻是「杼柚其空」，悲哀至極，這似乎也合全篇之義。當然，惠氏以古天文學之記載，認爲天漢、織女帶有諷刺之意味，仍然是可備一覽的。

詩人在「跂彼織女，終日七襄」之後，又說：「雖則七襄，不成報章。睆彼牽牛，不以服箱。東有啓明，西有長庚。有捄天畢，載施之行。」此即詩之第六章。惠氏對本章的看法是：

> 『不成報章』，所謂婦無公事，休其蠶織也。牽牛，刺將帥也。注，牽牛即河鼓。天文注，一曰三武，天子之三將軍，《晉志》：「升平三年，月犯牽牛中央大星，占曰：『牽牛，天將也。中央大星，大將死。』」故知牽牛爲將帥也。不服箱，言其驕悍不可制也。啓明謂大臣，其號曰太上，所謂出早爲月食，晚爲天妖，東西俱不可也。畢八星主邊兵，其大星曰天高，一曰邊將。晉穆帝永和七年，太白入畢口。升平三年，月犯畢，占爲邊兵，爲下犯上，餘亦同。君臣無紀，將帥失律，邊兵必興，驪山之禍，詩人其先知之矣。（同前條）

惠氏仍然一本初衷，認爲詩所言星宿皆有特定之意義，牽牛爲將帥，啓明爲大臣，畢八星主邊兵，這就使得詩的內涵更形複雜，而詩人本身也成為精通天文的專家了。姚際恒《詩經通論》說：「因織女及牽牛，以見其輸載之無可諉也。啓明、長庚、天畢又因織女、牽牛及之，亦望中所見，故曰『載施之行』，不必有取義。」（註八五）王靜芝先生說：「第六章接五章中夜仰視河漢衆星而抒感也。言雖則織女之星，日則七襄，然不能反報成章，織成帛錦也。則雖有織女，豈不仍爲杼柚皆空之情形乎？今視彼牽牛之星，亦徒爲牽牛之星而未曾可以駕車箱也。然則此織女牽牛之星，固皆空有而無助於人耳。因思及晨有啓明，暮有長庚，晝夜相替，以成歲月。然亦徒增吾人之歲月耳，無救吾人之憂傷也。至若天畢之星，徒具兔網之狀，而無實用，燦然成行，徒有其光彩而已。」（註八六）難道詩不能講的這麼簡要明白嗎？詩人一定非是星象專家不可嗎？詩人寫〈大東〉是在公然埋怨西人的驕奢，每一星宿都有隱曲的作用，豈非認定大家都是天文專家？

在末章中，詩人進而寫到箕、斗二星也是徒具虛名，「維南有箕，不可以簸揚。維北有斗，不可以挹酒漿」；不唯如此，「維南有箕，載翕其舌。維北有斗，西柄之揭」，在詩人看來，連箕星、斗星的模樣都對東國不利。本來〈大東〉末章是明白易解的，但惠氏既然認定前兩章的星宿並不單純，對於末章當然也只好固執下去：

> 「維南有箕，維北有斗」，刺后與王也。重言之，刺之深也。〈天文志〉：「箕十一度，亦謂之天津。」……故知詩言箕斗爲后與王也。……〈天文志〉「箕主口舌」，故曰「載翕其舌」，猶言「婦有長舌」也。「西柄之揭」，猶言「倒持太阿」，授人以柄也。蓋此詩與〈十月〉四章

相似，但彼則明刺，此則微言耳。歐陽公謂「維天有漢」以下，仰訴於天之辭，朱子仍用其說，果如歐言，則三垣列宿皆可控告，何獨及是乎？（同前條）

因爲太執著於詩人言星皆有深義，所以惠氏又說：

杵三星在箕南，糠一星在箕口前，故以簸揚言。外廚三星在紫微宮西南角，天廚六星在東北，又軒轅右角南三星曰酒官之旗，主饗宴，故以酒漿言。詩人不輕下一字如此。（《詩說》卷下，第十七條）

由於歐陽公與朱子未在星象上大作考據文章，故而爲惠氏所不滿，其實歐陽公對於〈大東〉的瞭解是非透澈的，本段就以《詩本義》之言作結：「其六章以下，皆述譚人仰訴於天之辭也。其意言我民困矣，天之雲漢有光，亦能下監我民乎？其不言日月之明，而言雲漢之光者，謂天不能下監也。又言天雖有織女，不能爲我織而成章；雖有牽牛，不能爲我駕車而輸物。其七章又言雖有啓明、長庚，不能助日而晝，俾我營作；雖有天畢，不能爲我掩捕鳥獸。其八章又言雖有箕，不能爲我簸揚糠粃；雖有斗，不能爲我挹酌酒漿，其意言我譚人困於供億，其取資於地者皆已竭矣，欲取於天，又不可得也。其卒章則又言箕斗非徒不可用而已，箕張其舌，反若有所噬；斗西其柄，反若有所挹取於東也。是皆怨訴之辭也。」（註八七）

二、釋〈楚茨〉「賓」「客」之異

〈楚茨〉是《小雅》中的一篇王者祭祀之詩，（註八八）其第三章寫祭祀之狀，中有句云「爲豆孔庶，爲賓爲客」，《毛傳》云：「豆，謂肉羞庶羞也。繹而賓尸及賓客。」嚴粲《詩輯》引曹氏曰：「祭終有燕賓之禮，不可以不豫備也。」（註八九）一般都以賓客連言，賓、客義同，如《玉篇》：「賓，客也。」《呂氏春秋．高義》：「比於賓萌。」《注》：「賓，客也。」《廣韻》：「客，賓客。」《禮記．少儀》：「客爵居左。」《鄭注》：「客爵，謂主人所酬賓之爵也。」但亦有謂一座所尊爲客者，如《左傳．襄公二十七年》：「趙孟爲客。」《杜注》：「客，一坐所尊。」《孔疏》：「享宴之禮，賓旅雖多，特以一人爲客。」惠氏對於賓與客的看法是：

「爲賓爲客」，賓，自君命者也；客，自外至者也。《詩》：「我有嘉賓。」《外傳》：「承王命以爲過賓。」《易》：「利用賓于王。」賓之義也。《詩》：「我客戾止。」《左傳》：「先代之後，于周爲客。」《易》：「有不速之客。」客之義也。祭祀之賓，舉自宗人，《儀禮》所謂「遣賓就主人，皆盥於洗長朼」是也。燕享之賓，擇于大夫，《儀禮》所謂「命某爲賓」是也。入則降而揖，出則奏陔而送賓，禮訖，然後與客宴，《儀禮》所謂寡君有不腆之酒，以請吾子之與寡君須臾焉」是也。賓之與客，《禮》固分言之，先賓而後客，《詩》與《禮》皆然，蓋周之禮也。《尚書》「虞賓在位」，《周禮》「八議之賓」，《左傳》、《外傳》或言

賓，或言客，蓋偏舉與對舉之異文也。（《詩說》卷下，第十八條）

惠氏認爲自君命者爲賓，自外至者爲客，賓、客二者，《禮》固分言之，先賓而後客，蓋周之禮。從其所引之古籍記載，可以確信前引《左傳．杜注》及《孔疏》之言非是。

今人有受《毛傳》影響，而謂「賓，指賓尸。客，賓客」者，（註九〇）此係誤會《傳》意，不足以駁惠氏之說。胡承珙曾引經據典，確認「大夫正祭，尸祝以外，別無羞豆，況天子諸侯之尊？正祭禮不及賓，故賓長受酢後，惟薦尸以羞豆羞籩，必至繹祭，而後及於主祭與助祭者。此詩於爲豆之下，專言賓客，自以朝事饋食加羞諸豆，所以事神事尸者，本不待言，特推廣豆之用於賓客，以見其孔庶。毛善言經旨，故言此豆及繹而賓尸之時，竝及於賓客耳。《傳》『繹而賓尸』爲一句，『及賓客』爲一句，賓客即經文『爲賓爲客』，非以賓尸釋爲賓，以賓客釋爲客也。」（註九一）日人竹添光鴻云：「『爲賓爲客』，兩爲字讀去聲。賓客助祭者，兼同異姓言。天子之祭，有相維辟公，《孝經》所云『各以其職助祭』，《中庸》所云『序爵』、『序事』是矣。賓者，客中之上首一人，其餘爲客，所謂眾賓是也。賓客或單稱，或雙稱，本無別異，此獨以兩爲字間之，固其有別，或分二王之後與眾助祭言，殆亦《正義》所謂對文則各有專屬，散則通者也。」（註九二）二氏之言若與惠氏之說一併參看，〈楚茨〉「爲賓爲客」之義自明。

三、解〈信南山〉之「南東其畝」與「畀我尸賓」

與〈楚茨〉一樣，〈信南山〉也是一篇祭祀之詩。（註九三）詩首章云：「信彼南山，維禹甸之。畇畇原隰，曾孫田之。我疆我理，南東其畝。」意思是說「信乎彼南山之野，禹之治也。而今其原隰之地，則曾孫得以爲田也。於是爲之疆界，爲之溝塗，或南其壟，或東其壟」。（註九四）《朱傳》：「曾孫，主祭者之稱。曾，重也。自曾祖以至無窮，皆得稱之也。疆者，爲之大界也。理者，定其溝塗也。畝，壟也。長樂劉氏曰：『其遂東入於溝，則其畝南矣。其遂南入於溝，則其畝東矣。』」此章並非詩之重點，也沒有什麼字句令人困惑，惠周惕則將「南東其畝」句抽出，在《詩說》中獨立一條：

> 「南東其畝」，（忠愼按：《借月山房彙鈔》本《詩說》誤作「東南其畝」）南者從，東者橫也。兩從兩橫而井成，一從一橫而畝分也。南其畝者，溝洫北也；東其畝者，溝澮西也。從必注于橫，橫必通于從，東西之畔即洫，南北之畔即澮也。鉤連曲折，可以通車徒，亦可以限戎馬，故曰井田之中有兵法焉。（《詩說》卷下，第二十條）

這是具體而微的考據短文，從詩談到溝洫與井田，言簡而意賅。根據《周禮》，匠人爲溝洫，耜廣五寸，二耜爲耦，一耦之伐，廣尺深尺，謂之甽，倍甽謂之遂，倍遂曰溝，倍溝曰洫，倍洫曰澮。（註九五）又據《說文》，甽爲田之川，所以行水者，胡承珙云：「田中之甽，所以行水，其壟所以播穀，亦謂之畝。每一甽一壟，相間成列，甽必順其畝之首尾而行水，以入於遂。……古人制田，始於一畝，行水始於一甽，姑以一畝之甽言之，甽順水勢，畝順畂勢，甽縱則畝縱，甽橫則畝橫，此自然之理也。」

南北曰縱，東西曰橫。畛自北而注南爲縱，則畝之長亦隨畛而南曰南畝；畛自西而注東，畝之長亦隨畛而東曰東畝。此詩云『南東其畝』，當是指畝之直長，所謂廣一步、長百步者，非橫陳於南東之謂。」（註九六）所釋「南東其畝」較惠氏詳盡甚多。此外，不少學者以井田自井田，溝洫自溝洫，造都鄙則變爲井田，制鄉遂則變爲溝洫，林頤山舉證歷歷，確定夏禹以井田制貢法，而井田法外，別無溝洫法，《周禮．匠人．鄭注》所云「夏貢、殷助、周徹」是可信的，井田之制，歷夏商周而未有遷改。（註九七）如此說來，惠氏說「兩從兩橫而井成，一從一橫而畝分」，也是不爭的事實。（註九八）當然，說井田之中有兵法，是其個人意見，後人可以不必置評。

除了「南東其畝」之外，惠氏也對〈信南山〉的「畀我尸賓」句產生興趣，此句在詩第三章中：「疆場翼翼，黍稷彧彧。曾孫之穡，以爲酒食。畀我尸賓，壽考萬年。」《朱傳》：「言其田整飭而穀茂盛者，皆曾孫之穡也。於是以爲酒食，而獻之於尸及賓客也。陰陽和，萬物遂，而人心懽悅，以奉宗廟，則神降之福，故壽考萬年也。」惠氏特別爲尸賓兩字加以解釋：

> 「畀我尸賓」，何謂尸賓也？尸者，主也。孝子之祭，不見親，立尸而事之，則意主于尸，猶主于親也。尸必筮于廟，求神意之所屬也。既筮，宿尸以筮辭詔，承祖考之意以綏之也。尸必以昭穆，孫可爲王父尸，子不爲父尸也。既葬而虞，男則男尸，女則女尸，《儀禮》所謂女必使異姓，不使賤者也。其合祭則男女共一尸。《儀禮》曰：「孝孫某，來日丁亥，用爲歲事皇祖伯某，爲某妃配某氏，以某之某爲尸，某之某者，字尸父而名尸。」則尸一人也。其一人何

也？別嫌也。（《詩說》卷下，第十九條）

古人在祭祀時，得立尸以代神靈而備祭。《儀禮・士虞禮》：「祝迎尸。」《注》：「尸，主也。孝子之祭，不見親之形象，心無所繫，立尸而主意焉。」程子認爲祭必有尸，是因神「無主則不依，無尸則不饗」。（註九九）又《儀禮・士虞禮》：「男，男尸；女，女尸，必使異姓，不使賤者。」《注》：「異姓婦也，賤者謂庶孫之妾也。尸配尊者，必使適也。」又《儀禮・特牲饋食禮》：「筮某之某爲尸。」《注》：「大夫士以孫之倫爲尸。」依據古禮，祭祀祖先亡親神靈，即所謂「內神」用尸，必須是同姓，而同姓又必須以孫，如〈曲禮〉言「禮曰：『君子抱孫不抱子。』」此言孫可以爲王父尸，子不可以爲父尸」，〈曾子問〉亦云：「孔子曰：『祭成喪者必有尸，尸必以孫。孫幼，則使人抱之。無孫，則取於同姓可也。……祭成喪而無尸，是殤之也。』」此謂祭祀成年之親人，必須以孫爲尸，子不能爲尸。其理依《鄭注》則是「以孫與祖昭穆同」。（註一〇〇）由是觀之，惠氏之說皆有《儀禮》與《禮記》爲據，其說自然可信。此外，惠氏又說：

> 有尸矣，何爲乎復有賓？孝子以人道事神也，人之飲非主不行，非賓不歡，故祝以導尸，侑以貳尸，賓以酬尸，而尸安也。則賓爲尸立也。賓爲尸立，則賓尊矣，故尸入宿賓，宗人擯詔之，主人拜之，尊賓也，尊尸也。尊賓則疑厭尸之尊，故賓從主人，位于門外。主人酳尸，主婦洗爵，獻尸已而後賓獻，不敢以賓自居，所以尊尸也。其尊尸何也？賓爲尸立也。（同前條）

這可以視作《儀禮・士虞禮》相關記載的濃縮，尸賓之制在惠氏筆下很能讓人一目瞭然，如果他能再針對《鄭箋》「成王以黍稷之稅爲酒食，至祭祀齋戒，賜尸與賓，所以敬神也」之說，加以評論，則更可確定其對古禮的認識。（註一〇一）

第四節 《大雅．文王之什》與《生民之什》

一、說太王之遷岐與公劉之遷豳

《詩經．大雅》中的〈生民〉、〈公劉〉、《緜》、〈皇矣〉、〈大明〉等篇可以說是我國史詩的發軔，從這些篇章，吾人可以考見周民族興起的大略，無論就《詩經》或整部中國文學史來說，這幾篇敘事詩都值得我們另眼相看。（註一〇二）惠周惕對於這些詩篇亦頗爲重視，《詩說》中有一條是這麼說的：

> 太王之遷岐也，先營宗廟，宗廟立，則思丘墓者有所憑，所謂大享于先王，爾祖其從與享之也。公劉之遷幽也，先相民居，民居定，則懷妻子者有所歸，所謂鞠人謀人之保居敘欽也。然太王因避狄之眾，公劉動安土之民，勢有難易，故事有先後也。（《詩說》卷下，第廿五條）

在后稷興起之時，涇渭一帶滿佈戎狄，后稷之子不窋因失官而投竄其間，輾轉流徙。至不窋之孫公劉，始定居於豳（今陝西邠縣附近）。（註一〇三）《大雅．生民之什》中的〈公劉篇〉，於周室祖先公劉之徙豳經過有相當詳盡的描述，由其各章內容觀之，〈公劉〉提供的是絕佳的上古社會史料，這和〈生民〉之充滿神話色彩大異其趣。

從公劉之後，傳了九代，到了古公亶父（太王）之時，更得人心。百姓由於長期安定的共同生活，皆富有團結的精神，可是豳地西北緊鄰戎狄，時常受到戎狄之侵擾與勒索，使周人疲於應付，古公亶父乃決定遷離，百姓也因他的仁德，而願與他一起逃難，他們遷都至岐山之下（陝西岐山縣境），重新開闢土地，建設了一個比故鄉還美好的家園。《文王之什》的〈緜〉一方面追敘周民族岐山時代的歷史，一方面也把太王的愛民之心、文王的仁德之政，都刻劃出來了。（註一〇四）

惠周惕之論公劉遷豳與太王遷岐，與其說是詩論，毋寧說是史論。他的論點非常簡單，公劉與太王的遷徙都有精密的計畫與循序漸進的步驟，人民自然都欣然樂從，但太王為避戎狄而遷，公劉則是在動安土之民，所以二人的遷徙，勢有難易。

由於史料的欠缺，我們很難苛責惠氏評論的有如蜻蜓點水。以公劉來說，其事跡之記載主要在《大雅．公劉》與《孟子．梁惠王下》，甚至《史記》的記載也不過由此衍生。從〈公劉〉本文來看，公劉是一個部族移植活動的領袖，率領了武裝的族人，憑藉農業的積儲開拓了新的疆土，再在新的土地開闢田畝，作更多的儲積，準備作進一步的武裝開拓。（註一〇五）我們讀〈公劉〉，得到的印象是「一篇樸厚文字，中間地脈形勝、田界水道、朝儀燕禮、兵制稅法，一一經緯如畫，寫來無不堅緻生動」，（註一〇六）這些當然不能給惠周惕的評論帶來任何靈感。

至於太王事跡的史料，也是少之又少，主要是《大雅．緜》和《孟子．梁惠王下》，由這兩大段記載，我們可以看到太王遷徙的辛苦，締造的艱難，建國的規模，和周與鄰族的關係，同時我們也知道了一個事實，太王受了狄人的逼迫，率領了族人和百姓，踰越岐山，在渭水流域建立了新的城邑。（註一〇七）閱讀〈緜〉這篇史詩，我們可以確定，頌揚太王由豳遷岐，重建家園是詩的最大立意之所在，其次，文王驅逐混夷，使民得以安居樂業的豐功偉績在詩中也點到了。另一方面，作者的經營詩篇尚有一特色，他用了許多篇幅描寫工人努力施工的情形，有人說「一旦作者把筆觸伸向日常的具體的勞作中，勞動人民的形象，他們的歷史地位就不能不被有意無意地勾勒出來，因爲歷史的主體創造者畢竟是人民，而不是那些高高在上的神或帝王將相等等」，（註一〇八）從詩中確實把周民繁忙、緊張而又愉快的勞動場面描述得有聲有色來看，很難說這樣的分析是典型的意識型態在作祟。

我們可以把〈公劉〉與〈緜〉看作是姊妹篇，前者描寫公劉率衆由邰到豳的一次大遷移，後者敘述周民在太王的領導下，由豳至岐的另一次移民，這兩篇實在說來都無助於惠氏的評論，然則惠氏又怎麼會有二人之遷徙「勢有難易」之說呢？顯然他是從兩次大移民的背景比較得來的，太王之遷徙，有其不得不遷的理由，與其遭致敵人的侵害，（註一〇九）不如辛苦一點搬離故居；反觀公劉的遷徙，或許就缺乏這種強烈的動機，要安土重遷的百姓，跟隨他，帶武器、備乾糧，跋山涉水，只爲了到另一個物產更富庶的地方去，這大約需要大家的諒解與共識了。

不過，此中仍有值得費心思索的問題，公劉遷豳會不會也跟避敵之禍有關？〈公劉〉開頭說「篤公劉，匪居匪康」，《毛傳》說：「公劉居於邰而遭夏人亂，迫逐公劉，公劉乃避中國之難，遂平西戎，而遷其民邑於豳焉。」若是則公劉之遷豳仍有其迫不得已的理由。姚際恆否定《毛傳》之說，謂「不窋以失官而犇于戎、狄之間；公劉爲不窋之孫，乃自戎狄外遷，非自邰遷也」。（註一一〇）近人或謂《史記》言慶節立，國於豳，則公劉尚未居豳，而〈劉敬傳〉及〈匈奴列傳〉皆言公劉居豳者，乃約略之辭，《毛傳》蓋亦如此。（註一一一）無論眞相如何，（註一一二）公劉之率衆大舉遷徙，應該還是有其苦衷的，「匪居匪康」是說人民原來所居之處不安康，既然不安康，安土之黎民也衹得跟著公劉走了，如此則惠氏的這一段評論是否中肯，似乎也有待斟酌。

二、讀〈緜〉與〈旱麓〉隨筆

〈緜〉五章云：「乃召司空，乃召司徒，俾立室家。其繩則直，縮版以載，作廟翼翼。」司空與司徒，《毛傳》未解，《鄭箋》：「司空、司徒，卿官也。司空掌營國邑，司徒掌徒邑之事，故召之，使立室家之位處。」《孔疏》：「民既得安止，乃立國家宮室，於是乃召司空之卿，令之營度廣輪，乃召司徒之卿，令之興聚徒役，使之立公卿之室家之位處也。」「司空之屬有匠人，其職有營國廣狹之度，廟社朝市之位，是司空掌營國邑也。司徒之屬有小司徒，其職云凡用衆庶，則掌其政教，是司徒掌徒役之事也。以此二卿各有所掌，故召之使立室家之位處也。」《朱傳》之說司空、司徒與《鄭箋》同。惠周惕云：

> 司徒司空，天子、諸侯皆有之。《左氏傳》曰「晉以僖侯廢司徒，宋以武公廢司空」是也。（《詩說》卷下，第廿二條）

司徒司空有《鄭箋》、《孔疏》之說，本已毋庸再作說明，但《小雅・十月之交》有「皇父卿士，番維司徒」語，《大雅・緜》又云「乃召司空，乃召司徒」，大約惠氏不擬讓吾人誤以爲唯有天子有司徒與司空，故從《左傳》證明諸侯亦有之。按《左傳・桓公六年》記載，「……周人以諱事神，名，終將廢之。故以國則廢名，以官則廢職，以山川則廢主，以畜牲則廢祀，以器幣則廢禮。晉以僖侯廢司徒，宋以武公廢司空……」，根據《杜注》，晉以僖侯名司徒，故廢之而改爲中軍，（註一一三）而宋武公名司空，是以廢司空而置司城。由此來看，惠氏之說證據確鑿，洵然可信。

類此隨筆式的內容，在《詩說》中隨處可見，與〈緜〉同屬《文王之什》的〈旱麓〉，惠氏也提到了，他說：

> 鳶能飛而上戾于天，風益之翼也。魚能躍而下躍于淵，水充其氣也。故曰「豈弟君子，遐不作人」。（《詩說》卷下，第廿三條）

《詩序》說〈旱麓〉「受祖也。周之先祖，世修后稷、公劉之業，大王、王季申以百福干祿焉」。（註一一四）方玉潤譏刺《序》說「不知作何夢囈」，雖嫌不夠厚道，但方氏謂「此蓋指其祭祀受福而言也」，（註一一五）說確較《詩序》平實可信。（註一一六）

詩之三章云：「鳶飛戾天，魚躍于淵。豈弟君子，遐不作人？」《毛傳》：「言上下察也。」《

箋》云：「鳶，鴟之類，鳥之貪惡者也。飛而至天，喻惡人遠去，不爲民害；魚跳躍于淵中，喻民喜得所。」「遐，遠也。言大王、王季之德，近於變化，使如新作人。」毛說過簡，似未善盡解經之責；鄭說頗爲不類，難以令人接受，且《禮記．中庸》引《詩》「鳶飛戾天，魚躍于淵」，鄭玄注爲「言聖人之德，至於天則鳶飛戾天，至於地則魚躍于淵，是其明著於天地也」，與箋《詩》大異。或謂鄭注〈中庸〉本與《傳》義相若，箋《詩》蓋顧本經下文「作人」爲說，不知道被飛潛，萬物得所，作人氣象如此，尤爲廣大也，（註一一七）其說甚是。

然鄭之箋《詩》固有不當，其說畢竟具體，惠氏之言則因未釋「豈弟」之句，是以略顯含糊，假若惠氏係以作育人才解「作人」二字，則本條是說鳶飛魚躍，乃得力於風、水之助，愷悌之君子，自亦可以作育人才，亦即〈旱麓〉三章爲興之寫法，詩人以水風之翼助魚鳶，興起君子亦應造就人才之意，這樣的解詩，雖未必符合詩的本義，（註一一八）但仍然是可以說得通的。

三、斥前人說〈生民〉之附會

〈生民〉是集合古代傳說及民謠自然發達而成的「成長的敘事詩」，（註一一九）全詩分八章，四章十句，四章八句。（註一二〇）《詩序》謂爲「尊祖」之詩，又謂「后稷生於姜嫄，文武之功起於后稷，故推以配天焉」。這眞是一篇充滿了傳奇色彩的詩，後人對於后稷的出身背景更是議論紛紛。惠氏倒是一個實事求是的學者，對於加諸於〈生民〉的種種附會之說，他是嗤之以鼻的：

〈生民〉之詠姜嫄，猶〈關雎〉之詠后妃也。后妃之化遠被南國，則文王所以齊家者至矣。姜嫄之德，下逮文、武，則帝嚳所以始基者厚矣。故《傳》于「履帝武」句，釋爲姜嫄從高辛帝見于天，將事齊敏；言姜嫄之齊敏，則帝嚳之敬德亦可知，此詩人善于立言，毛公之善于逆志也。鄭氏則不然，以爲祀郊禖之時，有大人之跡，姜嫄履之，如有人道感己，此乃上帝之氣也。（《詩說》卷下，第廿四條）

〈生民〉開頭就寫出了姜嫄不夫而懷孕生產的神話：「厥初生民，時維姜嫄。生民如何？克禋克祀，以弗無子。履帝武敏歆。攸介攸止，載震載夙，載生載育，時維后稷。」這裡把周的始祖后稷的誕生說得非常神異。姜嫄潔祀天帝，以求勿使其無子，結果在踏上天帝的拇指腳印之後，就懷孕而生下了后稷。《史說．周本紀》說：「姜嫄出野，見巨人跡，心忻然悅，欲踐之，踐之而心動如孕者。」其根據即是〈生民〉首章。按照我們這個說法，似乎被惠氏反對的《鄭箋》反較平實。按《毛傳》向以絕無怪誕之說，最爲平實可信著稱，（註一二二）章太炎在論「毛優於三家」時，就說：「即如『履帝武敏歆』，《爾雅》已有『敏，拇也』之訓，而三家說皆謂姜嫄出野見巨人跡，踐之身動如孕，而生后稷。《毛傳》則以疾訓敏，以帝爲高辛氏之帝，從於帝而見于天，將事齊敏，不信感生之說。」（註一二二）惠氏大約也是因姜嫄無夫生子爲謬悠之說，而恭維毛公善於逆詩人之志，是以，鄭玄之後種種附會之說，他一律予以否定：

張融從而附會之，孔氏從而釋詁之。張融之言曰，配合生子，人道之常，詩但歎其母，不美其

> 父，明知姜嫄感上帝之氣而生稷也。孔氏之言曰，人不當共天交接，今乃與天生子，子雖生訖，其心不靈，故曰「上帝不寧」也。其言穢褻不經不必言，即如其說，稷非帝嚳之生，則直祀姜嫄、祀上帝足矣，乃更禘嚳而以祖配，不亦多事乎？推其說之弊，必至楊墨之無父無君，祿山之先母後父而後已，豈不悖于禮而背於教哉！（同前條）

假若鄭玄之言可信，張融之言自亦可信，不必譏爲「從而附會之」。至於孔氏之解「上帝不寧」句，亦應作如是觀。按「上帝不寧」之句在〈生民〉二章中，詩云：「誕彌厥月，先生如達。不坼不副，無菑無害。以赫厥靈，上帝不寧。不康禋祀，居然生子。」《毛傳》：「不寧，寧也。不康，康也。」《鄭箋》：「康、寧，皆安也。姜嫄以赫然顯著之徵，其有神靈審矣，此乃天帝之氣也。心猶不安之，又不安徒以禋祀而無人道，居默然自生子，懼時人不信也。」孔穎達先疏毛意，謂「上天之意豈不降福而安之乎？言上天誠降福而安之，使母之無病苦，子得易生，是天安之也。姜嫄之身，豈不見安於禋祀乎？言姜嫄實見安於禋祀，祈則有子，生之又易，是爲禋祀所安也」，又疏鄭意，而有「人不當共天交接」之語；作疏者所受到的不能破注的限制，是吾人所宜諒解的，惠氏在左毛右鄭時，實不必將孔氏拖下水來。

平心而論，后稷的誕生情形，無論依毛或據鄭，〈生民〉仍然充滿了傳奇的色彩，當然，若接受《毛傳》，則姜嫄生后稷一事就顯得較合情理，而不致如《史記》與《鄭箋》所說的那般詭異。黃焯曾經表示，「后稷之生，毛鄭異說。古今諸儒多是毛而非鄭，以理言之，毛義實當」，（註一二三）

問題是，判斷毛鄭之是非，特別是以〈生民〉這樣的「成長的敘事詩」來說，是否只要「以理言之」就可以了？根據現代神話專家的研究，姜嫄履巨人足跡而生子，是一種感生神話，類似於羅馬的始祖 Romulus 的故事，（註一二四）史家也多數承認古人有這樣的傳說，（註一二五）我們總不能說，現代的學者過於迷信，不能「以理言之」吧！何況《商頌・玄鳥》也有「天命玄鳥，降而生商」的神話，解〈生民〉之姜嫄生子，又何獨須「以理言之」呢？惠周惕以爲毛氏善於逆志，鄭氏則不然，黃焯謂「毛公獨標神識於秦、漢之前……，絕不爲虛荒之論，視鄭君居漢季，猶篤信讖諱者，其爲識之高下，幾無等級以寄言矣」，（註一二六）恐皆非持平之論。

第五節　《大雅・蕩之什》

一、讀〈抑〉之第四章

《大雅・蕩之什》中的〈抑〉，共分十二章，字數多達四百六十九個，爲《詩經》中篇幅僅次於《魯頌・閟宮》的第二篇長詩。惠周惕在《詩說》中，針對〈抑〉第四章，道出了這樣的感慨：

〈抑〉之四章曰：「修爾車馬，弓矢戎兵。用戒戎作，用逷蠻方。」豈衛在河朔，密邇北翟，故舉以自儆與？抑厲王之世，武備不修，將有窺伺闚入之患與？內修德則彘之亂不作，外修武則戲之變不萌，所謂「遠猷辰告」，莫大于此，而奈何聽之藐藐也！（《詩說》卷下，第廿八條）

《詩序》：「〈抑〉，衛武公刺厲王，亦以自警也。」〈抑〉之作者爲衛武公，歷來爭議不大，但說是刺厲王之作，則人言藉藉，且以不信者居多。（註一二七）《孔疏》：「案《史記·衛世家》，武公者，僖侯之子，共伯之弟，以周宣王三十六年即位。則厲王之世，武公時爲諸侯之庶子耳，未爲國君，未有職事，善惡無豫於物，不應作詩刺王，必是後世乃作追刺之耳。」追刺之說，正見孔氏護《序》之用心良苦。朱子以《國語·楚語》左史倚相謂昔衛武公年數九十五，作懿戒以自儆之語，而斷定此詩只是衛武公自警之辭，非爲刺厲王之作。（註一二八）朱子之說，後人多半同意，（註一二九）而三家《詩》之說也大同小異，只是魯、齊二家未言刺王，韓則與毛同增刺王之說而已。（註一三〇）

其實，〈抑〉之內容說教成分極重，撇開實際的考證不論，則說是刺王或自警都無不可，但由於《國語》有衛武公九十五歲作詩自儆之記載，我們就沒有理由硬是不承認此詩爲武公作；另一方面，《國語》畢竟只是在敘事，而非在解詩，所以後人若僅以「《國語》無刺王之說」而來反對《詩序》，（註一三一）亦有未當。同樣地，過於執著於刺王之說，也無異是畫地爲牢，自我設限，請儒顧鎮反對追刺厲王之說，而力主詩刺宣王，（註一三二）就是犯了這種錯誤；日人竹添光鴻以爲《詩序》唯刺王爲原文，「亦以自警」四字爲講師所增，（註一三三）其說尤爲橫決，有識之士恐難忍受。

有了以上的認識，我們就可以明白，惠氏的說〈抑〉之第四章，只是在抒發內心的感慨，其中並不涉及時代的考證，吾人若以反對《詩序》之說，來抨擊惠氏，那就失之偏差了。

二、從詩篇看宣王之好戰

西周厲王死於彘之後，太子靜正式執政，是爲周宣王。《史記・周本紀》對於宣王的記載十分簡略，今天我們知道宣王時代，西北西南，頻有戎事，主要還是有靠《詩經》的一些相關詩篇，以及《國語・周語》及《後漢書・西羌傳》的一些資料，當然金文的記載也能補文獻的不足。（註一三四）

宣王的好戰，早已是衆所皆知的事實，惠氏對於宣王是頗有微辭的：

> 宣懲厲王之亂，欲立威以服衆，故討玁狁則有〈六月〉之詩；征荆蠻，則有〈采芑〉之詩；平淮夷，則有〈江漢〉之詩；伐徐方，則有〈常武〉之詩；豈所謂不務德而勤遠略者邪？幽王狃于先世之威，以爲天下不足復慮，專事荒淫，遂以亡國，實宣王好戰啓之，故王子晉曰：「昔我先王，厲宣幽平，而貪天禍，至于今未弭也。」（《詩說》卷下，第廿九條）

〈六月〉與〈采芑〉在《小雅・南有嘉魚》中，《序》謂前者宣王北伐之詩，後者宣王南征之詩；〈江漢〉、〈常武〉在《大雅・蕩之什》中，《序》謂前者「尹吉甫美宣王也」，後者「召穆公美宣王也」，《朱傳》以爲〈江漢〉乃宣王命召穆公平淮南之夷，〈常武〉爲宣王自將以伐淮北之夷，故詩人美之。惠氏認爲此四詩確實屬之宣王，故以之作爲宣王好戰之憑證。另外，史家通常也都同意《小雅》的〈采薇〉與〈出車〉爲歌頌宣王北伐玁狁之詩，惠氏言不及此，是因受了《詩序》的影響，誤以二詩爲文王時代之作，在《詩說》卷下第二條中，他就以〈采薇〉、〈出車〉「經畫之次第，防禦之精密」來推崇文王的攻防，而犯下天大的錯誤，此在本章第一節第三段中已有評述，茲不贅。

從《詩說》卷下的連續批評宣王來看，惠氏對於宣王之窮兵黷武是深惡痛絕的，這裡甚至把幽王的專事荒淫，也算到宣王的頭上來，這種批判也許對史稱「中興」的宣王未必公允，但對於一個讀《詩》者而言，他是有權利表達這樣的不滿的。

三、論〈崧高〉、〈韓奕〉二詩為周室興亡之所繫

〈崧高〉與〈韓奕〉是惠氏《詩說》最後論及的《大雅》詩篇，這兩篇都跟宣王有關。《詩序》：「〈崧高〉，尹吉甫美宣王也。天下復平，能建國親諸侯，褒賞申伯焉。」詩共八章，其二章明言「亹亹申伯，王纘之事。于邑于謝，南國是式」，末章又說「吉甫所誦，其詩孔碩。其風肆好，以贈申伯」，這就可以確定《朱傳》「宣王之舅申伯出封于謝，而尹吉甫作詩以送之」之說，較《詩序》直截了當。《詩序》又說：「〈韓奕〉，尹吉甫美宣王也。能賜命諸侯。」由於此詩不像〈崧高〉那樣直書作者之名，因此仍以《朱傳》「韓侯初來朝，始受王命而歸，詩人作此詩以送之」之說較為客觀。至於以〈韓奕〉為宣王時代的作品倒是可以相信的，因詩四章有「韓侯取妻，汾王之甥，蹶父之子」之句，根據《鄭箋》，汾王即厲王，「厲王流于彘，彘在汾水之上，故時人因以號之」，汾王既為流放以後之厲王，則詩中賜命之王，自應是共和以後之宣王。不言時王（宣王）之表妹，而言汾王之甥者，所以提高韓侯所娶妻之身分。（註一三五）

在《詩說》卷下第二條中，惠氏曾因受《詩序》影響，而誤判〈采薇〉與〈出車〉的時代，使其評論顯得可笑，現既肯定《詩序》所定〈崧高〉、〈韓奕〉的時代，則惠氏據以評論宣王封侯之政策，就不致離譜：

鎬京之有戎，猶東都之有荊也。宣王封韓侯于方城，欲以制北翟。封申伯於南陽，欲以制荊蠻。其詩曰「于邑于謝，南國是式」，曰「其追其貊，奄受北國」，意可見矣。然其最失策者，莫如封申之役。（《詩說》卷下，第三十條）

宣王時代，北有玁狁，南有荊蠻，東南有淮、徐等外夷，時常侵略中原，逼得他不能不有所作為。他的南征北討，無非是為了保衛國土，但惠氏始終視他的征戰為耀武揚威，至於宣王的安撫人民，度過嚴重的旱災，則《大雅・雲漢》所記的宣王憂國憂民的禳旱祈雨的自禱詞，（註一三六）無異是值得珍貴的史料，但惠氏《詩說》對此篇絕口不提，雖然吾人已強調過，讀《詩》者有權利針對他所讀的詩篇抒發議論，但總覺要評判一個有爭議性的歷史人物，還是面面俱到比較能令人首肯。在《詩說》的這一條中，惠氏對宣王之封侯政策表達了強烈的不滿，特別是封申伯於南陽，惠氏認為正是導致周室滅亡的關鍵：

蓋南陽者，東都之咽喉，天下之形勝，四面以制諸侯者也。圃田之狩，其地猶在天子畿內，及申侯封，而宛之東南，滎陽之東北，俱非周有，東都之險失，鎬京之形孤矣。畎戎入周，東南諸侯無一人來救者，以申侯據形勝而塞其路也。畎戎不得申侯之援，則不敢深入；申侯不塞南陽之路，則不得召戎；犄角之形成，幽王之亡必矣。韓侯雖強，豈能踰一二千里以相援哉！其後鎬滅于戎，申滅于荆，韓滅于晉，而東周遂不能國，則〈崧高〉、〈韓奕〉二詩實周室興亡之所係也。故〈召旻〉卒章曰：「昔先王受命，有如召公，日辟國百里。今也日蹙國百里。」詩人立言之旨，夫子終《雅》之意，深矣哉！（同前條）

指出了南陽為「東都之咽喉，天下之形勝」，封給了申侯，則「東都之險失，鎬京之形孤」的推知的實情之後，惠氏又從歷史上找根據，以見申侯之強，而宣王封之的失策：

《春秋外傳》：「宣王三十九年，戰于千畝，王師敗績于姜氏之戎。」《竹書》：「宣七年，錫申伯命，四十一年，王師敗于申。」按：富辰曰：「齊許申呂由大姜。」王子晉曰：「胙四岳國，命為侯伯，賜姓曰姜氏，曰有呂。」又曰：「申呂雖衰，齊許猶在。」則申固姜姓也。《左傳》謂「我諸戎是四岳之裔胄」，《外傳》：「南有荊蠻、申呂。」又曰：「姜、嬴、荊、辛，實與諸姬代相干。」則申固諸戎也。《竹書》所謂敗于申，豈即《外傳》所謂敗于姜氏之戎邪？第年歲不同，千畝又在河西，未必越國犯闕，要亦申侯同姓之戎，戎敗王而申侯繼之也。即此亦可見申國之強，而宣王封之為失策矣。（《詩說》卷下，第卅一條）

宣王封申伯於謝，此謝邑之所在，以《朱傳》有南陽、信陽的兩歧，遂導致後人說法的不一。據近人糜文開的考證，中國係侯爵，《詩》稱申伯，乃尊其為一方之伯，而中國故都乃在鎬京西方，後宣王封之於謝，其地在今河南省南陽縣境，不在信陽縣。（註一三七）是以得先肯定惠氏以謝為南陽的正確無訛。其次，從史書上找根據，確認申國實力不可小覷，與之來往自亦不可掉以輕心，乃宣王不知輕重，竟爾將東都之咽喉南陽賜之與申，使其得以扼住地形之險要，進而促成幽王身死國滅之局面；以此批判宣王之最失策者，筆勢酣暢，卓具識見，令人折服。

唯是，如前所言，評論一爭議性強的歷史人物仍以面面俱到爲佳，從《國語・周語》、《墨子・明鬼》與《史記・周本紀》的記載，吾人可以歸納宣王由盛而衰的原因有五：其一，不籍千畝；其二，伐魯，立孝公；其三，敗績於姜氏之戎；其四，料民於太原；其五，殺其臣杜柏而不辜。（註一三八）近人周谷城寫《中國通史》，對於宣王之由盛轉衰，有極爲完整的解釋，（註一三九）但其說詞亦不過是《國語》、《史記》之說的引申。惠氏若能先從古籍所述，細數宣王之罪狀，再從《詩經》有關宣王征戰詩篇之多，推論連年征伐已使國庫空虛，人民厭戰，最後才提出自己的意見，點出其實宣王之最失策者，無過於封申於謝，這樣，任何讀者就不太可能再有異議了。

當然，站在宣王本人的立場來考慮，其建立藩屏，不消說是爲了抵禦外侮；封申伯可以懷柔南方諸侯，賜命韓侯則是藉以安撫北方諸侯，可惜的是，這樣的如意算盤在後來申侯聯合犬戎攻擊幽王事件中，不但破滅，而且還成爲弄巧成拙之舉；鞏固邊防於一時，卻爲後代造成無可彌補的災殃，這想必是宣王始料未及的吧！惠氏以「後見之明」來指責宣王之嚴重失策，宣王若是有知，恐怕也只有啞口無言了。

至於惠氏由〈召旻〉之句，而謂「夫子終《雅》之意深矣哉」，這樣的感觸在《詩說》卷中第三十六條已出現過，毋庸贅評。

【附註】

註　一：《毛序》以〈鹿鳴〉爲「燕群臣嘉賓之詩」，《史記．十二諸侯年表》則云：「仁義陵遲，〈鹿鳴〉刺焉。」《太平御覽》五百七十八引蔡邕〈琴操〉亦以〈鹿鳴〉爲刺詩，由於〈鹿鳴〉之歡愉氣氛至爲明顯，茲取《毛詩》之說。

註　二：程俊英、蔣見元《詩經注析》：「〈伐木〉……詩中還使用了排比的手法，三章『有酒湑我，無酒酤我，坎坎鼓我，蹲蹲舞我』，兩句一排，一共兩排，在整齊中又有參差錯落之致，將親朋歡宴的氣氛渲染得很熱鬧。」（下冊，頁四五三——四五四。北京中華書局印行）

註　三：如屈萬里《詩經釋義》謂《序》說及《朱傳》皆無確據，（頁二九八。中國文化大學出版部印行）王靜芝《詩經通釋》謂《詩序》所言與詩辭未能合，所指衛武公作詩之事亦無確據，《朱傳》指此詩詠衛武公飲酒之事，亦無確據。（頁四七六。輔仁大學文學院叢書）

註　四：程俊英、蔣見元《詩經注析》：「漢代今、古文皆以詩爲衛武公所作，或有所根據。史載衛武公入相，在周平王世。《毛序》認爲刺幽，恐非。」（下冊，頁六九五）

註　五：參閱王靜芝《詩經通釋》，頁四九八；朱守亮《詩經評釋》下冊，頁六九六，學生書局印行。

註　六：《毛傳》：「吉，善。蠲，絜也。饎，酒食也。享，獻也。」《箋》云：「謂將祭祀也。」

註　七：見季本《詩說解頤．正釋》卷十七。

註　八：引文見李辰冬《詩經通釋》，修訂版合訂本，頁二二二一。水牛出版社印行。

註　九：詳呂祖謙《呂氏家塾讀詩記》卷二二。

註一〇：《詩說》卷下第十八條、第二十條，分別論及〈楚茨〉與〈信南山〉，或許即因惠氏熟於二詩，故此處僅憑記憶而發生張冠李戴之誤。又此二詩在《谷風之什》中，本章第三節另有討論；此處因《詩說》本條不宜分割，故不得不連帶說明之。後面提到的〈采蘩〉〈采蘋〉與〈行葦〉亦皆作如是觀。

註一一：引文見吳闓生《詩義會通》，頁一七九。洪氏出版社印行。

註一二：參閱王靜芝《詩經通釋》，頁四五八。

註一三：參閱張學波《詩經篇旨通考》，頁二五五。廣東出版社印行。

註一四：見方玉潤《詩經原始》卷一二。

註一五：詳朱子《詩集傳》卷一七。

註一六：詳陳戍國《先秦禮制研究》，頁七——八，六四——七〇。湖南教育出版社印行。

註一七：見《古史辨》第四冊，顧頡剛〈序〉。

註一八：見《朱子語類》卷八四。

註一九：方玉潤《詩經原始》：「〈泂酌〉三章，章五句。《小序》謂召康公戒成王，未知其所何據，然相傳既久，亦姑從之。此等詩總是欲在上之人當以父母斯民爲心，蓋必在上者有慈祥豈弟之念，而後在下者有親附來歸之誠……。」

註二〇：引文見王靜芝《詩經通釋》，頁五五一。

註二一：引文見程俊英、蔣見元《詩經注析》下冊，頁八三〇。

註二二：詳裴普賢《詩經研讀指導》，頁一九二。東大圖書公司印行。

註二三：從裴普賢〈詩經興義的歷史發展〉一文中，就可知道古今學者多半以為興與比截然不同，二者絕不可以混為一談。（詳《詩經研讀指導》，頁一七三——二二一）

註二四：參閱《朱子語類》八〇、八一兩卷中，關於「六義」的幾條說明。

註二五：見《呂氏家塾讀詩記》卷二，〈關雎〉。

註二六：詳鍾敬文〈談談興詩〉，《文學週報》五卷八號，民國十六年九月出版。

註二七：見王靜芝《詩經通釋》，頁一四、三三九、三四〇。

註二八：詳葉嘉瑩《迦陵談詩二集》，頁一四二。東大圖書公司印行。

註二九：詳蔡英俊《比興物色與情景交融》，頁一一五——一一七。大安出版社印行。

註三〇：參閱古遠清《詩歌分類學》，頁一二九。復文圖書出版社印行。

註三一：參閱屈萬里《先秦文史資料考辨》，頁三九五——三九九。聯經出版事業公司印行。

註三二：以上諸說參閱陳子展《詩經直解》，頁五四三——五四四。書林出版公司印行。

註三三：見屈萬里《詩經釋義》，頁二〇九。

註三四：屈萬里《詩經釋義》謂《漢書．匈奴傳》之說當本三家《詩》。
註三五：參閱葉達雄《西周政治史研究》，頁八〇——八二。明文書局印行。
註三六：阮元〈毛詩注疏校勘記〉：「『今近滎陽』，小字本、相臺本同，閩本、明監本、毛本同。案：滎當作熒。《六經正誤》云『作熒誤』，其說非也。」
註三七：詳王應麟《詩地理考》卷三。
註三八：顧棟高《毛詩類釋》：「……先王名山大澤不以封。敖山不屬列國，蓋留以為講武之地，宣王時猶行此典。自鄭滅虢、檜，而敖遂為鄭之山險，東都朝會，四獵之禮不行矣。」
註三九：詳嚴粲《詩緝》卷十八。
註四〇：詳陳啓源《毛詩稽古編》卷十一。
註四一：詳胡承珙《毛詩後箋》卷十七。
註四二：參閱屈萬里《詩經釋義》，頁一三〇；王靜芝《詩經通釋》，頁三八〇；張學波《詩經篇旨通考》，頁二〇六。
註四三：見程俊英、蔣見元《詩經注析》下冊，頁五二一；余冠英《詩經選》，頁一九二；（人民文學出版社）高亨《詩經今注》，頁二五四。（漢京文化公司）
註四四：見姚際恒《詩經通論》卷十。
註四五：〈鴻鴈〉若解為流民之詩，則三章「我」頗為費解，如王靜芝《詩經通釋》於詩義之解說每有獨到之見，但其釋〈鴻鴈〉三章云：「……並非新得安居，閑暇無事，作歌以示我心中驕慢之意也。故曰：哲人能知我爲劬勞而作此詩；若愚人則謂我示驕，以其不能知我也。」由於視此詩爲流民所賦，以「我」即流民，難免就會有此不通之解釋。

註四六：詳翟相君《詩經新解》，頁四四七——四五二。中州古籍出版社印行。

註四七：參閱王靜芝《詩經通釋》，頁三九一。

註四八：參閱余冠英《詩經選》，頁二一九。

註四九：參閱王靜芝《詩經通釋》，頁六〇二——六〇四。

註五〇：《鄭箋》：「周宗，鎬京也。」馬瑞辰《毛詩傳箋通釋》以爲與周同姓者，即周之宗族。按《左傳・昭公十六年》引此詩作「宗周既滅」，周宗是周之宗族，宗周是周之宗廟所在，詩原文或作「宗周」，故鄭玄以鎬京釋之。

註五一：見王靜芝《詩經通釋》，頁四〇一。

註五二：《史記集解》：「彘，晉地，漢爲縣，屬河東，今曰永安。」《正義》：「《括地志》云：「晉州霍邑縣本漢彘縣，後改彘曰永安。從鄗犇晉也。」按地在今山西霍縣。」

註五三：參閱屈萬里《詩經釋義》，頁二五三——二五五。

註五四：參閱許倬雲《求古編》，頁一〇六——一〇七。聯經出版事業公司印行。

註五五：參閱尹繼美《詩地理考略》卷一。

註五六：詳陳奐《詩毛氏傳疏》卷一。
註五七：參閱張其昀《中華五千年史》，第二冊，頁二六六。中國文化研究所叢書。
註五八：見王應麟《詩地理考》卷三引。
註五九：見任遵時《詩經地理考》，頁二、三、六。自印本。
註六〇：詳蘇轍《詩集傳》卷十一，朱子《詩集傳》卷十一。
註六一：見竹添光鴻《毛詩會箋》卷十二引。
註六二：詳阮元《揅經室集》中〈詩十月之交四篇屬幽王說〉一文。
註六三：見戴震《戴震文集》卷一，〈書小雅十月之交篇後〉。華正書局印行。
註六四：引文爲《詩經傳說彙纂》卷十二引胡一桂語。
註六五：引文見糜文開、裴普賢《詩經欣賞與研究》，第二冊，頁九五二。
註六六：參閱呂文郁《周代采邑制度研究》，頁十一——十二，一三五——一三六。文津出版社印行。
註六七：詳任遵時《詩經地理考》，頁一一六——一一七。
註六八：參閱朱朝瑛《讀詩略記》卷三。
註六九：詳王先謙《詩三家義集疏》卷十七。
註七〇：見顧炎武《日知錄》卷三，〈皇父〉條。
註七一：見屈萬里《詩經釋義》，頁二五二。

註七二：以上引文皆爲王靜芝《詩經通釋》之語，分別見於頁三八四、四一三、四一九、四二三及四三五。糜文開、裴普賢《詩經欣賞與研究》譯〈沔水〉「我友敬矣，讒言其興」句爲「我友只要能慎戒，壞話怎會興起來？」，譯〈小宛〉「各敬爾儀，天命不又」句爲「各自敬愼你威儀，天命不會幫助你」，亦通。

註七三：參閱糜文開、裴普賢《詩經欣賞與研究》，第二冊，頁一〇三五。

註七四：參閱朱守亮《詩經評釋》下冊，頁六〇一。臺灣學生書局印行。

註七五：見李光地《詩所》卷四。

註七六：見程俊英、蔣見元《詩經注析》下冊，頁六三一。

註七七：引文見王靜芝《詩經通釋》，頁四四一。

註七八：引文見嚴粲《詩緝》卷二二。

註七九：參閱程俊英、蔣見元《詩經注析》下冊，頁六三三。

註八〇：詳陳啓源《毛詩稽古編》卷十四。

註八一：詳胡承珙《毛詩後箋》卷二十。

註八二：詳竹添光鴻《毛詩會箋》卷十三。

註八三：參閱糜文開、裴普賢《詩經欣賞與研究》，第二冊，頁一〇三六。

註八四：見姚際恒《詩經通論》卷十一。

註八五：同前註。

註八六：引文見王靜芝《詩經通釋》，頁四四二。
註八七：見歐陽修《詩本義》卷八。又其分〈大東〉爲九章，與衆不同。
註八八：《詩序》：「〈楚茨〉，刺幽王也。政煩賦重，田萊多荒，饑饉降喪，民卒流亡，祭祀不饗，故君子思古焉。」呂祖謙《呂氏家塾讀詩記》：「〈楚茨〉極言祭祀，所以事神致福之節，致詳致備……。」何楷《詩經世本古義》：「此與〈信南山〉皆爲祭祀之詩……。」
註八九：見嚴粲《詩輯》卷二二。
註九〇：見程俊英、蔣見元《詩經注析》下冊，頁六六〇。
註九一：詳胡承珙《毛詩後箋》卷二十。
註九二：見竹添光鴻《毛詩會箋》卷十三。
註九三：《詩序》：「〈信南山〉，刺幽王也。不能脩成王之業，疆理天下，以奉禹功，故君子思古焉。」此說與詩義相去甚遠。姚際恒《詩經通論》：「此篇與〈楚茨〉略同，但彼篇言烝嘗，此獨言烝，蓋言王者『烝祭歲』也。」近人多同意此爲祭祀之詩。
註九四：引文見王靜芝《詩經通釋》，頁四五九。
註九五：詳《周禮注疏》卷四二，《冬官考工記・匠人》。
註九六：詳胡承珙《毛詩後箋》卷二十。
註九七：詳竹添光鴻《毛詩會箋》卷十三。

註　九八：井田有「九一而助」與「什一而籍」的不同記載，可參閱王貴民《商周制度考信》，頁三〇一——三一〇。明文書局印行。

註　九九：見孫希旦《禮記集解》引程子語。

註一〇〇：據今人鄒昌林氏的研究，爲尸之人不但要與受祭人同姓，而且必須昭穆相同，此即要求母系血緣相同，因此，用尸制度亦是母系制度的遺存。（詳鄒昌林《中國古禮研究》，頁九三——九七。文津出版社印行）

註一〇一：胡承珙《毛詩後箋》就極反對鄭玄之說，日人安井氏也說：「祭祀齋戒則賜酒於尸賓，經傳中未見其文。」詳《毛詩後箋》卷二十，竹添光鴻《毛詩會箋》卷十三。

註一〇二：參閱拙文〈從大雅的幾篇史詩看周民族的興起〉，《孔孟月刊》第二十五卷，第六期。

註一〇三：詳《史記．周本紀》。

註一〇四：同註一〇二。

註一〇五：參閱許倬雲《求古編》，頁六一——六二。

註一〇六：引文爲牛運震《詩志》語。

註一〇七：同註一〇五，頁六二。

註一〇八：引文爲邵宏華語，見《詩經鑒賞辭典》，頁四八一。河海大學出版社印行。

註一〇九：根據徐中舒〈殷周之際史蹟之檢討〉的說明，逼迫太王遷徙的敵人即是殷末著名的鬼方。（《中央研

究院歷史語言研究所集刊》，第七本，一九三八年）

註一一〇：見姚際恒《詩經通論》卷十三。

註一一一：參閱呂思勉《先秦史》，頁一一七。臺灣開明書店印行。

註一一二：古史人物的歷史性原本就未易徵考，否則《古史辨》的作者群不會將一些常識性的話題討論得那麼熱烈。關於后稷的子孫，據《史記》的世系，傳到文王共經過十五君，但這個世系事實上很有問題，許倬雲就說：「《國語》只說到后稷、不窋是『先世』『先王』，中間別無世代的說明。高圉、亞圉也似是一人。公劉至古公亶父間的世系，《史記》的根據是《世本》，由后稷到文王只有十世。按：傳統古史系統中誤將后稷列於虞廷，與舜禹同時，則依其年數計算，每代的時間都太長，早就招致史家的疑問，因此，我們還不如採用《詩經》的辦法，把太王直截只說成是『后稷之孫』——后稷的後裔；把公劉與太王之間的世代也懸爲待決之案。反正后稷只是一位由神蹟降生的始祖，公劉也只是太王的前代，其間代數不必推敲。」（《求古編》，頁六一）

註一一三：竹添光鴻《左傳會箋》反對杜預之說：「僖公當厲王時，晉人所賦〈蟋蟀〉是也。〈留侯世家〉『張良爲韓申徒』，《漢書》作『司徒』，韓爲晉後，晉改司徒爲申徒，而韓仍其舊，杜云廢爲中軍，失考。」

註一一四：《詩序》之「百福干祿」四字，呂祖謙《讀詩記》、朱子《詩序辨說》皆謂不成文理，胡承珙《毛詩後箋》解爲「求祿而得百福」，馬瑞辰《毛詩傳箋通釋》則謂「干」字爲「千」字誤，是非至今尚難判定，本書引《序》仍作「百福干祿」。

註一一五：見方玉潤《詩經原始》卷十三。

註一一六：屈萬里《詩經釋義》謂〈旱麓〉爲頌美周王之詩，王靜芝《詩經通釋》謂「此祝周王祭祀得福之詩」，似都接近詩義。

註一一七：參閱黃焯《毛詩鄭箋平議》，頁三〇九。上海古籍出版社印行。

註一一八：其實詩的本義究竟爲何不得而知，不過，陳奐《詩毛氏傳疏》說：「鳶天魚淵，極乎天地，此言文王之道之所至。〈文王・傳〉：『文王升接天，下接人。』亦此意也。《潛夫論・德化篇》引《詩》云：『「鳶飛戾天，魚躍于淵」，君子修其樂易之德，上及飛鳥，下及淵魚，無不歡忻悅豫。』此三家義，其意亦與毛不相遠也。」此說確是很有參考的價值。

註一一九：同註一〇二。

註一二〇：毛鄭舊本第三章八句，第四章十句，朱子以第四章前兩句「實覃實訏，厥聲載路」改歸第三章，於是八章皆以十句八句相間爲次，第二章至第七章均以「誕」字開頭，其後各家章句皆從《朱傳》。

註一二一：如黃永武就曾以《毛傳》之此一特色，作爲研究《詩經》必讀《毛傳》的理由之一。詳孔孟學會主編《詩經研究論集》，頁二五——二六。黎明文化事業公司出版。

註一二二：見章太炎《國學略說》，頁七四。河洛圖書出版社印行。

註一二三：同註一一七，頁三二三。

註一二四：參閱白川靜著、王孝廉譯《中國神話》，頁一〇。長安出版社印行。

註一二五：如錢穆《中國文學講演集．中國古代文學與神話》與徐中舒《先秦史論稿》都極重視后稷誕生的傳說，當然，傳說究竟只是傳說，所以史家們往往認爲周人正確的歷史，應當從公劉開始，如呂思勉《先秦史》、陳致平《中華通史》都有是說。

註一二六：同註一一七，頁三二五——三二六。

註一二七：姚際恒《詩經通論》說〈抑〉不知何人所作，而又同意此刺厲王之詩，算是學者中的異數。

註一二八：詳朱子《詩集傳》卷十八。

註一二九：方玉潤《詩經原始》、馬瑞辰《毛詩傳箋通釋》以及多數今人之專著皆支持朱說。

註一三〇：詳王先謙《詩三家義集疏》卷二三。

註一三一：屈萬里《詩經釋義》就是以《國語》無刺王之說，而謂此爲自儆之詩。

註一三二：詳顧鎮《虞東學詩》卷十。

註一三三：見竹添光鴻《毛詩會箋》卷十八。

註一三四：參閱許倬雲《西周史》，頁二七九——二八〇。

註一三五：參閱糜文開、裴普賢《詩經欣賞與研究》，第三冊，頁一四六八。

註一三六：朱子《詩集傳》謂〈雲漢〉之詩云：「舊說以爲宣王承厲王之烈，內有撥亂之志，遇烖而懼，側身脩行，欲銷去之。天下喜於王化復行，百姓見憂，故仍叔作此詩以美之。言雲漢者，夜晴則天河明，故述王仰訴於天之詞如此也。」許謙《詩集傳名物鈔》：「宣王遇災憂懼，始祈於外神，次祈於宗廟，既而無驗，則自揆事神之誠或未至，誠既盡則又盡人事以聽天命也。其恐懼修省之意，仁愛惻怛之誠，反覆淫溢於言辭之閒，宣王之所以賢，仍叔之善於知德立言，皆可見矣。」

註一三七：詳糜文開〈中國謝邑所在地的研判〉，《詩經欣賞與研究》第四冊，頁四八一——四八七。

註一三八：參閱葉達雄《西周政治史研究》頁一一九——一二〇。

註一三九：詳周谷城《中國通史》，頁一四九——一五三。

第五章 《詩說》說《頌》詩析評

在惠周惕《詩說》卷下的三十七條論述中，《雅》詩佔了三十一條，《頌》詩只有六條，以篇幅而論，重點在前者。但我們從惠氏的解說《小雅・楚茨》「爲賓爲客」句，以及〈信南山〉的「畀我尸賓」句，已可確定惠氏對於禮學有著深刻的認識，在解說《頌》詩時，他當然將這種專長作更多的發揮，從這個角度來看，《頌》詩的解說雖然僅有六條，卻不妨認作是《詩說》的另一個重頭戲。

第一節 《周頌》

一、論〈雝〉之為禘祀之詩

《周頌》的〈雝〉是一篇不太容易深入理解的詩，主要是因爲西周禘禮的內涵，古今爭論極大，至今並無確解。崔東壁撰《經傳禘祀通考》之後，此禮是否存在也成了問題，但崔氏的考釋，以及他否定《國語》的態度，今人已有專文予以駁斥，（註一）是以吾人今天只須對禘祀之說進一步瞭解，於此禮之存在根本不必懷疑。

《詩序》：「〈雝〉，禘大祖也。」《鄭箋》：「禘，大祭也。大於四時而小於祫。大祖，謂文王。」《孔疏》：「〈雝〉者，禘大祖之樂歌也。謂周公、成王太平之時，禘祭大祖之廟，詩人以今之太平由此大祖，故因其祭述其事而爲此歌焉。」鄭玄把《序》所說的大祖鎖定在文王身上，可能因此而給了朱子一些啓發，於是在《詩序辨說》中，朱子引經據典，力斥《序》說之非，（其說詳後）而深明古禮的惠氏，對於〈雝〉詩的篇旨，則另有他的意見：

禘祀之說，先儒紛紛，未有定論。以禘祫爲一，祖宗並陳，昭穆皆列者，王肅之說也。以后稷配嚳，不兼群廟之主者，趙匡之說也。朱文公、楊信齋皆是趙說而非王說，然細求之，二者皆不能無疑。王謂合群廟之主，則嚳宜占東向之尊，稷退子孫之位，將以稷爲穆邪？爲昭邪？抑虛昭之位而不居邪？吾不得而知也。趙謂后稷配嚳，則〈雝〉爲禘祭，樂章歌文王，而不歌后稷，不應歌其所不祭，祭其所不歌也。（《詩說》卷下，第卅二條）

王肅之說本不可信，根據周何的研究，有關周代宗廟制度的眞相，似乎以天子七廟之說比較可信。《禮記．王制》：「天子七廟，三昭三穆，與大祖之廟而七。」大祖之廟又稱大廟，奉祀的是開國始祖后稷，大廟居中，大廟之左有三座昭廟，大廟之右有三座穆廟，兩排相對，合計七廟。排在前面的第一昭廟和第一穆廟，奉祀的是文王和武王，武王在左，文王在右。神主既然是固定的，當然是永祀不毀的，所以這兩座廟也稱「祧廟」。除了大廟和二祧廟都是永祀不毀以外，賸下的二昭二穆則是必須依次而遞毀的。因爲這四座廟所奉祀者，是時王的四代祖先。（註二）信如王肅之說，則嚳宜占東向之尊，稷退子孫之位，那麼稷之昭穆座位又當如何安置？宜乎惠氏不以爲然。

趙匡謂禘祀者以后稷配嚳，不兼群廟之主，但以〈雝〉有「相維辟公，天子穆穆」、「假哉皇考，綏予孝子」之句，天子當然是主祭的周王，皇考一般都依《鄭箋》釋爲文王；禘祀之詩不歌后稷，而歌文王，這就不無可議之處，惠氏反對其說，自亦有其道理。

不過，朱子既然放棄《序》說，而改採趙氏之意見，自然也有他的一套說詞：

〈祭法〉：「周人禘嚳。」又曰天子七廟，三昭三穆及大祖之廟而七。周之大祖即后稷也。禘嚳於后稷之廟，而以后稷配之。所謂禘其祖之所自出，以其祖配之者也。〈祭法〉又曰「周祖文王」，而《春秋》家說三年喪畢，致新死者之主於廟，亦謂之吉禘。是祖一號而二廟，禘一名而二祭也。今此〈序〉云「禘大祖」，則宜爲禘嚳於后稷之廟矣，而其詩之詞無及於嚳、稷者，若以爲吉禘於文王，則與〈序〉已不協，而詩文亦無此意，恐〈序〉之誤也。此詩但爲武王祭文王而徹俎之詩，而後通用於他廟耳。（註三）

從〈雝〉的內容來看，自「有來雝雝」至「相予肆祀」，乃言諸侯助祭，以見祭之盛大，以下盡爲美文王之辭，似朱子之說不爲無據，然惠氏仍從祭法上推論此爲禘祀之詩：

朱子不得其說，于是以〈序〉爲誤，改爲武王祭文王之詩，然則禘祀大典，周人竟無一詩及之邪？按：〈祭法〉：「周人禘嚳而郊稷，祖父王而宗武王。」此不易之大典也。〈大傳〉：「禮，不王不禘，王者禘其祖之所自出，以其祖配之。」此禮經之明文也。合而觀之，可以得禘之說矣。曰「祖文王」，則文王即所謂其祖也。曰「禘嚳」，即禘文王所自出之祖也。推文王世系，上溯帝嚳，始爲受命發祥之祖。「厥初生民，時惟姜嫄」，（忠愼按：「惟」字，《詩》原文作「維」。）詩人已明言之矣。趙氏改〈大傳〉「其祖」爲「始祖」，故致《詩》《禮》互相謬剌，若直以文王爲祖，而配帝嚳所自出之祖，則《詩》辭《禮》文彼此發明，而昭穆之位，不必疑其難處矣。禘嚳則姜嫄合食，文王、太姒配食，故曰「既右烈考，亦右文母」也。或曰：〈雝〉既禘，何以不詠嚳而詠文王？曰：此作詩者之旨也。戒時王則陳先世之功，示艱難之不可忘也。述祖德則道子孫之賢，頌貽謀之所及遠也。且揆之人情，安有美其子孫而祖宗不欣說者乎？是詩不及帝嚳，所以頌帝嚳者至矣。（《詩說》卷下，第卅二條）

在此先糾正惠氏的一個小錯誤，《大雅．生民》「厥初生民，時維姜嫄」所述，實與帝嚳無涉，其所強調者爲后稷誕生之異，此在本書四章析論惠氏斥前人說〈生民〉之附會時業已指出，毋庸贅述，而事實上終周之世不遷不毀的，如前所言，也唯有后稷、文王和武王三廟。后稷是周人所尊奉的始祖，由於他「發明稼穡，粒我烝民」，用今語說就是一個劃時代的人物，所以周人推尊后稷爲始祖，如商人推奉契爲始祖一樣，（註四）《周頌．思文》謳歌「思文后稷，克配彼天」，在周人心目中，后稷的誕生，實出天意。文王、武王由於是周王國的締造者，故得以與后稷同受後代子孫永遠的祭祀與懷念。

這麼說並不表示惠周惕的「禘嚳」之說毫無根據。相反的，惠氏的「得禘之說」是「合而觀之」

〈祭法〉與〈大傳〉的記載，絕不能視為浮說游詞。〈祭法〉有「周人禘嚳而郊稷，祖文王而宗武王」之語，〈大傳〉有「禮，不王不禘，王者禘其祖之所自出，以其祖配之」之記載，後者之文字又見於〈喪服小記〉。在〈祭法〉等篇整理問世之前，《國語》在〈周語〉、〈楚語〉、〈魯語〉裡也不時言及周人禘祭的一些規矩，〈魯語上〉且明言「周人禘嚳而郊稷，祖文王而宗武王」、「高圉、大王能帥稷者也，周人報焉」，嚳、高圉、大王三位未入周王室宗廟，王室禘、報這三位老祖宗，實行特祭。其中，報祭在宗廟舉行，祭祖而不以配天；禘則為大祭，在郊外舉行，這是為了要以祖配天；由此也就可知朱子以為若依《序》說，則〈雝〉所述為「禘嚳於后稷之廟，而以后稷配之」，其說不可相信，蓋「禘嚳而郊稷」與廟祭不同，不能混為一談。（註五）

現在，不妨且將焦點擺在《詩序》「〈雝〉，禘大祖也」上面。《鄭箋》以「大祖」為文王，當然沒什麼依據，但就詩篇內容來看，樂章所歌的對象確實是文王，這是惠氏也承認的。朱子謂周之大祖為后稷，本來這句話是天經地義，但他解《序》義為「禘嚳於后稷之廟」，不惟與禮制不合，作《序》者恐亦無此意。另一方面，朱子直指〈雝〉詩無及於嚳、稷，卻又是不爭的事實，在這種情況之下，姚際恆所說的「周之大祖，后稷也。據《禮》，『禘其祖之所自出，而以其祖配之』，后稷所自出為嚳，《詩》無及于嚳、稷，前人已辨之」，（註六）反倒顯得無懈可擊。

對於「〈雝〉既禘，何以不詠嚳而詠文王？」這個棘手的問題，惠氏以「詩不及帝嚳，所以頌帝嚳者至矣」來回答，坦白說，毫無說服力可言，推其所以，是因認為若不依《序》說，則禘祀大典，周人竟無一詩及之，實際上「西周王室祭祖的活動多種多樣，特祭之外，還有祭三后、二后、祖妣合祭等方式。特祭的內容，除禘嚳、報高圉和大王外，還有其他各直系王的祭祀」，(註七)我們不必認定《周頌》可以涵蓋各種祭祀，有些古禮還是要從《尚書》、《逸周書》、《國語》、《儀禮》、《禮記》……中來找資料的，惠氏深通古禮，應該明白這個道理。

執筆至此，當然要問，〈雝〉若非「禘大祖」之詩，篇旨又該何解？詩所歌者既爲文王，則朱子《詩序辨說》所云「武王祭文王而徹俎之詩」，大致上可以相信，《後漢書．劉向傳》說：「文王既沒，武王、周公繼政，朝臣和於內，萬國驩於外，故盡得其驩心，以事其先祖。其詩曰：『有來雝雝，至上肅肅。相維辟公，天子穆穆。』」言四方皆以和來也。」可知以此詩作於武王之世，絕非朱子的創見。朱子在《集傳》中又說：「《周禮》『大師及徹，帥學士而歌〈徹〉』，說者以爲即此詩。《論語》亦曰『以〈雍〉徹』，然則此蓋徹祭所歌，而亦名爲〈徹〉也。」姚際恆針對《朱傳》說：「此武王祭文王徹時之樂歌。孔子曰：『以〈雍〉徹。』可證。《集傳》亦援《論語》，而又引《周禮》鐘師「及徹，率學士而歌〈徹〉」之文，頗爲蛇足。此詩徹時用，豈名『徹』乎！《周禮》之妄也。」(註八)方玉潤《詩經原始》說：「《箋》《疏》以爲成王禘祭文王之詩，則詩中『烈考』、『皇考』之稱，既不可通，即文母之祭，亦與禘義無涉，故不若從《集傳》之爲當也。」(註九)二說皆有助瞭解〈雝〉詩之義。特別是方氏強調的「烈考」等句，支持《序》說者恐不好解釋，惠氏以「姜嫄合食，文王、大姒配食」來解釋，看得出費了一番苦心；〈雝〉說「假哉皇考，綏予孝子」，我們把皇考解釋爲文王，孝子是武王自稱，這句是指文王奠定天下，安撫了我這孝子；不是簡單明瞭嗎？詩又說「既在烈考，亦右文母」，右通「侑」，勸酒、勸食的意思，《周禮·大祝》：「以享右祭祀。」《鄭注》：「右，讀爲侑。侑勸尸食而拜。」此詩「右」亦當讀爲侑勸之侑。詩以「烈考」與「文母」對舉，文母爲太姒，則烈考爲文王，詩句的意思就是希望先父先母的神靈多多享用祭品，(註一〇)這樣，〈雝〉是何人祭拜文王的詩，不是沒有置喙的餘地了嗎？把「姜嫄合食」也扯進詩中，寧不勉強？

由以上的討論，我們認爲，關於〈雝〉之篇旨，惠氏若要支持《詩序》「禘大祖」之說，應當再提出更多的理由讓人信服才行。

二、釋〈我將〉與〈雝〉「右」字之義

《周頌·我將》：「我將我享，維羊維牛。維天其右之。儀式刑文王之典，日靖四方。伊嘏文王，既右饗之。我其夙夜，畏天之威，于時保之。」此篇爲祀文王於明堂以配上帝之樂歌。(註一一)詩中的兩「右」字，與前文所討論的〈雝〉「既右烈考，亦右文母」的「右」字，惠周惕撰文特加申述：

〈我將〉「維天其右之」、「既右享之」，〈雝〉「既右烈考，亦右文母」，鄭俱釋右爲助，惟朱子《集傳》于〈我將〉「維天右」句謂神坐東向，在饌之右，而〈雝〉詩則仍如鄭說。今按：〈我將〉祀文王于明堂，明堂之祭南向，則南者上帝，東者文王也。神道祀天，所以向明鬼道事祖，所以受生氣，故曰右，文位上帝之右也。〈雝〉祀帝嚳于宗廟，宗廟之祭東向，東

者嚳，北者文王也。穆本向北，文世次在穆，配祖宗則不敢越其序，故亦曰右，文位帝嚳之右也。（《詩說》卷下，第卌三條）

在此條中，惠氏比較了鄭玄與朱子解釋〈我將〉、〈雝〉詩中「右」字之差異，並在按語中表示二詩中的幾個「右」字皆其位在右之義，以此而否定了鄭、朱之說，特別是鄭玄，由於《鄭箋》釋二詩中的「右」皆為助，朱子至少還認為〈我將〉之「右」為方向之右，（朱子釋〈雝〉之「右」為尊，非如惠氏所言「仍如鄭說」）相形之下，《鄭箋》在此更顯居於下風。現在吾人要問，惠氏的裁判是否可以成立？

先說〈我將〉的兩「右」字。依《鄭箋》之說，「維天其右之」是「言神饗其德而右助之」，「文王既右而饗之，言受而福之」；依《朱傳》之說，「維天其右之」是「天庶其降而在此牛羊之右乎」，「伊嘏文王，既右享之」句，「言我儀式刑文王之典，以靖天下，則此能錫福之文王既降而在此之右，以享我祭」。《朱傳》的解釋詩義，是因他以為「右，尊也。神坐東向，在饌之右，所以尊之也」。的確，古人有時以右為尊，如云「位在其右」、「無出其右」，右有尊義，不容置疑，然而古人何嘗不以左為尊？〈內則〉：「凡男拜，尚左手……。女拜，尚右手。」《注》：「左，陽也。右，陰也。」《老子》：「吉事尚左。」《注》：「左，生位也。」《呂覽・悔過》：「左不軾而右之。」《注》：「左，君位也。」又〈曲禮〉：「進劍者左首。」「執禽者左首。」《注》並云：「左首尊也。」凡此皆古人以左為尊之根據，而以右為尊實為漢以後之法，（註一二）《朱傳》用以釋周初之詩，恐有未當。

至於《鄭箋》之說，則問題很小，以右爲助本爲訓詁學上的基本常識，但對於「儀式刑文王之典，日靖四方。伊嘏文王，既右饗之」數句的解釋，《毛傳》卻與之有異。《傳》云：「儀，善。刑，法。典，常。靖，謀也。」《箋》云：「靖，治也。受福曰嘏。我儀則式，象法行文王之常道，以日施政于天下，維受福於文王，文王既右饗之，言受而福之。」《孔疏》云：「刑既爲法，則式不復爲法，當訓爲用。毛於嘏字，訓爲大，此嘏亦爲大也。」下引王肅「善用法文王之常道，日謀四方，維天乃大，文王之德，既佑助而歆饗之」之語，以實其說。鄭、王二氏之言，孰爲得當，胡承珙《毛詩後箋》言之甚詳，其言曰：「昭六年《左傳》引《詩》『儀刑文王』，《疏》引服虔：『儀，善也。刑，法也。』又引《詩》『儀式刑文王之德，日靖四方。』《疏》引服虔：『儀，善。式，用。刑，法。靖，謀也。言善用法文王之德，日日謀安四方。』考服解皆用毛意，王肅即本之服，其說實勝於《箋》。至王申毛以右饗爲天大右助文王而歆饗之，《箋》以右饗屬文王。《嚴緝》云：『維天惠民，維文王之典，足以安民。天福文王，則必右助而歆饗我祭矣。』承珙謂『其右』『既右』語勢相承，則右饗自應屬天，天之右饗文王，即右饗其子孫。天既右饗，則文王右饗不待言矣。亦當以王肅申毛爲是。」（註一三）若說《鄭箋》仍有可議，則當如胡氏所述，但其以「右」爲助，絕對是可以說得通的。

其次談〈雝〉的兩「右」字。在前文針對《詩說》前條的討論中，吾人已經指出，《朱傳》謂〈雝〉爲武王祭文王徹時之樂歌，說應較《序》接近詩的本義，而惠氏卻是支持《序》「禘大祖」之說的，他的解〈雝〉之「右」爲文位帝嚳之右，自然也就必須在其解說〈雝〉爲禘嚳之詩正確無訛的情況下，才能爲人所接受。吾人既已明言，惠氏支持《序》說的理由不能讓人信服，對於他的解釋〈雝〉之兩「右」字，自然也就不能接受。另一方面，鄭、朱兩家之說也不盡理想，鄭釋「既右烈考，亦右文母」云：「烈，光也。子孫所以得考壽與多福，乃以見右助於光明之考與文德之母，歸美焉。」《朱傳》則云：「右，尊也。《周禮》所謂享右祭祀是也。……言文王昌厥後而安之以眉壽，助之以多福，使我得以右于烈考文母也。」兩說皆頗爲牽強。前文吾人以「右」爲「侑」之意，主要係根據馬瑞辰《毛詩傳箋通釋》之說，其說最能使詩義豁然開朗，鄭玄、朱子以及惠氏之說，恐皆未諦。

第二節　《魯頌》

一、讀〈有駜〉隨筆

〈有駜〉是魯僖公時慶豐年，宴飲而頌禱之詞。（註一四）詩共三章，首章云：「有駜有駜，駜彼乘黃。夙夜在公，在公明明。振振鷺，鷺于下。鼓咽咽，醉言舞。于胥樂兮！」這裡先是以馬的肥強喻臣的壯盛，又以夙夜在公言其忠勤，「振振鷺」以下則是言「僖公於是燕之以禮樂，群臣之來燕者，皆脩潔而有威儀，如振振然群飛之白鷺，翔集而來下也。燕樂之時，鼓聲咽咽然深長，其醉者或起舞以盡其歡，於是君臣之間皆喜樂也」。（註一五）二章義同，只是因換韻而更動了幾個字，其中，

「鷺于下」的「下」字，在二章中易爲「飛」字。惠周惕於〈有駜〉二章云：

「振振鷺，鷺于飛」，《隋書．志》謂「古之君子，悲周道之衰，頌音之息，飾鼓以鷺，存其風流」，蓋因漢鼓吹〈朱鷺曲〉而附會之也。《周禮》：「一變而致羽物。」蓋樂音和則鷺之飛止適其常，猶君意渥則臣之宴飲盡其歡也。《記》曰：「鼓無當于五音，五聲弗得弗和。」鼓音和則樂之和可知，非專言鼓也。（《詩說》卷下，第卅四條）

《隋書》「飾鼓以鷺，存其風流」之說，毋論是否出自鼓吹曲辭之附會，要皆無助讀詩。又《周禮．春官．大司樂》「凡六樂者，一變而致羽物及川澤之示」之記載，本不易與詩所言聯想在一塊，但惠氏由此而得「樂音和則鷺之飛止適其常，猶君意渥則臣之宴飲盡其歡」之說，亦可備一覽，且與《朱傳》「鷺，鷺羽，舞者所持，或坐或伏，如鷺之下也」、「鷺于飛，舞者振作鷺羽如飛也」之說可謂各擅勝場，蓋惠說可以羽翼毛鄭舊說，而《朱傳》則別出心裁也。

於此，不妨在二說中再作一得失之裁斷。《毛傳》：「振振，群飛貌。鷺，白鳥也。以興絜白之士。咽咽，鼓節也。」《鄭箋》：「僖公之時，君臣無事，則相與明義明德而已。絜白之士，群集於君之朝，君以禮樂與之飲酒，以鼓節之，咽咽然，至於無筭爵，則又舞，燕樂以盡其歡，君臣於是則皆喜樂也。」由於詩以「有駜有駜，駜彼乘黃」開頭，乃是以馬之肥壯，喻能致遠，因以興起君之有賢能之臣，可以安國治民，是以其下再以「振振鷺」起興，以「鷺于下」或「鷺于飛」喻潔白之士集結於國君之前，大家在君前燕飲，乃擊鼓咽咽，且醉且舞，以相爲樂，（註一六）如此的解釋應是得體的，毛鄭之說看不出有什麼漏洞。《朱傳》以鷺羽為舞者所持，這樣，「振振鷺，鷺于下」就是描寫跳鷺羽舞的情景，「振振鷺，鷺于飛」則是形容「舞者振羽如飛」（《朱傳》語），再加上詩中明言以鼓聲為節，這就使得〈有駜〉合於以舞容為頌之義。（註一七）

表面看來，《朱傳》之說較毛鄭直捷了當，而且，古人也確實利用鷺的羽毛製作舞衣，這種舞衣名翿或鷺羽，未舞時持在手中，舞時戴於頭上，（註一八）《陳風・宛丘》二章就有「坎其擊缶，宛丘之下。無冬無夏，值其鷺羽」之詩句，三章亦云「無冬無夏，值其鷺翿」，如是則《朱傳》之解釋委實言之有據。然而，《周頌・振鷺》云：「振鷺于飛，于彼西雝。我客戾止，亦有斯容。在彼無惡，在此無斁。庶幾夙夜，以永終譽。」這裡的「振鷺于飛」數句之意義是顯而易見的，誠如《朱傳》所云，「言鷺飛于西雝之水，而我客來助祭者，其容貌脩整，亦如鷺之潔白也」。如此說來，毛鄭解〈有駜〉的「振振鷺，鷺于下」或「鷺于飛」似亦不遜《朱傳》，當《周頌》的〈振鷺〉以鷺喻群臣潔白而有威儀，諸家之說無異議時，吾人又怎能認定《魯頌》的〈有駜〉就不是如此的取義呢？

以是之故，惠氏的說「振振鷺」雖稍嫌抽象，應該還是可以為人接受。祇是，《詩說》此條又引〈學記〉之語，以論〈有駜〉「鼓咽咽」非專言鼓，這眞令人有不知從何說起之嘆了。

二、釋〈泮水〉

〈泮水〉為《魯頌》之第三篇，《詩序》謂「頌僖公能脩泮宮也」，三家《詩》無異議。（註一九）《朱傳》則說：「此飲於泮宮而頌禱之辭也。」又說：「蓋古者出兵，受成於學。及其反也，釋奠於學，而以訊馘告。故詩人因魯侯在泮，而願其有是功也。」何楷則云：「頌伯禽允文允武也。伯禽就封于魯，初作泮宮，遂服淮夷，魯人為之頌。」（註二〇）諸家之說並不一致。清季以還，說解此詩者多從何氏之說，如姚際恆《詩經通論》云：「《魯頌》四篇，末篇為僖公詩，有明據。此篇為伯禽，亦有據。」方玉潤《詩經原始》云：「是詩以為頌伯禽者，近是。」王靜芝《詩經通釋》云：「伯夷有征淮夷事，見于〈費誓〉。此蓋伯禽征淮，執俘告於泮宮，詩以頌之也。」以上各家皆依〈費誓〉之說，以此為頌美伯禽征淮夷，執俘告於泮宮之詩。（註二一）惠周惕對於〈泮宮〉所言另有他的意見，首先，他認為詩言「采芹」、「采藻」、「采茆」，此為單純之釋菜之禮，不宜另生穿鑿之解：

> 〈泮水〉采芹、采藻、采茆，（忠慎按：《皇清經解》本《詩說》「藻」字前無「采」字，此據《借月山房彙鈔》本補）陸佃謂茆取有味，士之于學，攬其芳臭，則采芹之譬也；學文則采藻之譬也；知道之味，嗜而學焉，則采茆之譬也。其言近穿鑿矣。（《詩說》卷下，第卅五條）（忠慎按：《借月山房彙鈔》本將此條與前條之釋〈有駜〉「振振鷺」合而為一，則是仍為第卅四條，從內容來看，其餘版本將兩條分開是正確的）

〈泮水〉前三章各以「思樂泮水，薄采其芹」、「思樂泮水，薄采其藻」、「思樂泮水，薄采其茆」開頭，陸佃因以天子之學曰辟廱，諸侯曰泮宮，故在其《詩物性門類》中謂詩言「采芹」、「采藻」、「

采茆」皆有取譬之義，（註二二二）然其所謂攬其芳臭、知道之味云云，如惠氏所言，皆爲穿鑿之辭，實不值一駁。

接著，惠氏直指〈泮水〉之詩義：

> 此詩始終言魯侯在泮事，是克淮夷之後，釋菜而儐賓也。釋奠釋菜，祭之略者也。釋奠釋菜不舞，詩言不及樂，故知爲釋菜也。禮，釋菜退儐于東序，一獻無介語，詩言「永錫難老」，故知爲儐賓也。芹、藻之類，釋菜之用也。祭先聖先師，貴誠不貴物，故曰禮之略也。三者出水泥而不滓，取潔己以進，聽先聖先師之教也。故士服有藻，《風》詩有「采藻」，皆潔之義也。（同前條）

惠氏認爲〈泮水〉爲魯侯在泮釋菜而儐賓之詩，這就否定了《詩序》「頌僖公能脩泮宮」之說。惠氏一向尊重《詩序》，非不得已，不另立新說。此處，惠氏提出了數個證據，以詩言不及樂，推論內容爲釋菜；以詩言「既飲旨酒，永錫難老」，確認爲儐賓；以芹、藻等物之取潔之義，而否認陸佃的取譬之說；吾人幾乎看不出《詩說》此條有何漏洞，唯是，魯侯究何所指，惠氏未明言而已。

近人屈萬里之《詩經釋義》，於〈泮水〉之篇旨引用惠氏在泮釋菜之說，又引《禮記‧王制》云：「出征，執有罪反，釋奠于學，以訊馘告。」《鄭注》：「釋菜奠幣，禮先師也。」又加一按語云：「此亦僖公時詩。」（註二二三）由於屈氏同意《毛傳》釋詩中「泮水」二字爲泮宮之水，天子曰辟廱，諸侯曰泮宮，故於詩旨採惠氏之說，這和楊愼、姚際恆等人認爲泮宮非學宮大相逕庭，按姚氏在《詩經通論》中謂宋戴仲培、明楊用修以泮宮爲泮水之宮，「其說誠然」，並以《通典》「魯郡泗水縣，泮水出焉」之語，以證泮爲水名，（註二四）然其說實不可信，不僅《鄭箋》「辟廱者，築土雝水之外，圓如璧，四方來觀者均也。泮之言半也，半水者，蓋東西門以南通水，北無也。天子、諸侯宮異制，因形然」之解釋不似架捏虛詞，其餘漢儒之說亦大同小異，（註二五）清儒陳奐更曾對魯郊學之制詳加論證，確認《魯頌》「泮宮」與《禮器》「頖宮」同處，而與《明堂位》「頖宮」爲異處。（註二六）陳啓源《毛詩稽古編》亦曰：「頖、泮一字而異形，《王制》、《明堂位》、《禮器》皆作頖，《魯頌》作泮，詩《釋文》作頖，云：『本又作泮。』頖、泮信一字矣。頖宮之爲學名，見《王制》、《明堂位》，而《魯頌》『獻馘』『獻囚』等語，又與《禮》『將出征，受成於學，反以訊馘告』之制合，則爲學名無疑矣。戴埴據《通典》『魯郡泗水縣有泮水』，謂僖公築宮於泮水上，因名泮宮，泮宮非學名，近世楊用修深信之，然實非也。泗水縣今隸兗州府，泮水一名雩水，源出曲阜縣治西南，西流至兗州府城東，入泗水，見《一統記》，信有然矣。但水以泮宮故名泮，以舞雩故名雩，俱起於後世，殆好事者取經語以名水耳。水因《詩》而得名，反執水名以亂《詩》說，何其惑也！……總之，璧廱、頖宮爲天子、諸侯學名，有圜水、半水之異，漢儒近古，定有據而言之，後人好爲異說，適見其陋也。」（註二七）以「適見其陋」批評楊、姚諸人，似嫌過火，然於古代名物度數之學，不宜率爾推翻古人舊說，則誠爲確切不移之事實。

肯定了《毛傳》以學宮釋泮宮後，吾人當即可以毫不遲疑接受惠氏釋菜之禮之說，至其所言之魯

侯，則應如屈萬里所云之魯僖公，蓋余永粱有〈粊誓的時代考〉一文，考證〈費誓〉爲魯僖公時之作；楊筠如《尚書覈詁》亦謂從〈費誓〉與〈泮水〉之內容觀之，《詩》《書》所載，自屬一事；屈萬里接受二氏之說，再從《春秋經》《傳》找根據，而謂〈費誓〉爲僖公十三年或十六年之作，（註二八）如此則凡依〈費誓〉所載，以〈泮水〉爲頌美伯禽之作者，其說恐皆未諦。張學波認爲〈泮水〉「當是僖公征伐淮夷，執俘於泮宮，爲釋菜之禮之詩」，（註二九）即是惠說與屈說的綜合。

三、論魯禘郊之祭

根據《史記．魯周公世家》的記載，「周公卒後，秋未穫，暴風雷雨，禾盡偃，大木盡拔……，王出郊，天乃雨，反風，禾盡起。二公命國人，凡大木所偃，盡起而築之。歲則大孰。於是成王乃命魯得郊祭文王。魯有天子禮樂者，以褒周公之德也。」由於周公之德實在太大，魯得以破天荒地擁有天子之禮樂，對魯人來說，此爲無上榮耀。《禮記．明堂位》云：「……成王幼弱，周公踐天子之位，以治天下；六年，朝諸侯於明堂，制禮作樂，頒度量，而天下大服；七年，致政於成王；成王以周公爲有勳勞於天下，是以封周公於曲阜，地方七百里，革車千乘，命魯公世世祀周公以天子之禮樂。是以魯君孟春乘大路，載弧韣；旂十有二旒，日月之章；祀帝于郊，配以后稷；天子之禮也。季夏六月，以禘禮祀周公於大廟，牲用白牡，尊用犧象……，納夷蠻之樂於大廟，言廣魯於天下也。」王室之尊魯而賜以重祭，由此可見一斑。關於魯之禘郊之禮，惠周惕有一段話說：

《記》曰：「成王以周公有勳勞于天下，命魯公世世祀周公以天子之禮樂。祀帝于郊，配以后稷。」又曰：「以禘禮祀周公于太廟，牲用白牡。」朱子謂魯之禘祭，以文王爲所出之祖，而周公配之是也。今按之詩辭，直曰姜嫄，曰后帝，曰后稷。后帝者，嚳也。此禘之祭也。皇祖者，稷也。此郊之祭也。魯之禘郊與周無異，而謂禘文王而周公配，可乎？且禘郊一也。郊既祀稷，而禘則不祀嚳，此又何禮乎？若魯果用郊禘，自當祀稷以配天，祀文以配嚳，如詩言云云，決非郊用周禮，而禘用魯禮也。惟是郊祭所祭不及周公，則周公更自有廟而祭之，儀文一如禘禮，故曰「以禘禮祀周公于太廟也」。（《詩說》卷下，第卅七條）

「周人禘嚳而郊稷，祖文王而宗武王」之記載，見於《國語．魯語上》與《禮記．祭法》，而〈大傳〉又云：「禮，不王不禘，王者禘其祖之所自出，以其祖配之。」此在本章第一節討論《詩說》論《周頌．雝》時，已有所說明，茲不贅。朱子謂魯之禘祭，以文王爲所出之祖，而周公配之，應是據〈大傳〉所言。惠氏從詩辭直曰姜嫄、后帝、后稷加以駁斥，而其所謂詩辭出自〈閟宮〉。按〈閟宮〉爲歌頌魯僖公之詩，（註三〇）詩由僖公所建新廟談起，此一新廟據《毛傳》說乃是姜嫄之廟，（註三一）詩首章云：「赫赫姜嫄，其德不回」、「彌月不遲，是生后稷」，二章云「后稷之孫，實維大王」、「至于文武，纘大王之緒」，三章云「皇皇后帝，皇祖后稷」、「周公皇祖，亦其福女」；由此可知詩言云云與禘郊之禮並無密切之關係，事實上，〈閟宮〉「首章追敘周的始祖姜嫄和后稷，次章敘周的興起由於太王、文王、武王。三章敘伯禽受封爲魯公及僖公祭祀祖先」，（註三二）四至九章則誇大僖公之盛德，並祝其昌大長壽；不過，這麼說也不表示詩的內容與魯之郊祭風馬牛不相及，三章所言僖公祭祀祖先，全文是「龍旂承祀，六轡耳耳。春秋匪解，享祀不忒，皇皇后帝，皇祖后稷。享以騂犧，是饗是宜，降福孔多。周公皇祖，亦其福女」，詩中的「皇祖」即是指后稷，《鄭箋》：「成王以周公功大，命魯郊祭天，亦配以君祖后稷。其牲用赤牛純色，與天子同也。天亦饗之宜之，多予之福。」魯之郊祭在詩中仍然是有所強調的，畢竟這是魯儒引以自豪之事。但是，詩中實看不出魯的禘嚳之舉，惠氏之所以認爲〈閟宮〉所言有「禘之祭」，是因他解「皇皇后帝」之「后帝」爲帝嚳，這與《鄭箋》之解爲天，《朱傳》之解爲上帝，截然不同，然而，除非他能進一步說明何以「后帝」絕不能依前人解，否則吾人亦不能貿然承認惠氏的〈閟宮〉言禘郊之祭之說。

在前面我們曾說過，惠氏不信周人竟無一詩言及禘祀大典，因此他認爲〈雝〉之篇旨必須依《詩序》之說，這裡或許他是有鑑於魯既有天子之禮樂，就絕不可能「郊用周禮，而禘用魯禮」，故魯郊既然祀稷，其禘不祀嚳就不成其爲禮了。但〈魯世家〉於「魯有天子禮樂」只說「命魯得郊祭文王」，並未言及魯亦有禘嚳之權，鄭玄極可能也是限於所見之資料，是以祇能說「命魯郊祭天，亦配以君祖后稷」，假設資料顯示魯亦行禘嚳之禮，他在《箋》中沒有理由避過不提。

再者，〈明堂位〉已講得很清楚，「季夏六月，以禘禮祀周公於大廟，牲用白牡」，亦即，假設魯亦可行禘祭之禮，則其所禘之對象亦非帝嚳，這裡使用「假設」二字，是因有學者指出，〈明堂位〉文分三段，其第三段乃雜記魯禘所使用之禮樂及諸器物，從內容來看，純是魯人自誇語，全非事實。（

註三三）說全非事實恐亦有傷武斷，但〈明堂位〉所述不無誇大之嫌似不必諱言，就算魯行禘禮一事絕非虛構，則其分明言以禘禮祀周公，吾人豈能如惠氏那樣，逕行推測「郊禘所祭不及周公，則周公更自有廟而祭之，儀文一如禘禮」！古籍到了惠氏手中，可以作出如此深具彈性的解釋，則其讀書尙能有何窒礙？《周頌．雝》未言及祭嚳，惠氏仍以爲是禘嚳之詩，並且還振振有詞；〈明堂位〉明明說魯人以禘禮祀周公，惠氏偏偏認爲「若魯果用郊禘，自當祀稷以配天，祀文以配嚳」，果於自信的人，往往誤事而還自以爲是，惠氏應該是一個例子。

《文獻通考》有一段話論及魯之郊禘，而爲惠氏所採：

《通考》謂〈明堂位〉首言命魯世祀周公以天子之禮樂，又云「季夏六月，以禘禮祀周公于太廟，牲用白牡、犧象」云云，即此二言觀之，可見當時止許其用郊禘之禮樂，未嘗許其遂行郊禘之祀，後乃至于禘嚳郊稷，祀天配祖，一一僭用天子之制；斯言得之矣。（同前條）

平心而論，假如〈明堂位〉所述「命魯世祀周公」、「以禘禮祀周公」正是實錄，則王室極可能僅是允許魯國使用郊禘之禮樂而已，禘嚳郊稷、祀天配祖若眞有其事，則魯已然僭用天子之制了，《通考》之說確是可供參稽的。

第三節　《周頌》與《魯頌》之大較

惠周惕的《詩說》論述《頌》詩者計有六條，其二條爲《周頌》，三條爲《魯頌》，另一條則粗略比較了《周》《魯》二《頌》的差異，於《商頌》則未有片言隻字的說明：

《周頌》之文簡，《魯頌》之文繁。《周頌》之文質，《魯頌》之文夸。《周頌》多述祖宗之德，《魯頌》則稱孫子之功。《周頌》因烈考而及文母，《魯頌》則後壽母而先令妻。《周頌》于武王之克殷僅一二言，《魯頌》于僖公之克淮夷則反覆道之。此世道之升降，亦詩體之升降也。（《詩說》卷下，第卅六條）

祇要將《周》《魯》二《頌》略加觀察，就不難發現上述之言大致屬實。《朱傳》：「頌者，宗廟之樂歌，《大序》所謂美盛德之形容，以其成功告於神明者也。蓋頌與容，古字通用，故《序》以此言之。《周頌》三十一篇，多周公所定，而亦或有康王以後之詩。《魯頌》四篇，《商頌》五篇，因亦以類附焉。」即使有學者以頌爲樂器之名，（註三四）也不得不承認從內容來看《頌》詩，則頌確爲宗廟之樂歌。當然，完全合乎此一定義要求的爲《周頌》詩篇，《魯》《商》二頌則如鄭玄所云，係孔子新編入《詩》，（註三五）或如朱子所說，「因亦以類附焉」。

《商頌》姑置不論，《魯頌》四篇則是頌美活著的魯僖公，（註三六）就憑這樣的內容，其與《周頌》之爲典型宗廟樂歌者，所展現之風貌自然就會大異其趣。再者，《周頌》之作多半在周公攝政，成王即位之初，康王以後之詩極少，（註三七）這也是《詩經》中最早的作品了，而《魯頌》作於春秋時代魯僖公時，兩者創作時代距離實在過於遙遠，其所表現出來的技巧與風格大相逕庭，也就成爲天經地義了。

《周頌》之詩皆僅一章，（註三八）又有一些無韻之作，（註三九）篇幅通常也較短。〈清廟〉共三十四字，〈維天之命〉三十五字，〈維清〉僅十八字，爲《詩三百》中最短之作。〈烈文〉六十字，〈天作〉二十七字，〈昊天有成命〉三十二字，〈我將〉四十四字，〈時邁〉六十二字，〈執競〉五十六字，〈思文〉四十四字。以上諸詩皆在《清廟之什》中，至於《臣工之什》與《閔予小子之什》所收之詩篇，除〈載芟〉一百二十四字、〈良耜〉九十二字稍長之外，其餘各詩亦皆甚短，全部介於二十四字至六十四字之間。反觀《魯頌》四篇，〈駉〉分四章，每章八句，共得一百二十四字，字數恰與《周頌》最長的〈載芟〉同。〈有駜〉是《魯頌》最短的詩篇，分三章，每章九句，共得九十八字，比《周頌》第二長詩〈良耜〉多了四個字。〈泮水〉分八章，每章八句，全詩共二百五十七字，已比《周頌》最長的詩多了一倍以上的篇幅，但相對於〈閟宮〉來說，也僅是小巫而已，蓋〈閟宮〉共九章，一百二十句，四百九十二字，已是《三百篇》中第一長詩。《周》《魯》二《頌》一簡一繁，並且其差距是非常明顯的。

《周頌》文字之古奧質樸亦爲其一大特色。古奧是因其創作年代較早，質樸是因宗廟之詩本宜力求平實。眞德秀評〈維天之命〉說：「純是至誠，無一毫人僞。惟其純誠無雜，自然能不已。」（註四〇）牛運震評〈清廟〉云：「不必鋪揚文德，從助祭之人看出秉德無射，自然深厚。對神無詞，文不得，淺不得，妙在質而能深。沉奧動盪，有一唱三歎之音。」（註四一）《周頌》之詩既爲祭拜祖先、鬼神而作，則其一本至誠，質而不文，亦成爲理所當然的特色。

《魯頌》則不然，既是頌美當時的國君，則極盡誇大其辭之能事，如〈駉〉之詩，四章複疊，共舉出十六種馬名，使人產生目不暇接、指不勝屈之感，同時，詩人把十六種馬分佈於四章詩中，求其色彩的諧調壯麗，進行多方位的鋪陳，組成多姿多彩的馬群，並有意用色彩構成的絢麗的畫面，渲染出繁榮昌盛的景象，以表達讚頌之情，這種意象佈局法，漢賦也多所襲用，而變得更加鋪張揚厲了。抑有進者，詩人還用「思無疆」、「思無期」、「思無斁」、「思無邪」來作爲對馬也是對人的讚頌，這樣，馬群的存在就都歸功於僖公的英明正直與深謀遠慮了。（註四二）

〈有駜〉的寫作技巧也十分高明，詩人以「有駜有駜」起興，反複詠嘆，以黃馬、雄馬、青黑馬的強健形象，因物寓志，反映君臣和諧之意。從前二章的歌舞，到三章的頌禱，內容確有粉飾浮夸之處，（註四三）這種格調是不可能在《周頌》中出現的。

〈泮水〉的內容不唯言及僖公善承祖先之事業，更凸顯了僖公整修泮宮、征服淮夷的文治武功，元儒劉瑾指出，「此詩所言不無過其實者，要當爲頌禱之溢辭也」，（註四四）言過其實可說是《魯頌》各篇的共同特色，不僅〈泮水〉而已。再以〈閟宮〉這篇《詩經》中最長之作爲例，五、六章頌揚僖公的戰績，並祝其長壽，七章誇耀僖公的土地廣大，八章讚美他能恢復舊土，家齊國治；這些交口吹噓、媚辭取悅的內容，構成了《魯頌》的一大特色，或者說是通病。

劉勰在《文心雕龍》中，以《魯頌・泮水》末章「翩彼飛鴞，集于泮林。食我桑黮，懷我好音」

四句，作爲夸張修辭之一例證，（註四五）王安石也曾比較過《周》《魯》二《頌》的差異說：「《周頌》之辭約，約所以爲嚴，所美盛德故也。《魯頌》之辭侈，侈所以爲誇，德不足故也。」（註四六）《周頌》與《魯頌》的「質」與「夸」之差異性之大，是有目共睹的。惠氏指出了這個事實之後，又說《周頌》「多述祖宗之德」、「因烈考而及文母」、「于武王之克殷僅一二言」，《魯頌》則「稱孫子之功」、「後壽母而先令妻」、「于僖公之克淮夷則反覆道之」，此皆「世道之升降，亦詩體之升降」；其實《周》《魯》二《頌》根本不必作這一些瑣碎的比較，蓋前者爲宗廟之樂歌，後者純爲歌功頌德之作，祭拜祖先與阿諛時君的不同性質之詩，其所表現出來的當然是徹頭徹尾的不同，何勞吾人一一細加比較，又何庸從世道與詩體之升降上費心推敲呢！

【附註】

註　一：詳鄒昌林《中國古禮研究》，頁一一〇——一一二。文津出版社印行。

註　二：詳周何《古禮今談》，頁二二二——二二七。國文天地出版社印行。

註　三：此文見於《詩序辨說》，朱子又於《集傳》云：「此武王祭文王之詩。言諸侯之來，皆和且敬，以助我之祭事，而天子有穆穆之容也。」

註　四：詳糜文開、裴普賢《詩經欣賞與研究》第三冊，頁一三〇四——一三〇七，引錢穆《中國文學講演集》論后稷之神話。三民書局印行。

註　五：參閱陳戍國《先秦禮制研究》，頁二〇四——二〇五。湖南教育出版社印行。
註　六：見姚際恆《詩經通論》卷十七。
註　七：周註五，頁二〇〇。
註　八：同註六。
註　九：見方玉潤《詩經原始》卷十七。
註一〇：參閱馬瑞辰《毛詩傳箋通釋》卷二九，又程俊英、蔣見元《詩經注析》下冊，頁九六五——九六六。北京中華書局印行。
註一一：《詩序》：「〈我將〉，祀文王於明堂也。」《朱傳》：「此宗祀文王於明堂，以配上帝之樂歌。」
註一二：參閱竹添光鴻《毛詩會箋》卷十九。
註一三：參閱胡承珙《毛詩後箋》卷二六，又今人李振興《王肅之經學》謂胡氏之說「其說辨矣」。（頁四七三。嘉新研究論文，第三六六種）
註一四：《詩序》：「〈有駜〉，頌僖公君臣之有道也。」《朱傳》：「此燕飲而頌禱之辭也。」張學波《詩經篇旨通考》：「細考詩篇，詩中既言豐年燕飲之樂，詩末又有頌禱福祿之詞。此當是慶豐年燕飲而頌禱僖公之詩。」（頁三二五。廣東出版社印行）
註一五：引文見嚴粲《詩緝》卷三五。
註一六：參閱王靜芝《詩經通釋》，頁六四四。輔仁大學文學院叢書。

註一七：阮元《揅經室集》：「『頌』即『容』字也。……三《頌》各章皆是舞容，故稱爲頌。」糜文開、裴普賢《詩經欣賞與研究》：「今觀《魯頌》四篇，皆非廟堂祀神之辭，其辭類於《風》《雅》，而與《頌》殊。但〈有駜〉詩中持鷺羽而舞，以鼓聲爲節，則亦合於以舞容爲頌之義。」（第三冊，頁一六三六。）

註一八：參閱程俊英、蔣見元《詩經注析》下冊，頁一〇〇二。

註一九：參閱王先謙《詩三家義集疏》卷二七。

註二〇：見何楷《詩經世本古義》卷十之上。

註二一：參閱張學波《詩經篇旨通考》，頁三三六。

註二二：陸佃名著《詩物性門類》八卷，人多未見，其實是書即是《埤雅》初名。詳拙著《宋代之詩經學》，頁二一一——二三一。民國七十三年，政大中國文學研究所博士論文。

註二三：見屈萬里《詩經釋義》，頁四二二。中國文化大學出版部印行。

註二四：詳姚際恆《詩經通論》卷十七。

註二五：班固《白虎通義》：「諸侯曰泮宮者，半於天子宮也。明尊卑有差，所化少也。半者象璜也，獨南面禮儀之方有水耳，其餘壅之言垣宮，名之別尊卑也，明不得化四方也。」此說同鄭玄。《說文》：「西南爲水，東北爲牆。」許說稍異。

註二六：詳陳奐《詩毛氏傳疏》卷二九。

註二七：詳陳啓源《毛詩稽古編》卷二四。

註二八：詳屈萬里《尙書釋義》，頁一八七——一八八。中國文化大學出版部印行。

註二九：見張學波《詩經篇旨通考》，頁三二七。

註三〇：《詩序》：「〈閟宮〉，頌僖公能復周公之宇也。」《朱傳》：「閟宮時蓋修之，故詩人歌詠其事以爲頌禱之辭，而推本后稷之生以下及于僖公耳。」嚴粲《詩緝》：「僖公能修寢廟，史臣張大其事而爲頌禱之辭耳。」

註三一：《毛傳》以詩所言新廟爲姜嫄之廟，後人或以爲后稷之廟，或以爲周公之廟，甚或以爲莊公、閔公之廟，然皆臆測而無實據，闕疑可也，唯明儒郝敬《毛詩原解》云：「魯不聞有姜嫄廟，詩言姜嫄者，誇魯之自出，明郊祀后稷之故耳。」其說可參。

註三二：引文見程俊英、蔣見元《詩經注析》下冊，頁一〇一〇。

註三三：參閱王夢鷗《禮記今註今譯》上冊，頁四二一。臺灣商務印書館印行。

註三四：如金鶚〈釋庸〉一文謂「頌」「鏞」古同聲通用，（在嚴杰編《經義叢鈔》中，見《皇清經解》卷一三八九）包世榮《毛詩禮徵》謂鏞亦名鎛，引〈大射儀・注〉曰：「鎛如鐘而大。」張西堂《詩經六論》亦有是說。

註三五：鄭玄《詩譜》以爲《魯》《商》二《頌》是孔子編入《詩經》的，屈萬里以爲鄭玄「這話雖不能絕對證實，但或係孔子新編入《詩》，或係孔子由別處抽出，改編在《頌》裡；二者必居其一」。（《詩經釋義・敘論》，頁九）

註三六：屈萬里《詩經釋義．敘論》認爲「《魯頌》四篇全是頌美活著的魯僖公」，（頁六）又在《先秦文史資料考辨》中，以簡單的考證，確定這個說法。（頁三三四——三三五。聯經出版事業公司印行）程俊英、蔣見元說：「《魯頌》共四篇，可分爲兩類，〈閟宮〉和〈泮水〉是歌頌魯僖公的，風格似《雅》，〈駉〉和〈有駜〉體裁類《風》。」似乎程、蔣二氏以爲〈駉〉與〈有駜〉非在歌頌魯僖公，其實不然，蓋二氏又說《魯頌》「都是歌頌活著的國君僖公的，可稱後世文人獻頌之祖」。（《詩經注析》下冊，頁九九七——九九八）

註三七：鄭玄《詩譜》認爲，《周頌》之作，在周公攝政，成王即位之初，朱子《詩集傳》以爲或亦有康王以後之詩，從〈執競〉「不顯成康，上帝是皇。自彼成康，奄有四方，斤斤其明」之句觀之，朱說爲是。近人陸侃如、馮沅君強調，以《周頌》爲西周初年之作的「傳說」未必可靠，又說就《周頌》本身來看，也不易找到可以查考年代的證據，（《中國詩史》，頁一二三——一二五）其說似嫌保守。

註三八：如姚際恆《詩經通論》分〈雝〉爲四章，〈敬之〉爲二章者，純屬個人意見，不能作爲《周頌》多章之憑證。

註三九：朱子《詩集傳》：「《周頌》多不叶韻，未詳其說。」顧炎武《詩本音》以〈清廟〉、〈昊天有成命〉、〈時邁〉、〈武〉、〈賚〉、〈般〉等篇爲無韻，又說：「凡《周頌》之詩，多若韻若不韻者，意古人之歌必自有音節，而今不可考矣。」王國維〈說周頌〉亦以「頌多無韻」爲言。朱、顧、王三說中，唯顧氏爲針對詩韻特作研究，故其說較爲可信。吾人若據江有誥或王力的《詩經韻讀》標出《周頌》各篇用韻情況，將可發現〈時邁〉非如顧氏所說無韻，〈噫嘻〉則反而無韻，其餘諸篇之有無用韻則皆如顧氏之說，可知《周頌》多不叶韻之說未必盡然，顧氏所云「多若韻若不韻」則較無語病。

註四〇：詳王鴻緒等《欽定詩經傳說彙纂》卷二十引眞德秀語。

註四一：見裴普賢《詩經評注讀本》下冊，頁五八七引牛運震語。三民書局印行。

註四二：參閱程俊英、蔣見元《詩經注析》下冊，頁九九八；高海夫、金性堯主編《詩經》下冊，頁六二六——六二九，周滿江撰〈駉〉之賞析，地球出版社印行。

註四三：參閱陸恩浩〈有駜賞析〉，《詩經覽賞辭典》，頁五八五——五八七。河海大學出版社印行。

註四四：見劉瑾《詩傳通釋》卷二十。

註四五：《文心雕龍．夸飾》：「且夫鴞音之醜，豈有泮林而變好……，孟軻所云『說《詩》者不以文害辭，不以辭害意』也。」

註四六：見王安石著，邱漢生輯校《詩義鉤沉》，頁三〇〇。北京中華書局印行。

第六章 結 論

在使用了比《詩說》本文多了十餘倍之篇幅，將《詩說》三卷八十二條逐一檢驗之後，惠周惕《詩說》的整體成績，已全盤展現在吾人面前，而無所遁其形。

有一事實已可確定，那就是前人對於《詩說》的批評，只要是一面倒地讚美惠氏者，皆不可信。相形之下，《四庫提要》的說法算是比較客觀的，然而《詩說》的缺失也絕不僅《提要》所舉的「頌即誦」及「歸寧之說」而已。以美刺分正變；謂周公時代已有二《南》；認爲武王滅邶、鄘，以封康叔；論次《王》於《衛》之故；既言《風》《雅》《頌》以音別，又謂「觀風之所被，君子知及物之理焉。求風之所自，君子悟反身之學焉」；〈北門〉、〈鴇羽〉、〈無衣〉的寫作年代之考證……，凡此種種，實皆有待商榷。此外，《詩說》中亦不乏一些無關宏旨的隨筆，如論《衛風》之所以以〈木瓜〉終，《風》詩之所以以〈澤陂〉終；見《詩》始《周》《召》，就說「見造周者二公也」；見〈斯干〉有占夢之語，即興「訛言興則是非眩，是非眩則邪正淆」之感慨；又以爲〈騶虞〉繫二《南》之終，〈何草不黃〉繫《小雅》之末，皆有微旨……；這些，似乎不僅是小題大作而已，直可謂多此一舉。

《詩說》還有一些失之抽象的論點，如以《周易‧家人卦‧象辭》「風自火出，家人」之語爲〈關雎〉之義，利用《周易‧大過》以說〈桃夭〉、〈標有梅〉與〈東門之楊〉之義，無不牽強迂曲，難以令人接受。以「得女則虹滅」、「先女則不淫」之說，解《詩序》「〈蝃蝀〉，止奔」之義，以「風益之翼」、「水充其氣」之論，釋〈旱麓〉之所以曰「豈弟君子，遐不作人」……，這些，祇怕也難令人苟同。

由此看來，《詩說》確實存在著不少缺失，這是不必諱言的。事實上，從本書各章對於《詩說》的逐條考辨，惠周惕說《詩》的格調及得失，吾人業已了然於胸。既然用「得失」兩字，自亦必須肯定《詩說》的一些勝處，刻意貶低《詩說》的價值，不僅是唐突先賢而已，也是無可救藥的偏見。評鄭、朱泥於《風》爲諸侯之詩，《雅》《頌》爲天子之詩；謂〈草蟲〉不能與〈鵲巢〉、〈采蘩〉、〈采蘋〉相提並論，與內容有關；說《詩》之堇荼皆可食；論〈猗嗟〉之詠魯莊公；以〈節南山〉、〈正月〉、〈雨無正〉爲東周之詩；由〈泮水〉始終言魯侯在泮事，而解爲釋菜之詩……這些都是惠氏說《詩》值得肯定之處。

裁定《詩說》的得失優劣之後，吾人不得不指出，前人對於《詩說》之評價，或不免失之空泛，或不免失之溢美。雖然「惠氏三世以經學著，周惕其刱始者也」（《四庫提要》語），但不表示惠氏的所有著述皆體大思精、鉤深致遠，周惕的《易傳》、《春秋問》、《三禮問》這些書，我們都未見到，無法妄下斷語，若僅就《詩說》來看，其論述固多有依據，而其觀點則未必盡屬珠玉，這是千眞萬確的事實，不必因惠棟自言「余家四世傳經，咸通古義」，而囁嚅不敢言。

至於惠氏說《詩》屬何派系之問題，無庸刻意強調。蓋如同《四庫提要》所言，《詩說》「於《毛傳》、《鄭箋》、《朱傳》無所專主，多自以己意考證」，不僅如此，尊重《詩序》的惠周惕，對於《序》說也不是毫無條件地接受；當然，大致而言，《詩說》傾向於漢學的特色仍是顯而易見的。

然則，《詩說》在清代《詩經》學史上，又該如何定位？有胡承珙《毛詩後箋》、馬瑞辰《毛詩傳箋通釋》及陳奐《詩毛氏傳疏》三種「光燄萬丈長」的《詩經》新疏在，又有以推翻傳統為職志的姚際恆《詩經通論》與方玉潤《詩經原始》二書，吾人若還一本正經地渲染惠氏《詩說》有多麼重要，多麼偉大，未免是自欺欺人之談。不過，在經學史上開創吳派先河的惠周惕，畢竟交出了他在《詩經》學上的一張成績單，也許，前人恭維《詩說》成績亮麗，而本編以較高的標準，祇給了他中上的評價，但這不影響惠周惕在經學史上的地位，更不影響乾嘉吳派經學的整體成績。更何況，惠周惕值得吾人另眼相看的，並非其個人的研究成果，而是他在經學史上具有開創一派之功的這一層意義上，這也是本編前曾再三致意的。

參引書目

（先依朝代，次依書名首字筆劃排列）

(一)傳記類

己未詞科錄　秦　瀛編　明文書局

文獻徵存錄　錢林輯・王藻編　明文書局

昭代名人尺牘小傳　吳　修編　明文書局

清史稿　清國史館原編　洪氏出版社

清史列傳　清國史館原編　明文書局

清朝名家詩鈔小傳　鄭方坤編　明文書局

清詩紀事初編　鄧之城編　明文書局

國史文苑傳稿　阮　元著　明文書局

國朝詩人徵略初編　張維屏編　明文書局

國朝詩人類徵初編　李　桓編　明文書局

詞林輯略　朱汝珍輯　明文書局

碑傳集　錢儀吉編　明文書局
漢學師承記　江藩著（民・周予同注）　華正書局
鶴徵前錄　李集編　明文書局

以上清人著述

清儒學案　徐世昌編　世界書局
清代樸學大師列傳　支偉成編　明文書局
清儒學案小識　周駿富編　明文書局
清學案小識　唐鑑編　臺灣商務印書館
清儒傳略　嚴文郁編　臺灣商務印書館

以上近人著述

(二)詩經學類

毛詩　毛公傳、鄭玄箋、孔穎達正義　藝文印書館十三經注疏本
（毛）詩譜　鄭玄著（清・丁晏考正）　皇清經解續編本
毛詩王氏注　王肅著　玉函山房輯佚書
毛詩草木鳥獸蟲魚疏　陸璣著　四庫全書本
毛詩指說　成伯璵著　通志堂經解本

以上唐以前著述

毛詩李黃集解	李樗、黃櫄著	通志堂經解本
毛詩名物解	蔡　卞著	四庫全書本
呂氏家塾讀詩記	呂祖謙著	四庫全書本
詩本義	歐陽修著	通志堂經解本
詩集傳	蘇　轍著	四庫全書本
詩義鉤沉	王安石著（民・邱漢生輯校）	北京中華書局
詩補傳	范處義著	通志堂經解本
詩集傳	朱　熹著	學生書局
詩序辨說	朱　熹著	學津討原本
詩緝	嚴　粲著	廣文書局
詩總聞	王　質著	經苑本
詩地理考	王應麟著	學津討原本
詩論	程大昌著	學海類編本
詩傳遺說	朱　鑑編	四庫全書本
詩疑	王　柏著	四庫全書本

續呂氏家塾讀詩記　戴　溪著　經苑本
以上宋人著述
詩集傳名物鈔　許　謙著　四庫全書本
詩傳通釋　劉　瑾著　四庫全書本
詩經疑問　朱　倬著　通志堂經解本
詩纘緒　劉玉汝著　四庫全書本
以上元人著述
毛詩原解　郝　敬著　湖北叢書本
詩演義　梁　寅著　四庫全書本
詩解頤　朱　善著　通志堂經解本
詩說解頤　季　本著　四庫全書本
詩經世本右義　何　楷著　四庫全書本
讀詩略記　朱朝瑛著　四庫全書本
以上明人著述
毛詩稽古編　陳啓源著　皇清經解本
毛詩後箋　胡承珙著　皇清經解續編本

毛詩傳箋通釋 馬瑞辰著 皇清經解續編本
毛詩校勘記 阮元著 皇清經解續編本
毛詩類釋 顧棟高著 四庫全書本
毛詩禮徵 包世榮著 經學粹編本
欽定詩經傳說彙纂 王鴻緒等著 維新書局
詩說 惠周惕著 四庫全書本、皇清經解本、借月山房彙鈔本、叢書集成初編本
詩所 李光地著 四庫全書本
詩經稗疏 王夫之著 皇清經解續編本
詩經通義 朱鶴齡著 四庫全書本
詩經通論 姚際恆著 可洛圖書出版社
詩經原始 方玉潤著 藝文印書館
詩識名解 姚炳著 四庫全書本
詩本誼 龔橙著 半厂叢書初稿
詩瀋 范家相著 四庫全書本
詩毛氏傳疏 陳奐著 廣文書局
詩古微 魏源著 皇清經解續編本

詩傳名物集覽　陳大章著　四庫全書本
詩疑辨證　黃中松著　四庫全書本
詩地理考略　尹繼美著　鼎古堂刊本
詩經韻讀　江有誥著　廣文書局
詩三家義集疏　王先謙著　明文書局
虞東學詩　顧　鎮著　四庫全書本
讀風偶識　崔　述著　世界書局
以上清人著述
三百篇演論　蔣善國著　臺灣商務印書館
毛詩會箋　竹添光鴻著　華國出版社
毛詩鄭箋平議　黃　焯著　上海古籍出版社
王柏之詩經學　程元敏著　嘉新水泥
中國歷代詩經學　林葉連著　學生書局
朱呂詩序說比較研究　林惠勝著　國立臺灣大學中文研究所72年6月碩士論文
宋代之詩經學　黃忠愼著　國立政治大學中文研究所73年6月博士論文
孟子之詩教　林耀潾撰　中華文化復興月刊18卷9期

風詩類鈔　聞一多著　南通圖書公司聞一多全集
南宋三家詩經學　黃忠愼著　臺灣商務印書館
馬瑞辰詩經學中考證之研究　黃忠愼撰　孔孟學報62期
清代詩經學　周浩治著　國立政治大學中文研究所59年6月碩士論文
國風詩旨纂解　郝志達編　南開大學出版社
從大雅的幾篇史詩看周民族的興起　黃忠愼撰　孔孟月刊25卷6期
陳奐詩毛氏傳疏的訓釋方法　林慶彰撰　中央研究院文哲所籌備處81年12月「清代經學國際研討會」論文抽印本
惠周惕解說二南詩篇的檢討　黃忠愼撰　國立彰化師範大學81年11月中國詩學會議論文集抽印本
惠周惕詩經學基本問題論述之檢討　黃忠愼撰　孔孟月刊31卷5—6期
詩言志辨　朱自清著　臺灣開明書店
詩經講義稿　傅斯年著　聯經出版事業公司傅斯年全集
詩經學纂要　徐　英著　廣文書局
詩經學　胡樸安著　臺灣商務印書館
詩經新義　聞一多著　南通圖書公司聞一多全集
詩經通義　聞一多著　南通圖書公司聞一多全集
詩經與周代社會研究　孫作雲著　北京中華書局

詩經今論　何定生著　商務印書館
詩經今注　高　亨著　漢京事業文化公司
詩經釋義　屈萬里著　中國文化大學出版部
詩經註釋　高本漢著（董同龢譯）　國立編譯館
詩經通解　林義光著　臺灣中華書局
詩經學導讀　金公亮著　河洛圖書出版社
詩義會通　吳闓生著　洪氏出版社
詩經六論　張西堂著　香港古典文學出版社
詩經通釋　李辰冬著　水牛出版社
詩經通釋　王靜芝著　輔仁大學文學院叢書
詩經選　余冠英著　人民文學出版社
詩經欣賞與研究　糜文開、裴普賢著　三民書局
詩經研讀指導　裴普賢著　東大圖書公司
詩經評註讀本　裴普賢著　三民書局
詩經直解　陳子展著　書林出版社
詩經評釋　朱守亮著　學生書局

詩經名著評介　趙制陽著　學生書局
詩經研究論集　孔孟學會編　黎明文化事業公司
詩經研究論集㈠㈡　林慶彰編　學生書局
詩經學論叢　江　磯編　崧高書社
詩經研究　黃振民著　正中書局
詩經篇旨通考　張學波著　廣東出版社
詩經研究　白川靜著（杜正勝譯）　幼獅文化事業公司
詩經新譯注　袁愈荌、唐莫堯著　木鐸出版社
詩經注析　程俊英、蔣見元著　北京中華書局
詩經譯注　程俊英著　宏業書局
詩經賞析集　程俊英編　巴蜀書社
詩經評注　王守謙、金秀珍著　東北師範大學出版社
詩經全譯　金啓華著　江蘇古籍出版社
詩經主題辨析　李中華、楊合鳴著　廣西教育出版社
詩經的歷史公案　李家樹著　大安出版社
詩補傳與戴震解經方法　岑溢成著　文津出版社

詩經鑑賞辭典　任自斌、和近健編　河海大學出版社
詩經鑑賞辭典　金啓華等編　安徽文藝出版社
詩經地理考　任遵時著　作者自印本
詩經周南召南發微　文幸福著　師大國文所集刊23號
詩經毛傳鄭箋辨異　文幸福著　文史哲出版社
詩經通譯新詮　黃典誠著　華東師範大學出版社
詩經新解　翟相君著　中州古籍出版社
詩經是戰國中期的出版品嗎　黃忠慎撰　國文天地2卷11期
詩經　周滿江著　國文天地雜誌社
詩經　高海夫、金性堯編　地球出版社
談談興詩　鍾敬文撰　文學周報5卷8號
歐陽修詩本義研究　裴普賢著　東大圖書公司
讀詩四論　朱東潤著　東昇出版公司

以上近人著述

(三)其他

尚書　藝文印書館十三經注疏本

周易　藝文印書館十三經注疏本
春秋左氏傳　藝文印書館十三經注疏本
春秋公羊傳　藝文印書館十三經注疏本
春秋穀梁傳　藝文印書館十三經注疏本
周禮　藝文印書館十三經注疏本
儀禮　藝文印書館十三經注疏本
禮記　藝文印書館十三經注疏本
論語　藝文印書館十三經注疏本
孟子　藝文印書館十三經注疏本
爾雅　藝文印書館十三經注疏本
墨子　舊題墨翟著　臺灣商務印書館
孔叢子　舊題孔鮒著　臺灣商務印書館
史記　司馬遷著　鼎文書局
白虎通義　班　固著　臺灣商務印書館
春秋繁露　董仲舒著　臺灣商務印書館
淮南子　劉　安著　臺灣商務印書館

漢書 班固著 鼎文書局
說文解字 許慎著 漢京文化事業公司
以上先秦兩漢著述
孔子家語 王肅著 臺灣商務印書館
文心雕龍 劉勰著 里仁書局
詩品 鍾嶸著 藝文印書館
以上魏晉六朝著述
春秋集傳纂例 陸淳著 四庫全書本
經典釋文 陸德明著 四庫全書本
藝文類聚 歐陽詢編 新興書局
以上唐人著述
二程集 程顥、程頤著 北京中華書局
山堂考索 章如愚著 四庫全書本
太平御覽 李昉編 新興書局
六經奧論 舊題鄭樵著 通志堂經解本
朱子文集 朱熹著 臺灣中華書局

朱子語類　黎靖德編　華世出版社
困學紀聞　王應麟著　臺灣商務印書館
周禮詳解　王昭禹著　四庫全書本
春秋傳　葉夢得著　四庫全書本
通志　鄭　樵著　新興書局
容齋隨筆　洪　邁著　上海古籍出版社
滄浪詩話　嚴　羽著　藝文印書館
夢溪筆談　沈　括著　北京中華書局
以上宋人著述
宋史　托克托等修　鼎文書局
以上元人著述
日知錄　顧炎武著　國泰文化公司
傳習錄　王守仁著　臺灣商務印書館
以上明人著述
九經古義　惠　棟著　皇清經解本
文史通義　章學誠著　北京中華書局

四庫全書總目提要　紀昀等著　藝文印書館
古經解鉤沉　余蕭客著　廣文書局
考信錄　崔　述著　世界書局
周易述　惠　棟著　四庫全書本
明堂大道錄　惠　棟著　臺灣商務印書館
東塾讀書記　陳　澧著　廣文書局
春秋說　惠士奇著　四庫全書本
校讎通義　章學誠著　上海古籍出版社
揅經室集　阮　元著　皇清經解本
經義考　朱彝尊著　臺灣中華書局
經問　毛奇齡著　四庫全書本
經學卮言　孔廣森著　皇清經解本
經義叢鈔　嚴　杰編　皇清經解本
經學歷史　皮錫瑞著　河洛圖書出版社
漢學商兌　方東樹著　臺灣商務印書館
群書辨疑　萬斯同著　廣文書局

群經識小　李　惇著　皇清經解本
潛研堂文集　錢大昕著　臺灣商務印書館
戴震文集　戴　震著　華正書局
禮說　惠士奇著　四庫全書本
禮記集解　孫希旦著　文史哲出版社

以上清人著作

中國近三百年學術史　梁啓超著　華正書局
中國文化史　柳詒徵著　正中書局
中國經學史　馬宗霍著　臺灣商務印書館
中國經學史論　李威熊著　文史哲出版社
中國經學史　本田成之著　廣文書局
中國經學史的基礎　徐復觀著　學生書局
中國文學流變史　李曰剛著　聯貫出版社
中國文學史　葉慶炳著　學生書局
中國通史　周谷城著　坊間影印本
中國通史　傅樂成著　大中國圖書出版社

中國通史簡編　范文瀾著　北京人民出版社
中國五千年史　張其昀著　中國文化研究所叢書
中國通史　陳致平著　黎明文化事業公司
中國詩史　陸侃如、馮沅君著　民文書局
中國學術史講話　楊東蓴著　盤庚出版社
中國婦女生活史　陳登原著　河洛圖書出版社
中國古代史研究　陳連慶著　吉林文史出版社
中國農業發展史　閻方英、尹英華著　天津科學技術出版社
中國神話　白川靜著（王孝廉譯）　長安出版社
中國古禮研究　鄒昌林著　文津出版社
文學概論　張　健著　五南圖書公司
王肅之經學　李振興著　嘉新水泥公司文化基金會
比興物色與情景交融　蔡英俊著　大安出版社
古史辨　顧頡剛編　坊間影印本
古禮今談　周　何著　國文天地雜誌社
左傳會箋　竹添光鴻著　鳳凰出版社

先秦史　呂思勉著　臺灣開明書店
先秦史論稿　徐中舒著　巴蜀書社
先秦文史資料考辨　屈萬里著　聯經出版事業公司
先秦禮制研究　陳戍國著　湖南教育出版社
求古編　許倬雲著　聯經出版事業公司
西周史　許倬雲著　聯經出版事業公司
西周政治史研究　葉達雄著　明文書局
周予同經學史論著選集　周予同著　上海人民出版社
周代采邑制度研究　呂文郁著　文津出版社
尚書集釋　屈萬里著　聯經出版事業公司
迦陵談詩二集　葉嘉瑩著　東大圖書公司
春秋史　呂思勉著　臺灣開明書店
春秋左傳注　楊伯峻著　源流出版社
春秋史論集　張以仁著　聯經出版事業公司
書傭論學集　屈萬里著　臺灣開明書店
殷周之際史蹟之檢討　徐中舒著　中研院史語所集刊第七本

清代學術概論　梁啓超著　南嶽出版社
清代通史　蕭一山著　臺灣商務印書館
清代學術史研究　胡楚生著　學生書局
章學誠六經皆史及其相關問題的哲學反省　林安梧著　中央研究院文哲所籌備處81年12月「清代經學國際研討會」論文抽印本
國學概論　章太炎著　河洛圖書出版社
國學略說　章太炎著　河洛圖書出版社
國學概論　錢　穆著　臺灣商務印書館
國史大綱　錢　穆著　臺灣商務印書館
國學方法論叢　黃章明、王志成編　學人文教出版社
商周制度考信　王貴民著　明文書局
乾嘉學派吳皖分野說商榷　陳祖武撰　中央研究院文哲所籌備處81年12月「清代經學國際研究會」論文抽印本
群經述要　高　明編　黎明文化事業公司
經學通論　王靜芝著　國立編譯館
詩歌分類學　古遠清著　復文圖書出版社
新譯尙書讀本　吳　璵著　三民書局

劉申叔遺書　劉師培著　華世出版社
鄭樵著述考　顧頡剛著　北京大學國學季刊第一卷，一—二期
戴東原的哲學　胡　適著　臺灣商務印書館
戴震與孟荀思想的關係探究　鮑國順撰　中山大學第一屆清代學術研討會論文集
禮記今註今譯　王夢鷗著　臺灣商務印書館
叢書集成新編總目　新文豐出版公司
觀堂集林　王國維著　河洛圖書出版社

以上近人著述